VIAS PARA O CONHECIMENTO DE DEUS

Dados Internacionais de Catalogação na Publicação (CIP)
(Câmara Brasileira do Livro, SP, Brasil)

Stein, Edith, 1891-1942
Vias para o conhecimento de Deus / Edith Stein ; tradução, introdução e notas de Gabriel Almeida Assumpção. – Petrópolis, RJ : Vozes, 2025. – (Coleção Pensamento Humano)

Título original: Wege der gotteserkenntnis.
ISBN 978-85-326-7138-7

1. Deus (Cristianismo) – Conhecimento 2. Espiritualidade – Cristianismo I. Assumpção, Gabriel Almeida. II. Título. III. Série.

25-262450 CDD-231.042

Índices para catálogo sistemático:

1. Deus : Conhecimento : Doutrina cristã 231.042

Eliane de Freitas Leite – Bibliotecária – CRB 8/8415

Edith Stein

VIAS PARA O CONHECIMENTO DE DEUS

Tradução, introdução e notas de
Gabriel Almeida Assumpção

EDITORA VOZES

Petrópolis

Tradução do original em alemão intitulado *Wege der Gotteserkenntnis – Studie zu Dionysius Areopagita und Übersetzung seiner Werke*

Rua Frei Luís, 100
25689-900 Petrópolis, RJ
www.vozes.com.br
Brasil

Editoração: Rafaella Nóbrega Esch de Andrade
Diagramação: Guilherme Ayres
Revisão gráfica: Jhary Artiolli | Bianca V. Guedes
Capa: Editora Vozes

ISBN 978-85-326-7138-7

Este livro foi composto e impresso pela Editora Vozes Ltda.

SUMÁRIO

Segunda parte
Tradução dos Escritos do Dionísio Areopagita por Edith Stein, 89

PREFÁCIO

Fernando Rey Puente[1]

A obra que o leitor tem em mãos pertence ao penúltimo ano de vida (1941) da filósofa e religiosa carmelita Edith Stein, que havia deixado o Carmelo de Colônia na Alemanha, onde ingressara em 1933, e se instalado com as carmelitas de Echt, na Holanda, em dezembro de 1938, temerosa de que sua presença, enquanto judia, pudesse pôr em risco suas companheiras de fé na Alemanha, que então vivia sob a horrenda perseguição aos judeus perpetrada pelos nazistas. Ela acreditava que na Holanda estaria a salvo, mas poucos anos depois, mais precisamente em agosto de 1942, foi levada pelos soldados nazistas de sua cela e enviada a um campo de concentração holandês de onde, em seguida, foi deportada ao seu derradeiro e trágico destino, o campo de concentração de Auschwitz-Birkenau, no dia 9 de agosto do mesmo ano, sendo então conduzida, estima-se em não muito tempo, para a terrível morte na câmara de gás.

Como entender o interesse de Edith Stein por Dionísio Areopagita, como ela prefere chamá-lo, ou Pseudo-Dionísio Areopagita, um autor sírio de fins do século V ou início do século VI? Como compreender que uma brilhante intelectual judia que fora aluna e posteriormente assistente pessoal de Husserl entre os anos 1916 e 1919 tenha se convertido ao cristianismo, mais especificamente à espiritualidade carmelita, e tenha se imputado a tarefa de traduzir toda a obra desse autor sírio, ainda que no caso de uma delas (a *Hieraquia celeste*) ela tenha traduzido apenas um sumário da

1. Professor de Filosofia na UFMG.

obra? E por que razão escreveu um ensaio ("Vias para o conhecimento de Deus. A Teologia simbólica do Areopagita e seus pressupostos práticos") que iria enviar para uma revista de fenomenologia dos Estados Unidos sobre um suposto livro desse autor sírio (que tratava da Teologia simbólica) que não se encontra entre os quatro livros (*Sobre os nomes divinos, Hierarquia celeste, Hierarquia eclesiástica* e *Teologia mística*), que somados às onze cartas dele remanescentes, compõem o assim chamado *Corpus Dionisyacum*? Vamos tentar organizar neste prefácio, ainda que muito sinteticamente, essas três respostas, a fim de que se possa aproveitar maximamente a leitura deste novo volume das obras completas de Edith Stein na escorreita tradução de Gabriel Assumpção.

Primeiramente, é preciso ter claro que a fenomenologia criada pelo grande pensador judeu E. Husserl (1859-1938), e que desde muito cedo havia despertado o interesse da jovem intelectual igualmente judia, pensava a Filosofia como um empreendimento que deveria ser levado a cabo por uma comunidade de pesquisadores que tivessem como meta a descrição minuciosa dos objetos intencionais da consciência. Essa postura filosófica adotada por Husserl facilitou que muitos de seus alunos se convertessem à fé cristã, não por causa de uma implícita condução da investigação fenomenológica nessa direção, mas sim porque nela não havia nenhum prejuízo negativo – tampouco positivo – em relação ao tema da religião ou mesmo ao problema de Deus. Essa abertura metodológica de Husserl fez com que vários colegas de Edith Stein do círculo fenomenológico tenham se interessado por explorar assuntos religiosos. Assim, podemos citar a dinamarquesa Gerda Walther (1897-1977), que em 1923 publica sua obra *Sobre a fenomenologia da mística*, e a amiga de Edith Stein, Hedwig Conrad-Martius (1888-1966) – uma protestante que pesquisava a natureza e os entes naturais sob perspectiva fenomenológica –, em cuja casa Edith Stein realizou por acaso a leitura da autobiografia de Santa Teresa d'Ávila, *O livro da vida* – que serviu como uma espécie de catalizador final de sua gradativa abertura e aproximação ao cristianismo. Leitura essa que a levou à decisão final de querer se converter ao cristianismo. Além disso, a sua amiga Hedwig foi, graças a uma autorização especial que teve de ser concedida pelo fato de ela ser protestante, a madrinha de batismo de Edith Stein quando do ingresso desta na Igreja Católica, em 1922. A própria Conrad-Martius se expressou sobre essa atitude intelectual de abertura do círculo fenomenológico em um artigo que escreveu sobre Edith Stein no qual declarava: "No círculo fenomenológico se encontrava então um terreno favorável para reconhecer transcendências e revelações, o divino e o próprio Deus, para tomar decisões religiosas definitivas, para os regressos [à religião] e as conversões"[2]. Poderíamos igualmente citar entre outros integrantes o matrimônio Reinach, Adolph e sua esposa, Anne, ambos judeus convertidos ao protestantismo luterano.

O próprio Husserl, como se sabe, era muito mais cauteloso em relação a tudo isso, como o trecho de uma carta de sua autoria dirigida ao importante estudioso das religiões Rudolf Otto e datada do dia 5 de março de 1919 confirma:

> Minha ação filosófica não ocorre sem provocar revoluções singulares, pois protestantes se fazem católicos e católicos protestantes. Não está, no entanto, em minha intenção converter ao catolicismo e ao protestantismo. Eu não quero nada mais do que formar os jovens à probidade radical do pensamento, a um pensamento que evita dissimular ou falsificar, por meio de construções puramente verbais ou de pseudoconceitos, as intuições originais que necessariamente outorgam seu sentido a todo pensamento racional[3].

A posição de Husserl revela uma grande sobriedade intelectual, mas ao mesmo tempo uma abertura para as questões religiosas e concernentes a Deus, o que se exprime sinteticamente em uma reveladora frase do genial criador da fenomenologia na qual ele declara que: "Se uma tal ciência [a fenomenologia] conduz, no entanto, a Deus, seu caminho para Deus seria um caminho ateu para Deus"[4]. E mesmo em sua obra tardia, *A crise das ciências europeias e a fenomenologia transcendental*, de 1935, ele afirma que: "O problema de Deus contém evidentemente o problema da

---

2. CONRAD-MARTIUS, Hedwig. Edith Stein. *Archives de philosophie*, avril 1959, p. 164-166.

3. Lettre de Husserl à Rudolf Otto. *Les Études Philosophiques*, n. 3, julliet-septembre 1983, p. 351.

4. HUSSERL, Manuscrito A VII 9, citado por BENOIST, J. *Autour de Husserl*. Paris: Vrin, 1994. p. 189.

razão 'absoluta' como a fonte teleológica de toda razão no mundo, <o problema> do 'sentido' do mundo"[5]. Vê-se, portanto, que o caminho intelectual de Edith Stein, apesar de sua singularidade[6], partilhava algumas semelhanças com as biografias de outros egressos do círculo fenomenológico de Husserl.

Procuremos agora compreender por que Edith Stein, após ter traduzido em 1928 as dificílimas questões disputadas sobre a verdade, o *De veritate*, de Tomás de Aquino, e ter publicado os dois volumes resultantes dessa tradução respectivamente nos anos de 1931 e 1932, alguns anos depois se dedicará a traduzir Dionísio Areopagita. Esse percurso pode parecer estranho, pois a visão mais comum que se tem de Tomás de Aquino é a de um pensador que adota um racionalismo extremo em sua Teologia, e a impressão mais convencional que se tem do Pseudo-Dionísio Areopagita é a de que se trata de um autor eminentemente místico. Seriam, então, esses pensadores antípodas entre si? Estariam eles assim tão irremediavelmente afastados um do outro?

Podemos corrigir essa avaliação convencional e errônea evocando o testemunho de um dos maiores filósofos católicos da Alemanha do século passado, Josef Pieper (1904-1997), que vivia em Münster quando Edith Stein trabalhou nessa mesma cidade - bastião do catolicismo no norte da Alemanha - no Instituto Alemão de Pedagogia Científica em 1932. Não há registro de nenhum encontro entre eles, e, apesar da enorme diferença de percepção da situação política da Alemanha de ambos[7], recorrerei ao filósofo para mostrar a proximidade entre Tomás de Aquino e Dionísio Areopagita. Tanto Josef Pieper como Edith Stein valorizavam sobremaneira as questões disputadas sobre a verdade

---

5. HUSSERL, E. *Die Krisis der europäischen Wissenschaften und die transzendentale Phänomenologie*. Hamburg: Felix Meiner, 1996. p. 8. Sobre a relação de Husserl com a ideia de Deus, cf. HOUSSET, E. *Husserl et l'idée de Dieu*. Paris: Cerf, 2010.

6. Para quem se interessar por entender esse percurso de E. Stein de um ponto de vista eminentemente filosófico, recomendo vivamente MACINTYRE, A. *Edith Stein*. A philosophical prologue. Londres/Nova York: Continuum, 2006.

7. Sobre estas distintas análises da situação política da Alemanha cf. BRAUN, H. Josef Pieper's Early Sociological Writings. *In*: SCHUMACHER, B. (ed.). *A cosmopolitan hermit*. Modernity and Tradition in the Philosophy of Josef Pieper. Washington: The Catholic University of America Press, 2009. p. 88-115.

de Tomás de Aquino, isso porque para ambos a noção de verdade desempenhou um papel essencial. Esses dois pensadores, profundos conhecedores de Tomás de Aquino, detectavam claramente a influência que Dionísio Areopagita teve na obra do aquinate. Em diversas ocasiões em sua obra, Pieper chama a atenção para esse fato. Todavia, concentremo-nos aqui em seu opúsculo *Unaustrinkbares Licht. Das negative Element in der Weltansicht des Thomas von Aquin* (*A luz inapreensível. O elemento negativo na visão de mundo de Tomás de Aquino*), de 1963, mas publicado pela primeira vez em 1953 com o título *Philosophia negativa : Zwei Versuche zu Thomas von Aquin* (*Filosofia negativa – Dois ensaiors sobre Tomás de Aquino*). A obra procura mostrar como, ao lado de uma Filosofia e Teologia positivas, há um elemento negativo presente ao longo de toda a obra filosófica e teológica do Doutor Angélico. Pieper cita, por exemplo, uma sentença que aparece nas *Questões disputadas sobre a verdade*, obra traduzida por Edith Stein, que afirma: *rerum essentiae sunt nobis ignotea* ("a essência das coisas nos é desconhecida", *Quest. Disp. de Veritate*, 10,1), mas que comparece ao longo de diversas obras de Tomás de Aquino, como logo no início da própria *Suma teológica*: *quia de Deo scire non possumus quid sit, sed quid non sit* ("acerca de Deus não podemos saber o que <Ele> é, mas sim o que não é" (*ST* I, 3, prólogo). Essa presença de uma Filosofia e uma Teologia negativas em Tomás deve-se sobretudo à influência de Dionísio Areopagita em sua obra, visto que o pensador sírio é citado mais de 1.500 vezes na obra do aquinate[8]. Obviamente, uma filósofa tão atenta e cuidadosa como Edith Stein notou essa presença e julgou importante se aprofundar na obra desse autor.

Esse elemento negativo na obra de Tomás de Aquino evidentemente não pode ser interpretado como uma afirmação da mera incognoscibilidade do mundo, postura característica de um niilismo radical ou de uma espécie de ceticismo total, antes precisa ser associado ao elemento positivo presente na obra de Tomás, segundo o qual podemos, sim, conhecer as coisas, na medida em que nosso intelecto pode abarcá-las, o que é reiteradamente afirmado por ele.

---

8. PIEPER, J. *Unaustrinkbares Licht*, p. 57.

Essa aparente ambiguidade, contudo, só pode ser mais bem compreendida no contexto de uma dupla noção de verdade que vincula dois intelectos, o divino e o humano. O divino é criativo, o humano é receptivo e capaz de conhecer as criaturas não em sua dimensão propriamente criatural, mas apenas e tão somente em seu deixar-se conhecer por nós, ou seja, em sua inteligibilidade humana, e não em sua relação com o Criador, isto é, em sua inteligibilidade divina. Em outras palavras: a incognoscibilidade em questão na obra de Tomás de Aquino não aponta para uma escuridão abissal do mundo em si mesmo, mas sim para a inapreensibilidade de sua luz por nós (não podemos compreender em última instância a criaturidade das coisas, pois isso significaria compreender a essência mesmo da inteligibilidade divina que tem por função *conceber*, isto é, *criar* as coisas do nada; analogamente a isso, nós podemos apenas *conceber* entes criados em nossa mente, isto é, fabricá-los a partir dos entes naturais). Mas é-nos impossível conhecer como Deus conhece a criatura, pois, como declara uma frase do *De veritate: creatura est tenebra inquantum est ex nihilo* ("a criatura é escuridão na medida em que provém do nada" - *Quest. Disp. de Veritate*, 18, 2 *ad* 5). Assim, quando Tomás afirma que não podemos conhecer as coisas, isso não se dá pela carência de cognoscibilidade intrínseca a elas (se há alguma insuficiência em questão aqui ela só pode ocorrer do nosso lado, mais precisamente por causa da *imbecillitas intellectus nostrum* [imbecilidade do nosso intelecto] - *Quest. Disp. de Veritate*, 5, 2 *ad* 11), mas sim por excesso de inteligibilidade, visto que elas só *são* ao serem *concebidas* pelo intelecto divino. Por essa razão, ao final de seu belo opúsculo, Pieper adverte seus leitores que a experiência da incognoscibilidade da realidade e do segredo ínsito ao próprio ser leva-nos não a uma asserção doutrinal qualquer, mas sim ao silêncio, um silêncio, contudo, como ele nos esclarece, oriundo "não da resignação ou mesmo do desespero, mas da veneração"[9].

A terceira e última questão que nos propusemos a tentar elucidar neste prefácio é a de saber por que Edith Stein redigiu seu ensaio sobre a Teologia simbólica, obra que o próprio Dionísio não chegou a escrever, embora a mencione em suas cartas (especial-

9. PIEPER, J. *Unaustrinkbares Licht*, p. 95.

mente a nona) e em sua obra *Teologia mística*. Por que ela não escreveu sobre algum aspecto de um de seus quatro livros que a tradição nos legou? Evidentemente, essa é uma reposta que pode apenas ser conjectural, mas acreditamos poder tecer algumas reflexões razoáveis acerca dessa escolha. A primeira observação a ser feita se obtém ao situarmos esse ensaio entre os textos escritos pela filósofa judia alemã imediatamente antes e depois dele. Fazendo isso nos deparamos com a sua obra mais importante, *Ser finito e ser eterno*, de 1936, na qual Edith Stein procurava pensar as categorias aristotélicas em sua apropriação tomista à luz da fenomenologia husserliana. Ora, isso parece claramente corresponder à primeira das três correntes espirituais do Ocidente, citada por ela no início de seu ensaio, a via aristotélica. A segunda corrente representada por Agostinho me parece que pode ser facilmente identificada no apêndice 1 ao seu livro acima mencionado sobre a obra de Santa Teresa de Ávila, "O castelo da alma". O título alude evidentemente à obra maior da santa espanhola, *El castillo interior*, e a segunda parte de seu apêndice dá destaque à psicologia na modernidade. Nesse texto a filósofa e teóloga afirma enfaticamente que Santa Teresa, ao lado de Santo Agostinho, "tão profundamente afim a ela, como ela mesma o sentia", são os verdadeiros mestres "do próprio conhecimento e da descrição de si mesmos" para os quais "as misteriosas profundidades da alma resultam claras: não só os fenômenos, a superfície movediça da vida da alma, são para eles inegáveis fatos da experiência, senão também as potências que atuam sem mediações na vida consciente da alma, e inclusive a própria essência da alma"[10]. Não podemos deixar de lembrar (e de citar) o belíssimo ensaio de Otto Maria Carpeaux, "A lição de uma santa", sobre Teresa de Ávila, publicado originalmente na coletânea intitulada *Cinzas do purgatório*, com textos publicados em jornais entre 1941 e 1942, no qual ele reitera com igual contundência, poucos anos depois do texto de Edith Stein, que: "Na história da psicologia moderna, Teresa ocupa o mesmo lugar que o Agostinho das *Confissões* na psicologia antiga [...] Teresa foi despertada por Agostinho: ela viveu na época em que a Antiguidade ressuscitada

10. STEIN, Edith *Obras Completas* vol. V: Escritos Espirituales. Vitoria/Madrid/Burgos: El Carmen/Espiritualidad/Monte Carmelo, 2004. p. 104-105.

pelo humanismo tinha feito esquecer o valor da alma humana"[11]. A última corrente, por fim, é aquela representada por Dionísio Areopagita, como Edith Stein insiste em chamá-lo, dado a não ver nenhuma intenção torpe da parte do autor sírio como se ele mesmo quisesse se fazer passar pelo contemporâneo do Apóstolo Paulo. Essa foi uma confusão cuja responsabilidade reside, segundo ela, na leitura que dele se fez.

Correspondente a essa tripla influência que Edith Stein reconhece no Ocidente, o seu ensaio identifica o diálogo fértil e fecundo entre três tipos de Teologia como três caminhos distintos para se conhecer Deus: a Teologia positiva, que é o caminho racional que visa identificar a semelhança entre Criador e criatura, em suma, é a via da analogia; a Teologia negativa, que visa mostrar a dessemelhança entre Criador e criatura; e, por fim, a Teologia simbólica, que é um caminho poético que analisa símbolos em diversos níveis como estratégias para se falar de Deus de modo mais acessível, por ser uma abordagem menos intelectualista e, portanto, mais afetiva e efetiva para falar de Deus de modo mais simples com as pessoas em geral, como é o caso, por exemplo, da simbologia dos *Salmos* que ela cita reiteradas vezes em seu texto. A Teologia simbólica, como Edith Stein afirma, citando Dionísio, "é a transferência de nomes das coisas sensíveis às divinas". Isso pode ocorrer, pois, como a fenomenóloga assinala com argúcia: "A percepção sempre se propaga para além do que atinge os sentidos aqui e agora [...] e sob múltiplos aspectos", de modo que "percebe-se", por assim dizer, o que não é percebido pelos sentidos. Assim, tendo em vista a poesia simbólica natural dos *Salmos*, as parábolas de Jesus e a poesia mística de São João da Cruz, a filósofa e teóloga mostra-se plenamente sensível (e aberta) para essa capacidade de ir além da mera Teologia racional (como fica exemplarmente exemplificada no caso de Tomás de Aquino, em sua dupla vertente positiva e negativa) por meio da Teologia simbólica, culminando, por fim, no silêncio da Teologia mística. Em uma passagem de seu ensaio que procura resumir a sua abordagem da Teologia simbólica, nossa filósofa afirma:

---

11. CARPEUX, Otto Maria. *Ensaios Reunidos* 1942-1978. Rio de Janeiro: Univercidade/Topbooks, 1999. vol. 1, p. 94.

> Precisamente este mundo é que, com tudo o que ele revela e oculta, ainda aponta como um todo para além de si mesmo, para aquele que "misteriosamente se revela" por seu intermédio. Este mundo, com as referências que conduzem para fora de si mesmo, é o fundamento intuitivo para as demonstrações da Teologia natural. Ele é, também, um possível fundamento intuitivo para a linguagem, para a criação de palavras e, ao mesmo tempo, para a compreensão da Teologia simbólica.

O livro seguinte de Edith Stein mostra claramente esse seu interesse em outras vias para falar de Deus ao abordar a obra místico-poética de São João da Cruz naquela que, por contingências do seu assassinato na câmara de gás pelos nazistas, foi a sua derradeira obra: *A ciência da cruz*. Infelizmente, ficamos privados de saber por quais novas veredas da espiritualidade cristã Edith Stein teria se movido não fosse o seu fim trágico em agosto de 1942, mas o exemplo da obra de nossa autora, percorrendo com maestria Tomás de Aquino, Pseudo-Dionísio, Santa Teresa de Ávila e São João da Cruz a partir de uma visada filosófica e teológica evidenciam àquelas e àqueles que se dispuserem a ler esta obra a sua imensa abertura intelectual e espiritual, bem como a sua refinada sensibilidade poética.

Por um lado, só podemos lamentar termos perdido cedo demais uma filósofa tão profunda e dúctil como ela, mas, por outro, só podemos nos alegrar que sua obra esteja finalmente sendo editada nos últimos anos no Brasil de modo mais sistemático. Esperamos, por fim, que os filósofos consigam deixar um pouco de lado certos prejuízos e preconceitos ainda remanescentes na Academia e assim possam enveredar com o coração e a mente mais abertos pelos múltiplos caminhos do pensamento e da espiritualidade que nos foram apresentados de modo tão claro por Edith Stein.

A TRADUÇÃO DE EDITH STEIN E A TRADUÇÃO POR EDITH STEIN

Gabriel Almeida Assumpção[12]

A obra em mãos corresponde à tradução brasileira do volume 17 das Obras Completas de Edith Stein, *Edith Stein Gesamtausgabe* (de agora em diante ESGA), editado pela Editora Herder em colaboração com o Convento Carmelita Maria von Frieden (Maria da Paz), em Colônia, Alemanha, aos cuidados da Profa. Dra. Hanna-Barbara Gerl-Falkovitz (Dresden) e de inúmeros especialistas. O volume 17 corresponde à divisão 1 do grupo D. O grupo em questão se chama "Escritos sobre mística e espiritualidade", composto de duas divisões: "Fenomenologia e mística" (divisão 1, em que se encontra o volume 17) e "Espiritualidade e meditação" (divisão 2)[13]. No site do Convento Carmelita, encontra-se um resumo do volume:

> Ao Pai da mística ocidental, Dionísio Areopagita (por volta de 500), Edith Stein dedicou, em 1941, um estudo próprio (Parte I do presente volume). A partir de seu próprio contexto vivencial nas Carmelitas, ela investigou, com auxílio de sua bagagem fenomenológica, questões de Filosofia da religião, por exemplo: como o ser humano consegue, com ajuda de símbolos, chegar a um conhecimento válido de Deus? Porém, ela também lida

12. Professor Convidado na PUC Minas Virtual. Bolsista Capes/UAB como tutor EAD no curso de Graduação em Filosofia na Universidade Federal de São João Del-Rei (UFSJ).

13. HERDER. *Edith Stein Gesamtausgabe*. Disponível em: <herder.de/theologie-pastoral/shop/k2/reihen/edith-stein-gesamtausgabe/>. Acesso em: 20 out. 2023.

> com momentos mistagógicos: como uma pessoa é conduzida da ausência de crença e/ou do ateísmo, partindo a observações da natureza e da história, rumo à fé cristã e a vivências místicas pessoais de Deus? (Webmaster Karmel Maria von Frieden, 2014)[14].

A obra não se reduz a um comentário do Dionísio Areopagita, trabalhando temas como a comunicação humana, os graus de conhecimento humano e sobrenatural, o papel da vivência na assimilação de verdades divinas. Também são abordados conceitos caros à tradição fenomenológica, especialmente os de imagem e de intuição. Um valor adicional, além da riqueza de reflexão filosófica e mística, está no fato de que o escrito de Stein auxilia a compreender como a autora estuda textos filosóficos e bíblicos. Também merece destaque o texto de Stein como reconstrução, dentro do possível, da Teologia Simbólica a partir dos escritos do Dionísio Areopagita, uma vez que a obra cujo assunto é a Teologia Simbólica foi perdida no curso da história.

Uma parte significativa do presente volume corresponde à tradução que Edith Stein faz do conjunto da obra do Dionísio Areopagita, também conhecido como Pseudo-Dionísio Areopagita. Este provavelmente foi um monge sírio que viveu no século V ou VI d.C. Esse indivíduo desconhecido usou como pseudônimo o nome da figura bíblica do Dionísio Areopagita, um ateniense convertido pelo Apóstolo Paulo, e isso contribuiu para a popularização de seus escritos, devido à suposta autoridade que adquiriram. Estando cientes de haver traduções deste autor em português brasileiro, intencionalmente não consultamos essas obras para o trabalho atual, uma vez que o propósito dessa tradução é apresentar como Edith Stein interpreta o pensamento do Dionísio Areopagita, e

14. No original, em alemão: "*Dem Vater der abendländischen Mystik, Dionysius Areopagita (um 500), widmet Edith Stein 1941 eine eigene Studie (Teil I des vorliegenden Bandes). Auf ihrem eigenen Erfahrungshintergrund im Karmel untersucht sie mit Hilfe ihres phänomenologischen Rüstzeugs religionsphilosophische Fragestellungen, etwa: Wie kann der Mensch mit Hilfe von Symbolen zu einer gültigen Gotteserkenntnis gelangen? Sie behandelt aber auch mystagogische Momente: Wie wird ein Mensch aus Glaubenslosigkeit bzw. Atheismus heraus über Beobachtungen der Natur und Geschichte hin zum christlichen Glauben und zu persönlichen mystischen Gotteserlebnissen geführt*".

não traduzir comparativamente os escritos do Areopagita, muito menos traduzi-los diretamente do grego antigo - que, infelizmente, não leio. Tentar compreender como Edith Stein traduz um pensador é valioso, pois o ato de traduzir envolve uma série de escolhas linguísticas, especialmente no caso dos neologismos usados pelo Dionísio Areopagita, nem sempre fáceis de se traduzir. A obra, portanto, é interessante tanto para estudiosos de Filosofia e de Teologia quanto, possivelmente, para linguistas e germanistas. Um exemplo significativo é o uso de *Erschauung,* um conceito da tradição fenomenológica, no início da tradução de *Sobre os nomes divinos,* mostrando que Stein faz uma leitura e uma tradução inspirada pela fenomenologia. Também se nota o uso de *Seiende,* termo oriundo do pensamento de Martin Heidegger (1878-1976).

Nem todos os textos são traduzidos na íntegra: por exemplo, o texto *Hierarquia celeste* e a carta XI, apócrifa, que não foram traduzidos na íntegra pela autora, mas na verdade resumidos, sendo os textos presentes fichamentos e esquemas. Além disso, no caso da *Hierarquia eclesiástica,* há passagens omitidas, geralmente detalhes sobre mistérios e sacramentos, que sempre são marcados por Stein e resumidos por nós em nota de rodapé. O valor de pesquisa é digno de nota, pois permite, também, aprender um pouco sobre como Edith Stein estudava os textos clássicos.

O original usado para a tradução foi: STEIN, E. *Wege der Gotteserkenntnis.* Studie zu Dionysius Areopagita und Übersetzung seiner Werke. Freiburg im Breigsau: Herder, 2000. Consultamos, para fins comparativos, a tradução em língua inglesa disponível em STEIN, E. *Knowledge and Faith.* Trad. Walter Redmond. Washington, D.C.: Institute of Carmelite Studies, 2000. As bases textuais da carmelita para sua tradução das obras do Dionísio Areopagita e o resumo de *Hierarquia celeste* foram o texto bilíngue grego-latim de Balthasar Cordier, cotejado com a Edição Crítica Hilduin[15] de P. Théry.

15. Referência a Hilduin de Saint-Denis (c. 785-c. 860), bispo de Paris e abade da Abadia de Saint-Denis. Ele chegou a identificar o Dionísio Areopagita com São Dionísio de Saint-Denis, concepção não aceita no tempo do bispo, mas popularizada posteriormente por um tempo. Sobre como o pensamento do Dionísio Areopagita, em especial a *Hierarquia celeste,* influencia Suger de Saint-Denis (1080-1151), também abade de Saint-Denis e fundador da arquitetura gótica, cf. NEVES, Tainah Moreira. *Espiritualidade e arquitetura:* Suger e a edificação do Gótico.

Colchetes comuns, ou parênteses retos ([ ]), serão usados para indicar as intervenções do tradutor **no texto de Edith Stein**. Estas foram evitadas ao máximo possível. Colchetes angulares (< >) foram adotados para indicar intervenções da própria Edith Stein **nos textos de Dionísio Areopagita que ela traduziu**, em oposição aos colchetes comuns usados na ESGA, de modo a não haver dúvida entre minhas intervenções e as da autora/tradutora. Para ilustrar, citamos um trecho da tradução que Edith Stein faz da *Teologia mística*, do Dionísio Areopagita. Esse trecho, além dos fins ilustrativos, é uma valiosa síntese retrospectiva do pensamento do autor feita por ele mesmo e toca na *Teologia simbólica*, foco das reflexões de Stein, que ela tenta reconstruir a partir dos textos que temos do Areopagita:

> Nos *Fundamentos teológicos*, nós explicamos o essencial da Teologia positiva: em que sentido se fala da natureza boa e divina como uma única e, em que sentido, [como] tríplice: o que se afirma apropriadamente sobre a paternidade e sobre a filhidade, e o que a Palavra de Deus quer revelar sobre o Espírito; como, a partir do Bem imaterial e indiviso, as luzes do coração emanam do Bem e como, em seu perseverante permanece, cada uma em si, todas em si e uma na outra, sem se desprender da propagação do divino a partir de si. [Também explicamos] como o Jesus supraessencial se tornou real na verdadeira natureza humana e outras coisas que, nos *Fundamentos teológicos*, são demonstradas a partir das palavras das Sagradas Escrituras. – No livro *Sobre os nomes divinos*, porém [, demonstramos]: em que sentido Ele é chamado o Bem, o Existente, Sabedoria e Poder, e o que mais ainda é chamado e apreendido intelectualmente como nomes divinos. Já na *Teologia simbólica*, [explicamos] quais nomenclaturas são transferidas das coisas sensíveis ao Divino: o que são as formas divinas e figuras divinas, os membros, as ferramentas, os lugares divinos, o adorno, os movimentos mentais,

---

Vitória: Edufes, 2020. Disponível em: <https://edufes.ufes.br/items/show/546>. Acesso em: 13 fev. 2024.

> tristeza e ira, embriaguez e frenesi, quais as promessas,e quais as maldições? Qual é o sono, o despertar e outras imagens sagradas da apresentação simbólica do divino? Eu creio, e também tu observaste que as últimas coisas são expressas com maior extensão que a Primeira: Os *Fundamentos teológicos* e a explicação dos nomes divinos deveriam ser tratados mais brevemente que a *Teologia simbólica*. Certamente, quanto mais alto nos elevamos, mais se limitam as palavras devido à visão geral do conhecido. Então agora, ao mergulhar nas trevas além de todo entendimento, encontramos não apenas escassez de palavras, mas total ausência de palavras e ausência de entendimento (ESGA XVII, 175-176).

Agradeço a Fernando Rey Puente, Marco Heleno Barreto, Leonardo Santos, Bruno Cunha, Fátima Cunha, Ângela Almeida, Amanda Dusse, Rafaella Esch, Chenyu Wang, Helton Adverse e Mariana Condé pelo apoio.

Referências

HERDER VERLAG. *Edith Stein Gesamtausgabe*. Disponível em: <herder.de/theologie-pastoral/shop/k2/reihen/edith-stein-gesamtausgabe/>. Acesso em: 20 ago. 2024.

STEIN, E. *Knowledge and Faith*. Trad. Walter Redmond. Washington, D.C.: Institute of Carmelite Studies, 2000.

STEIN, E. *Wege der Gotteserkenntnis*. Studie zu Dionysius Areopagita und Übersetzung seiner Werke. Freiburg im Breigsau: Herder, 2000. Disponível em: <be9007_919dac9a794a4a1ab8a0113612d73924.pdf (edith-stein-archiv.de)>. Acesso em: 20 ago. 2024.

WEBMASTER KARMEL MARIA VON FRIEDEN. Edith Stein – Gesamtausgabe Band 17: Wege der Gotteserkenntnis – die "Symbol-Theologie" der Areopagita. 2014. Disponível em: <https://www.karmelitinnen-koeln.de/edith-stein-gesamtausgabe-band-17-wege-der--gotteserkenntnis-die-symbol-theologie-der-areopagita>. Acesso em: 20 ago. 2024.

ESTUDO SOBRE DIONÍSIO AREOPAGITA E TRADUÇÃO DE SUAS OBRAS

PRIMEIRA PARTE

VIAS PARA O CONHECIMENTO DE DEUS

A TEOLOGIA SIMBÓLICA DO AREOPAGITA E SUAS PRESSUPOSIÇÕES FATUAIS

I
CONSIDERAÇÕES PREPARATÓRIAS

I.1 A Areopagítica

Podem-se diferenciar, sobretudo, três grandes correntes espirituais como forças motrizes que formaram o pensamento ocidental da Idade Média e que, mediadas por ela, ainda continuam a atuar como patrimônio vivo em nosso tempo. Nelas, o conteúdo revelado das Sagradas Escrituras é pressuposto como firme fundamento. Essas correntes são meios distintos para se compreender justamente esse conteúdo, para assimilá-lo internamente, para "imaginar" a Palavra de Deus nos frutos do trabalho espiritual humano e, então, obter um todo vivente a de sabedoria divina e humana. Na obra de vida do Santo Tomás de Aquino, os efeitos dessas três correntes são claramente visíveis, e talvez não tenham exercitado maior influência nos tempos mais tardios: eu me refiro ao pensamento grego, vale dizer, o aristotélico; a obra de vida de Santo Agostinho e o legado do "Areopagita". Quando se chama esses nomes, é de imediato evidente que não se trata de correntes rigidamente separadas: Agostinho e Dionísio, da parte deles, vivenciaram - cada um à sua maneira - a formação mediante o pensamento grego; neles, já se efetuou uma vez aquele grande trabalho de debate que, então, alguns séculos depois será encarado novamente com a ajuda deles. Por essa mesma razão, sua influência é essencialmente distinta da imediata dos filósofos gregos.

Que o "Areopagita" seja posto, com sua influência, próximo a Aristóteles e Agostinho, pode soar surpreendente a alguns, porém isso não deveria ser exagerado. Hoje, o conhecimento das fontes de seu pensamento não ultrapassa um círculo de especialistas e "apreciadores" esporádicos. Contudo, seu efeito chega mais longe que o saber, pois ele, do século IX ao XVI, ocupou um lugar dominante no pensamento ocidental, dado que, já desde o século VI, foi reconhecido na Igreja como autoridade, como uma das maiores figuras condutoras às quais se deveria olhar na disputa espiritual decisiva em torno à doutrina pura da fé. Nos escritos do último século que tratam dele, sempre se esbarra com a observação de que ele deve essa influência decisiva principalmente ao seu nome. Até agora, eu o chamei o "Areopagita". Essa é uma informação constrangedora. Seus escritos surgiram sob o nome "Dionísio" no fim do século V (isto é, desde essa época, nós temos atestados deles, e não em tempos anteriores). Ele próprio não se indicou como o Areopagita. Porém, uma vez que ele chama o Apóstolo Paulo de seu professor e dedica suas obras a um "colega sacerdote Timóteo"[16]; como ele fala de um próprio lugar como testemunha ocular de eventos sob os quais pessoas de outrora[17] compreendem o eclipse solar na Morte do Cristo e a Morte da Mãe de Deus; e como, ademais, suas cartas são todas escritas a pessoas que portam nomes do tempo dos apóstolos, inferiu-se que não se trataria de nenhum outro Dionísio além do Areopagita, cuja conversão é narrada nos Atos dos Apóstolos.

Dúvidas iniciais sobre essa origem foram progressivamente emudecidas e, somente na época do Humanismo, novamente elevaram a voz. Investigações pormenorizadas sobre o ambiente espiritual que se pode inferir a partir da peculiaridade da "Areopagítica"[18], conduziram, por alguns séculos, ao resultado quase universalmente aceito de que esses escritos não poderiam ter procedido da época dos apóstolos. Ora, quando eu falo simplesmente ["]Dionísio["] ou ["]o Areopagita["][19], eu não preciso temer mal-entendido algum. Quem ele é, quem se manifesta por esse nome ou se oculta atrás dele, sobre isso não tenho nenhuma presunção de

---

16. A obra é dedicada ficticiamente a Timóteo, bispo de Éfeso, que viveu no primeiro século d.C.

17. No original, em alemão arcaico "*von altesher*". Mesmo na forma arcaica, "*von altes her*" seria o mais comum.

18. Isto é, o conjunto de escritos do Dionísio Areopagita.

19. Aspas introduzidas pelo tradutor para fins de maior clareza em relação ao original alemão.

me pronunciar. E, enquanto não se conhece o autor, também não se pode decidir com certeza o propósito com o qual o nome do Areopagita foi adotado.

A desilusão dos decepcionados, após o ato de "desmascarar", rendeu a ele ira e indignação devido à "fraude". Foi pedido que se libertasse de sua influência o mais rápido e radicalmente possível. De outro lado, os despreocupados quanto ao encontro com esse desconhecido se sentiram imediatamente na esfera de influência de um espírito extraordinário: seus críticos malevolentes fizeram propaganda involuntária para ele, uma vez que davam a palavra a ele mesmo. E, cada vez mais, contra a repreensão de "pseudepigrafia"[20] é aduzida a réplica de João de Citópolis[21] (século VI): quem atribui essa obra a um escritor de um tempo posterior, deve, sem dúvida, tomá-lo por um homem desesperado, se ele deve afirmar coisas de si mesmo de maneira mentirosa (segue a enumeração de trechos que fazem parecer que o autor é contemporâneo dos apóstolos e está em conexão próxima com eles) – já em um homem tão comum, algo assim seria tão sem graça e abjeto, quanto mais em um homem tão excelente em caráter e saber! Como é possível, atribuir os escritos a um tempo posterior, sem atirar uma pedra no autor, isso aqui não pode ser discutido.

Como fato indisputável, está diante de nós o "*corpus Dionysiacum*"[22]: 4 escritos maiores e 10 cartas (apenas o Ocidente possui 23 manuscritos gregos e 32 manuscritos latinos). E, sob uma luz excepcionalmente clara, nós vimos a entrada desse *corpus* na vida espiritual do medievo e seus efeitos nela. Se é lenda que o Areopagita foi o primeiro bispo de Paris e que jaz enterrado em Saint-Denis, contudo é fato histórico que a marcha triunfal da Areopagítica iniciou no Ocidente latino a partir da Abadia de Saint-Denis. Entretanto, não é a intenção, aqui, acompanhar o impacto desses escritos em seu curso histórico, mas, antes, um recorte do seu mundo

---

20. Trata-se do estudo de textos falsamente atribuídos.

21. Também conhecido pelo nome "João Escolástico".

22. Em latim, no original. Significa o conjunto da obra do Dionísio Areopagita, assim como "Areopagítica".

intelectual[23] que forneça algo de seu sentido factual e, sem dúvida, de um ponto de vista que não seja de menor importância para os filósofos que para os teólogos.

I.2 A ordem do ser e a ordem areopagítica do conhecimento

Existe um motivo condutor ao longo de tudo que nos foi transmitido de Dionísio. Alberto Magno, no Prólogo de seu Comentário ao Dionísio, em uma breve passagem do Sermão: [“] *Ad locum, unde exeunt flumina, revertuntux, ut iterum fluant*[”][24]. Esta, novamente, deve ser compreendida como uma ordem do ser: [“]De Deus como o Primeiro, todo o existente[25] parte e se dirige de volta a Ele[”]. O “*iterum fluere*” após a unificação não significa separação alguma, mas um inclinar para baixo rumo ao que há e permanece mais profundo[26], para também elevá-lo. Nisso está compreendida outra lei fundamental da imagem dionisíaca de mundo: a ordem de graus, que ele chama hierarquia. Ele mesmo a determinou como “a ordem geral das coisas sagradas existentes”. Sua tarefa é conduzir toda criatura de volta ao Criador.

Como a própria lei do partir e retornar, que a incorpora, ela não é apenas uma ordem do ser [*Ordnung des Seins*], mas também uma ordem do conhecer [*Ordnung des Erkennens*]. A partir da luz inacessível que oculta o Protoexistente[27] às criaturas por meio de seu fulgor superclaro, fulmina um raio que é apreensível a eles, os primeiros seres que se levantam diante dele, os espíritos puros supremos, e lhes ilumina. Rompidos múltiplas vezes, os raios são retransmitidos até as ordens in-

---

23. No original, em alemão, “*Gedankenwelt*”.

24. Aspas introduzidas pelo tradutor para fins de maior clareza em relação ao original alemão.

25. No original, em alemão, “*Seiende*”. O uso desse termo pode ser influência de Martin Heidegger (1878-1976). Outras traduções poderiam ser “o que é”; “aquilo que é”; “aquilo que existe”. Como o termo é recorrente na tradução que Stein faz das obras do Dionísio Areopagita, nota-se, com o seu uso, influência da fenomenologia via existencialismo em seu ato de traduzir .

26. No original, em alemão, “*zu dem Tieferherstehenden*”.

27. Em alemão, no original, “*Ur-Seienden*”.

feriores, descendo até as criaturas mais baixas que ainda são capazes da iluminação. Em um certo sentido, isso é tudo o que existe, pois, ainda que nem todas as coisas possam receber a iluminação divina da mesma forma que é o conhecimento de Deus e livre esforço rumo a ele possível a outras - como os espíritos, anjos e humanos criados -; ainda assim as criaturas mais inferiores, as desprovidas de razão e até mesmo as inanimadas, são aptas a servir como ferramentas e símbolos do ser e do obrar espiritual e divino. Nesse sentido, elas também pertencem à ordem hierárquica do ser e à ordem hierárquica do conhecimento e também são mencionadas nos escritos areopagíticos sobre a *Hierarquia celeste* e a *Hierarquia eclesiástica*. Portador do efeito hierárquico, porém emissário de Deus, para portar a luz celeste mediante a criação, apenas os espíritos celestes e os estamentos consagrados da Igreja

I.3 Os graus da "Teologia"

Agora, a partir do contexto maior que as palavras introdutórias quiseram sugerir, buscar-se-á extrair algo do que os escritos areopagíticos contêm acerca do conhecimento de Deus - o Dionísio basicamente se preocupa apenas com esse conhecimento. Ele mesmo deu uma breve síntese em seu escrito sobre a *Teologia mística* - um "opúsculo" quanto à abrangência, pois ele compreende apenas poucas páginas, porém de um certo peso no que diz respeito ao conteúdo e ao seu enorme impacto. A esse [escrito], sobretudo, ele deve o nome "pai da mística". Com isso, não se há de conceber nenhum "tratado sobre a mística", nenhuma "teoria da mística" no sentido hodierno. Para excluir esse mal-entendido desde o princípio, deve ser esclarecido o que o Areopagita entende por Teologia: nenhuma ciência, nenhuma doutrina sistemática sobre Deus. O pesquisador de Dionísio acentua que, por "Teologia", ele quer dizer as Sagradas Escrituras - "Palavra de Deus" - e por ["]teólogos["], seus autores, os escritores sagrados.

Isso certamente é correto - já ao folhear a Areopagítica, pode-se estar convencido de que cada expressão, quase sempre, é usada nesse sentido. Porém, parece-me que isso não esgota o sentido. E, precisamente, o nome *Teologia mística* indica a questão, pois, com ele, - como em breve será indicado - nenhum discurso sobre Deus é mais designado. Quando Dionísio chama Daniel, Ezequiel ou também o Apóstolo Pedro de teólogos, ele não quer com isso apenas, como eu creio, nem ao menos prioritariamente, dizer que eles são os autores dos livros ou cartas pelos quais são conhecidos, mas sim que eles (de acordo com nosso uso da linguagem) são inspirados: eles falam sobre Deus, pois são tocados por Deus, ou Deus fala por intermédio deles. Nesse sentido, também os anjos são teólogos e o maior de todos os teólogos é Cristo, a Palavra Viva de Deus. Sim, nós somos finalmente conduzidos a chamar Deus o "Prototeólogo"[28]. As diferentes "Teologias" que são diferenciadas no escrito da *Teologia mística* não consistem, portanto, em "disciplinas" ou matérias, mas formas distintas de se falar de Deus e - nisso expresso - caminhos diferentes ou modos do conhecer a Deus[29] (ou não-conhecer[30]); a própria Teologia mística apresenta o grau supremo.

Talvez se possa melhor expressar o nome Teologia mística com "revelação secreta". Deus é conhecido apenas na medida em que Ele se revela; e os intelectos[31] aos quais Ele se revela repassam a revelação. Conhecer e proclamar pertencem um ao outro. Porém, quanto mais elevado é o conhecimento, mais

---

28. No original, em alemão, "*Ur-Theologen*".

29. No original, em alemão, "*Gotterkennens*".

30. No original, em alemão, "*Nicht-Erkennens*".

31. No original, em alemão, "*Geister*", plural de "*Geist*". Esse famoso termo é comumente traduzido por "espírito" - inclusive, é como procedemos muitas vezes na presente obra. Porém, essa palavra alemã também pode significar "mente" e "intelecto". Muitas vezes, a afinidade entre os dois termos é intensa, como no caso de Georg W.F. Hegel. A própria Edith Stein, na tradução de *Sobre os nomes divinos*, presente abaixo (ESGA XVII, 48), indica que ela usa "*Geist*" para traduzir "intelecto" (*νοῦς*), em alguns contextos. Porém, em português brasileiro, o termo "espírito" tem conotação religiosa predominante. Cientes disso e da afinidade entre os termos *Geist*, *νοῦς* (e, ainda, "*pneuma*"), a tradução de "*Geist*" por "intelecto" ou por "espírito" dependerá do contexto em que o termo aparece: nas menções ao texto bíblico, por exemplo, o sentido será prevalentemente de "espírito". Nos contextos de teoria do conhecimento, será mais o caso de "intelecto". A respeito, cf. HÖSLE, Vittorio. Até que ponto o conceito de espírito (Geist) no idealismo alemão é um herdeiro legítimo do conceito de espírito (pneuma) no Novo Testamento? In: HÖSLE, Vittorio. Deus enquanto razão - Ensaios sobre teologia filosófica. Trad. de G.A. Assumpção. São Paulo: Loyola, 2022. p. 201-217.

obscuro e misterioso ele é; quanto menos, é possível exprimi-lo em palavras. A ascensão a Deus é uma ascensão ao escuro e silencioso. No pé da montanha, ainda é possível se expressar de modo mais pormenorizado. Assim o fez o próprio Dionísio nos escritos que foram dedicados à Teologia positiva, isto é, nos tratados que se ocupam com as verdades principais da fé, sobre as quais as Sagradas Escrituras nos informam: em primeiro lugar, com a Doutrina da Trindade e da Encarnação, com que ele lida nos *Fundamentos teológicos*; então, com o sentido dos nomes divinos, que são obtidos dos espirituais - a eles, aplica-se o escrito *Sobre os nomes divinos*, ao passo que a *Teologia simbólica* investiga as denominações das coisas sensíveis que são portadoras do divino (não nos foi preservado um texto sob esse título, tampouco um dos chamados fundamentos teológicos). O Areopagita fala sobre os mistérios da Trindade e da Encarnação no segundo capítulo do escrito *De divinis nominibus* [*Sobre os nomes divinos*], para delimitar a Teologia da diferença e a Teologia da unidade; aquela trata do que é próprio à Pessoa individual; esta, do que diz respeito à Divindade como um todo; explicações relacionadas ao sentido aqui estabelecido de Teologia simbólica estão contidas nos capítulos II e XV de *Sobre a Hierarquia celeste*, bem como na Carta IX (a Tito[32]); um exemplo levado a cabo [está] em *De divinis Nominibus* [*Sobre os nomes divinos*], capítulo IX, § 5.

Esse modo de consideração - partindo do mundo sensível conhecido - é o mais baixo, e aqui se pode alargar. Dionísio designa isso verdadeiramente como uma distensão do espírito, como ele, na *Hierarquia celeste*, desce do espetáculo puramente espiritual "na amplidão das figuras variadas, de tipos diversos (dos anjos)" [(ESGA XVII, 128)][33]. Quanto mais simples o objeto - e ele é mais simples quanto mais espiritual for -, mais pode ser dito com poucas palavras e mais pode ser compreendido

32. Ficticiamente, a carta é endereçada ao mesmo Tito da Epístola de São Paulo a Tito. Foi consagrado o segundo bispo de Alexandria e faleceu aos 94 anos.

33. A citação é um pouco diferente da encontrada na tradução alemã feita por Stein. Reproduzimos isso em nossa tradução. O provável motivo disso é a escrita do ensaio de Stein ter ocorrido em um momento distinto do da tradução, tendo ela realizado duas traduções levemente distintas do mesmo trecho.

com um olhar: com um olhar espiritual, que o intelecto deve concentrar vigorosamente em si, como na consideração do mundo sensível. Então, já nos fundamentos teológicos e em *Sobre os nomes divinos,* havia um tratamento o mais breve possível do que na *Teologia simbólica.* Ora, entretanto, na *Teologia mística,* "ao mergulhar nas trevas além de todo entendimento, encontramos não apenas escassez de palavras, mas total ausência de palavras e ausência de entendimento" [(ESGA XVII, 175-176)]. O caminho até lá é o procedimento da negação: a aproximação a Deus por meio da negação daquilo que Ele não é. Ela é, também em [certo] sentido, ascensão, uma vez que ela inicia com o mais baixo.

Na Teologia positiva, o inverso deve ocorrer. Para constatar o que está no fundamento de toda definição, deve-se iniciar com aquilo que é de parentesco mais próximo disso. Ele é, em maior medida, Vida e Bem do que ar ou rocha. Ao contrário, a negação deve iniciar com o que tem maior distância dele: pois é válido em um grau mais elevado que Ele não está embriagado ou furioso, do que o fato de que ele não é conhecido nem nomeado. Então, a Teologia negativa sobe a sucessão de graus das criaturas, para constatar, a cada grau, que o Criador não se encontra neles. Ela vai além e examina todos os nomes que a Teologia positiva deu a Ele, e deve dizer acerca de todos eles, que o seu sentido não abrange aquele que se eleva além de todo o sentido. Ela deve, finalmente, anular a si mesma, uma vez que a negação se aplica a Ele tão pouco quanto a afirmação à negação.

> E, se nós afirmamos ou negamos algo que é atribuído a Ele, então nem o afirmamos, nem negamos; pois Ele, como a única e perfeita causa de toda afirmação, está além de toda afirmação e, como a superioridade do simplesmente desprendido sobre todas as coisas e além de todas, está além de toda negação [(ESGA XVII, 177)][34].

34. Mais uma vez, a citação se distingue um pouco da encontrada na tradução alemã feita por Stein. Reproduzimos isso em nossa tradução.

Então, com o acabamento da ascensão da Teologia mística, a Teologia positiva e a negativa fornecem o espaço que, no pleno calar-se, adentra na união com o indizível. Elas mesmas apresentam os graus que conduzem ao ápice - mais precisamente, em primeiro lugar, como dois caminhos distintos, determinados da criatura ao Criador. Sua oposição não é de modo algum excludente. Eles se complementam em todos os graus. A Teologia positiva se baseia na correspondência do ser entre Criador e criatura - a "*analogia entis*", como Tomás expressou em referência a Aristóteles; a [Teologia] negativa se baseia no fato de que, junto a essa "*similitudo*" [semelhança], existe uma "*maior dissimilitudo*" [maior dessemelhança] como, da mesma forma, Tomás frisou várias vezes. Elas coincidem, no ápice, na "Teologia mística", em que o próprio Deus desvela seus mistérios, mas simultaneamente torna drástica a impenetrabilidade do mistério.

II
TEOLOGIA SIMBÓLICA

II.1 Explicações da "Teologia Simbólica" a partir da Areopagítica

O nível mais baixo da Teologia positiva foi chamado pelo Areopagita de Teologia Simbólica. Já foi mencionado que o escrito sobre esse objeto, a que ele repetidamente faz referência, não foi conservado. Nós devemos buscar obter uma imagem a partir do que é elucidado a respeito nos escritos transmitidos.

Nós encontramos o comentário mais pormenorizado a respeito nos escritos conservados na 9ª Carta a Tito; os escritores sagrados apresentaram a verdade misteriosa e inacessível aos não consagrados em imagens-enigma[35]. Assim, também se indica, de fato, a própria verdade eterna, a fonte da vida nos mistérios divinos (isto é, no Sacramento do Altar) recôndita sob o envoltório de formas sensíveis. Essa linguagem figurada precisa da interpretação, pois ela pode ser grosseiramente mal interpretada: por exemplo, quando se quer compreender no sentido literal o "seio de Deus", a partir do qual procede o filho, ou o "Sopro de sua boca", ou a "ira", "embriaguez" ou "sono" de Deus. As Sagradas Escrituras estão repletas de tais imagens intrépidas, que podem chocar os não sagazes. Porém, quem quiser ver a beleza oculta nas imagens, encontrá-las-á cheias de luz que revela Deus. Esse é precisamente o intuito dessa linguagem figurada: ocultar o sagrado dos olhares profanos da multidão e revelá-lo àqueles que aspiram à santidade e que se libertaram do modo de pensar infantil, tendo adquirido a argúcia necessária para contemplar as verdades simples.

35. No original, em alemão, "*Rätselbildern*".

Assim, os santos mestres, tanto da Antiga quanto da Nova Aliança proclamaram Deus em imagens correspondentes; os anjos apresentaram coisas divinas em imagens-enigma. O próprio Jesus falou em parábolas e nos apresentou o Santíssimo Sacramento na imagem da Ceia. Corresponde, também, à natureza humana alcançar a luz do conhecimento divino dessa maneira, uma vez que nossa vida é, simultaneamente, dividida e indivisa; e a parte da alma que é livre da necessidade de receber impressões sensíveis pôde ser determinada ao intuir mais simples e interior de imagens divinas. Todavia, a parte que está submetida às impressões precisa ser elevada às coisas divinas mediante símbolos[36] típicos.

Nas palavras de São Paulo, toda a criação visível do mundo é colocada diante da essência invisível de Deus. Por isso, os escritores sagrados consideram algumas coisas apenas tendo em vista as relações civis e as leis, outras em perfeita pureza; algumas de forma humana, outras [de maneira] sobrenatural e perfeita. Às vezes, eles se atêm às leis evidentes, outra vez, a estatutos recônditos. Deve-se elevar acima da concepção comum e buscar penetrar - no modo adequado ao sagrado - no significado dos signos e imagens sagradas: por exemplo, buscar compreender a imagem do fogo, que as Sagradas Escrituras às vezes aplicam ao próprio Deus, às vezes à própria Palavra de Deus, ou mesmo aos espíritos celestes, mas aqui e lá não totalmente no mesmo sentido.

A explicação e interpretação dessa imagem não é dada nessa passagem[37], mas em *Hierarquia celeste*: na descrição dos anjos, fala-se de rodas de fogo e de seres vivos ígneos, de homens fulminados como que por chamas, de pilhas de carvão em chamas e de correntes de fogo que fluem depressa e violentamente. Os tronos (*sic*!) eram chamados ígneos, e o nome dos serafins foi interpretado como "os ardentes". Essa imagem predileta deve expressar a afinidade com o divino dos espíritos celestes. Porém, sua aplicação de tamanho bom grado ao próprio Deus deve ser fundamentada no fato

36. No original, em alemão, "*Sinnbilder*".

37. Isto é, na 9ª Carta a Tito.

de que o fogo tem muito em si que o torna adequado para ilustrar a essência divina:

> O fogo que atinge os sentidos, caso se possa falar assim, está em todas as coisas, atravessa todas elas puramente e é acolhido por todas (sic!). E, embora ele seja inteiramente luminoso, ele é ao mesmo tempo oculto e permanece desconhecido, quando não se encontra em uma matéria na qual ele possa revelar sua força; é imensurável e invisível, domina tudo e leva todas as coisas a realizarem próprio desempenho. Ele tem a força para transformar tudo e confere a tudo o que se aproxima dele a participação em si próprio; ele renova tudo mediante o calor vital e ilumina por meio de raios abertamente cativantes (...); ele tem a força para separar, mas permanece imutável, eleva-se, penetrante (...); sempre movente, move a si mesmo e a outros; tem a força de abranger outros em si, sem poder ser, ele próprio, abarcado; não precisa de nenhum outro (...); em cada matéria receptiva, ele revela seu ser sublime (...); ainda que ele se comunique luminosamente, ele nunca se enfraquece [(ESGA XVII, 129)][38].

Nessa descrição do fogo, são inconfundíveis os ecos da apresentação da *Sabedoria Divina*: os modos de discurso imagético e não imagético se elucidam mutuamente.

Também se toma dos livros sapienciais a imagem da cratera grega[39], que Dionísio aborda na 9ª Carta a Tito: as Sagradas Escrituras falam, acerca da sabedoria benévola, que ela traz uma cratera grega misteriosa e doa a bebida sagrada que ela contém. Antes, porém, ela põe no chão pratos de comida sólida e, com voz elevada, convida amigavelmente os que precisam dela. A sabedoria divina também

38. A citação é um pouco diferente da encontrada na tradução alemã feita por Stein. Reproduzimos isso em nossa tradução.

39. Vaso grego de grandes dimensões (de 35 a 56 cm de altura) usado para se misturar água e vinho, usada em simpósios. Suas quatro formas principais eram coluna, cálice, voluta e sino. É possível que a escolha desse objeto para a discussão sirva, além do propósito teórico, de alusão ao uso que o Demiurgo faz de uma cratera grega para misturar os elementos, no *Timeu*, de Platão.

doa dois tipos de refeição: uma sólida e durável, outra líquida e que entorna, compartilhando suas providências e bens na cratera grega, pois a cratera, que é redonda e aberta, serve como símbolo da Providência omniabrangente que, ao mesmo tempo, penetra e abrange tudo. Assim como, no partir a todas as coisas, ela permanece estática em sua ipseidade[40], também a cratera grega permanece constante e firme. Porém, é dito que a sabedoria constrói uma casa para si mesma e nela guarda pratos, copos sólidos e uma cratera grega firme, de modo que fique claro a todos que estejam ponderando adequadamente as coisas divinas uma vez que, para todas as coisas, ela é a autora perfeita do ser[41] e do bem-estar, parte a todas as coisas, envolve todas as coisas e está em todas elas; inversamente, a mesma (autora), no sentido extraordinário, não está em si mesma – e, absolutamente não –, de modo algum em qualquer coisa, mas separada de todas, sendo eternamente em si mesma e da mesma forma, perdurando e permanecendo, sempre se conduzindo da mesma forma, nunca partindo de si mesma e jamais abandonando seu lugar próprio, sua moradia imóvel e seu lar. Mas nisso (ou: em si própria), ela (a sabedoria) consuma persistentemente a obra geral e perfeita da Providência, simultaneamente partindo a tudo e permanecendo em si, ao mesmo tempo permanecendo e se movendo e não permanecendo e se movendo, mas, por assim dizer, em posse do operar de sua Providência no persistir e do persistir na Providência, concomitantemente, conforme à natureza e de modo a exceder a natureza.

Mas em que, então, consistem as refeições sólidas e líquidas? É dito, sobre a sabedoria benévola, que ela doa e providencia as duas ao mesmo tempo. A comida sólida, eu acredito, significa a perfeição espiritual e duradoura, de acordo com os que, em conhecimento constante, vigoroso, unitário e indiviso acerca do divino, têm um quinhão do sentido espiritual daqueles a quem o divino Paulo, criando a partir da sabedoria, partilha o alimento verdadeiramente sólido. Os alimentos líquidos, porém, eu acredito, significam aquela doutrina pro-

40. No original, em alemão, "*Selbigkeit*".

41. No original, em alemão, "*der vollkommene Urheber des Seins*".

> liferada e irradiada que aspira a sair para todos e que conduz seus pupilos através do múltiplo, variado e dividido a um bem, em si, adequado a eles rumo ao conhecimento simples e imutável de Deus. Por isso, também aquelas palavras espirituais e divinas serão comparadas tanto com orvalho e água quanto com leite, vinho e mel, uma vez que elas têm a força vivificadora, assim como a água, [a força] estimulante do crescimento como o leite, [a força] renovadora como o vinho, [a força] simultaneamente purificadora e conservadora como o mel: isso, de fato, é o que a sabedoria divina presenteia a seus adeptos, outorgando a eles abundância de regalos afluentes e eternos (...) e isso, de fato, significa alimentar; e, por isso, a sabedoria é concomitantemente louvada como fonte de vida e de alimento aos homens ou crianças; como renovadora proporcionando a perfeição (sic!) [(ESGA XVII, § 4, 193)][42].

Um modo de expressão usado é quando se fala da "embriaguez" de Deus para sugerir um excesso impronunciável de todos os bens, que está – no sentido de causalidade – em Deus, antes que ele os distribua. "Porém, o estar fora de si[43] que acompanha a embriaguez deve ser remetido ao sobressair de Deus: como ele excede todos os sentidos, está acima de todo conhecer e de todo vir a conhecer, ele é elevado acima de todo ser"[44] [(ESGA XVII, § 5, 193-194)]. Então, o banquete dos santos no Reino dos Céus também significa a comunidade dos santos de comum acordo em fruição dos bens divinos e da prodigalidade de bens dos quais eles desfrutam; seu reclinar [significa] o repouso de todo labor, a invulnerabilidade de suas vidas, a mudança na luz e no Reino dos Vivos, (...) ["]uma vez que Jesus lhes deixa contentes e lhes instrui a seu lugar, até mesmo

42. Esta é outra citação que diverge da que se encontra na tradução alemã feita por Stein e isso foi retratado em nossa tradução.

43. Em alemão, no original, "*Vonsinnensein*".

44. Novamente, há diferenças entre esta passagem e a tradução alemã feita por Stein. Dos trechos já citados por Edith Stein, este é o que apresenta maiores diferenças em relação à tradução feita por ela adiante.

lhes serve, e dá a eles repouso eterno e abundância de todos os bens" [(ESGA XVII, 194)].

No fim da carta, segue ainda uma breve explicação sobre o "dormir" e o "despertar" de Deus. O sono divino significa que, em Deus, está[-se] elevado acima de todas as coisas e, imediatamente, nas coisas que foram articuladas pela Providência. Seu despertar é a atenção que a Providência de Deus dirige àqueles que precisam de educação e de salvação.

Em outra passagem, Dionísio busca tornar claro o modo de expressão da Teologia Simbólica, ao mesmo tempo em que ele indica como, já no âmbito dos seres criados, busca-se ensinar sobre o invisível mediante o visível: poder-se-ia pensar na alma à maneira de uma figura corpórea, atribuindo partes a ela, não obstante ela seja, no sentido próprio, indivisível; as "partes" seriam, então, compreensíveis de outro modo que as coisas corpóreas: indicar-se-ia como cabeça a força espiritual do conhecimento, como nuca a opinião (uma vez que ela está entre a razão e a desrazão), etc., isto é, os nomes das partes do corpo seriam usados simbolicamente[45] para as capacidades anímicas. Analogamente, o ser humano poderia falar de comprimento, largura e profundidade de Deus, para significar seu partir a todas as coisas, seu poder que se estende sobre tudo e seu ocultamento e incognoscibilidade que são inconcebíveis a todo ser.

II.2 O sentido mediato e imediato dos nomes simbólicos

Agora tentaremos, devido a esses fragmentos, enfatizar o que é indicado como ["]Teologia Simbólica["]. Segundo as breves indicações na *Teologia mística*, a questão é da transferência de nomes das coisas sensíveis às divinas. Ora, nós devemos examinar o que se entenderá por coisas que atingem os sentidos, cujos nomes serão transferidos, a que elas serão transferidas e, finalmente, como o "transferir" deverá ser compreendido: qual relação é pressuposta entre o mediatamente e o imediatamente designado de modo puramente factual, tanto do lado do ouvinte quanto do lado do falante.

45. No original, em alemão, "*sinnbildlich*".

Na passagem supracitada, toda uma série de "transferências" é indicada: formas, figuras[46], partes, ferramentas, lugares, joias, exaltação apaixonada, tristeza e cólera, embriaguez e cambalear, juramentos, maldições, sono e despertar. Encontramo-nos com algumas delas nos exemplos expostos. Em parte, há objetos da percepção externa, coisas e propriedades reais (o caso da cratera grega, das figuras de pão e vinho, tanto extensão espacial quanto o fogo); em parte, porém, também estados e processos corpóreos e anímicos (sono e despertar, embriaguez, cólera e afins), atos sociais (juramento, maldição) e circunstâncias (o banquete de casamento e outros, de que a Escritura fala nas Parábolas).

O modo simbólico de discurso, portanto, busca suas expressões tanto do território da experiência exterior e interior quanto daquilo que é indicado com a palavra "experiência de vida", e em que coisas muito diferentes cooperam. Portanto, as "coisas que atingem os sentidos" não devem ser tomadas no sentido estrito. Claramente, quer-se dizer tudo com que estamos tão familiarizados pela experiência cotidiana que, assim que é chamado pelo nome, o temos imediatamente diante dos olhos espirituais. Agora, esses nomes serão usados no modo de discurso simbólico para designar algo diferente, com que não estamos familiarizados na experiência cotidiana. Aquilo a que eles são transferidos é chamado pelo Dionísio de "o divino". Também isso, novamente, é uma expressão bem mais geral, na qual diversas coisas são sintetizadas. Isso indica, em primeiro lugar, o uso que o Areopagita já faz dessa palavra. (Ele não a usa somente para o próprio Deus e para aquilo que pertence à essência de Deus, mas para os sacramentos instituídos - os mistérios divinos -, mas também chama anjos e seres humanos de "divinos", especialmente o bispo, fala de "alegria divina" a respeito da consagração monástica, e assim por diante. Pode-se encontrar exemplos em quase todas as páginas de seus escritos. É uma das palavras preferidas que caracterizam seu estilo.)

---

46. Traduziremos "*Form*" por "forma" e "*Gestalt*" por "figura". Estamos cientes de que "*Gestalt*" poderia significar "forma" também, mas pelos contextos em que Stein usa, trata-se de figura.

Também procedem dos exemplos: o fogo é uma imagem do próprio Deus, da Palavra de Deus, dos anjos. A cratera grega é símbolo da Providência divina; comida e bebida são imagens para formas distintas da instrução e participação na sabedoria divina que se obtém mediante aquela, elas são também as figuras nas quais o próprio Deus-homem se apresenta de maneira encoberta: aqui, o símbolo não é mais a palavra falada, mas as figuras presentemente visíveis; e o que elas significam não é só sentido compreensível, mas realidade presente. Todavia, isso já diz respeito à relação entre o símbolo e aquilo que ele aponta.

Por enquanto, buscaremos apenas compreender aonde a Teologia Simbólica nos levará mediante as imagens familiares, a partir do mundo da experiência. É uma multiplicidade que nós talvez possamos indicar de modo mais pertinente como o "Reino de Deus". Ela tem seu fundamento do ser e seu foco dominante e unificador no próprio Deus. Ele é, também, a verdadeira e última meta a que chega a Teologia Simbólica. Porém, intervenções saem a partir dele e entram no mundo criado que portam algo de sua essência em si (isto é, são "divinas") e que tornam "divino" o que está onde são acolhidas. Todas essas "emanações" da essência divina, tudo aquilo que, nas criaturas afins ao divino, e que, para a unidade do Reino de Deus, vive com Deus e se associa a Ele, é tão pouco apreensível com mãos e com olhos corpóreos quanto o próprio Deus. Por isso, deve ser tornado acessível às pessoas que estão presas no mundo da experiência natural, por intermédio de imagens a partir desse mundo familiar a elas.

II.3 Símbolo como imagem

Como, porém, tal linguagem figurada é possível? Isso significa: o que é pressuposto factualmente, com o que ela pode ser falada e compreendida? Para obter mais clareza a respeito, primeiramente devemos averiguar em que sentido, aqui, fala-se de "imagem". De acordo com tudo o que foi dito até agora, fica evidente que também isso não é unívoco. É apropriado se nós, mais uma vez, partirmos das expressões que o próprio Areopagita usa. Ele conclui a enumeração reproduzida acima de "imagens" com a frase sintética: *"καὶ ὅσαι ἄλλαι τῆϚ συμβολικῆϚ εἰσι θεοτυπίαϚ ἱερόπλαστοι μορφώσειϚ*" ("(...) e tantas outras figuras sagradas formadas da tipificação de Deus[47] quanto ainda há")[48] [(ESGA XVII, 175)].

Quando nós partimos da palavra "símbolo", ainda não há, necessariamente, nada presente no sentido original da relação imagética. Entre os diversos significados que o "amontoar" no uso do idioma grego permite adotar, os mais próximos daqui são o de "sinal de conhecimento" (a profissão de fé, como sinal de conhecimento dos cristãos, chama-se "símbolo"), característica e, finalmente, signo. Que nós possamos pensar uma imagem entre esses sentidos, é algo que dizem as outras expressões que são usadas nessa passagem. Elas implicam três aspectos: que se trata de algo "formado", isto é, de algo que alguém formou ou afigurou, como o artista afigura ou forma uma obra (isso é o caso tanto no termo "τύποϚ" quanto em "πλαστόϚ"); que isso, consequentemente, seja uma formação ("μόρφωσιϚ") apreensível intuitivamente e que aluda a Deus, como um modelo alude à sua realização, ou uma reprodução copia seu arquétipo.

Entre o "conteúdo formado" ou "afigurado", por sua vez, pode-se compreender duas coisas: em primeiro lugar, pensa-se naquilo com o que a "Teologia" se dirige a nós – logo, nas palavras nas quais as Sagradas Escrituras falam sobre Deus e sobre as Coisas Divinas; em seguida, naquilo que as palavras expressam imediatamente, isto é, as coisas que são nomeadas (como o fogo ou a cratera grega); acontecimentos que são enumerados (por exemplo, nas parábolas) ou as ações em que os profetas frequentemente recorrem à ilustração para apresentar o que eles deveriam proclamar, assim como, também, Cristo não revelava a verdade divina apenas mediante suas palavras, mas também por intermédio de seu agir, e assim como a Igreja, por meio de seus atos litúrgicos, dá algo a entender.

---

47. No original, em alemão, "*Gottesvorbildung*".

48. Mais uma vez, é o caso de haver distinções entre essa passagem e a da tradução apresentada por Stein.

II.4 O conteúdo imagético e suas pressuposições no descritivo e no interpretativo

Seria uma tarefa encantadora investigar como as palavras são formadas com intuito de colocar uma imagem intuível aos olhos e, ao mesmo tempo, tão diante dos olhos que ela aponta para além de si rumo àquilo que as palavras expressam mediatamente e que as imagens deveriam representar. Porém, nós devemos recusar isso aqui e, logo a seguir, buscar apreender a relação imagética que é expressa nas palavras entre o mediato e o imediato. Quando Moisés diz: "Pois o SENHOR vosso Deus é fogo abrasador, é um Deus ciumento"[49], então, em certo sentido, ele é o "teólogo", o criador de arte ou o desenhista. Ele conjura, por meio de sua palavra, a imagem do fogo diante de nós. Ela é seu "produto" – não o fogo em si, pois ele é compreendido de maneira determinada, de um lado determinado, isto é, precisamente como fogo "abrasador". Nesse caso, nenhum arbítrio deve ser expresso no "compor"[50] ou "afigurar". Antes, é muito mais provável pensar que ele [isto é, Moisés] formou a imagem de tal maneira porque ela foi imposta a ele, pois ela foi assim formada "nele". Ela foi forçada sobre ele porque ele experienciou Deus dessa maneira. Existe uma semelhança, uma afinidade factual entre o indizível com que ele se deparou e o "fogo abrasador". Nisso reside uma relação imagética no sentido próprio: algo intuível, como pode suceder na percepção sensível, apresenta algo diferente em função de uma comunidade factual, que torna possível reconhecer um no outro. O fato de que o reconhecido, fundamentalmente, não possa ser intuído sensivelmente não é próprio da relação imagética como tal, mas peculiaridade da imagem de Deus. A cognoscibilidade do apresentado a partir da imagem pertence à imagem como tal e, também, precisamente por isso, à imagem de Deus.

Para que alguém possa afigurar uma coisa à imagem de outra, ele deve conhecer a outra, conhecer o arquétipo. A partir de um conhecimento de Deus, o teólogo (sempre no sentido areopagítico de anunciador de Deus) deve afigurar suas imagens de Deus. Em que esse saber pressuposto sobre Deus

---

49. Dt 4,24.

50. No original, em alemão, "*Bilden*".

pode se basear? Por si, surgem como fontes possíveis a partir das quais um conhecimento de Deus poderá ser criado: na consideração de um conhecimento natural de Deus; a crença como o caminho "usual" para o conhecimento sobrenatural de Deus; finalmente, uma experiência sobrenatural como via "extraordinária" para o conhecimento sobrenatural de Deus.

a) Conhecimento natural de Deus

No que diz respeito à apreensão do Areopagita, eu não tenho a impressão de que ele leve em consideração um conhecimento natural como fonte possível para sua Teologia. Porém, ela deverá ser mencionada aqui como pura possibilidade factual. Hoje, nós entendemos como "Teologia natural" uma doutrina sobre Deus que é obtida a partir da experiência natural por intermédio do entendimento natural. Seu inventário central consiste nas provas da existência de Deus e na doutrina sobre a essência e as propriedades de Deus que se podem derivar a partir do conhecimento do mundo criado. Seu proceder é o pensamento conceitual, mas tem - como todo pensamento conceitual e, com isso, todo proceder científico - um fundamento intuitivo. A intuição deve ser tomada, contudo, em um sentido muito amplo: justamente como oposição ao pensamento conceitual, que pressupõe algo dado. Engloba, nessa amplitude, intuição sensível e espiritual[51] e, no caso da primeira, [intuição] dada no presente e [intuição] relembrada.

O pensar da ciência natural pressupõe, como intuição inicialmente dada, a percepção sensível (inicialmente compreendida como percepção externa). O que esta tem diante dos olhos é o mundo sensível e, precisamente com isso, muito mais do que propriamente "incidir sobre os sentidos"[52]. A percepção sempre se propaga para

51. No original alemão, "*geistige Anschauung*". Outra tradução possível, mais comum ao vocabulário filosófico, seria "intuição intelectual". Todavia, pelos contextos em que o termo aparece, por exemplo, em ESGA XVII, 26 e ESGA XVII, 27, nota-se que o termo vai além de um sentido apenas intelectual, acrescentando a esse um vivencial-religioso, de contato com o Espírito de Deus - o que dialoga com a dimensão mística da obra e com a filiação carmelita de Edith Stein.

52. No original alemão, há um trocadilho da parte da autora entre "mundo sensível" ("*sinnenfällige Welt*") e "incidir sobre os sentidos" ("*in die Sinne fällt*", aspas de Edith Stein no original).

além do que atinge os sentidos aqui e agora e, vale dizer, sob múltiplos aspectos. Em primeiro lugar, o que não atinge os sentidos é "dado" à percepção de um modo vazio de intuição, mas pode, em princípio, incidir sobre os sentidos e é alcançável no prosseguimento da percepção. Porém, também muitos elementos são dados que nunca chegam aos sentidos e que jamais podem ser atingidos por meio de intuição sensível alguma.

Essa é, de uma vez, a construção "interior" e a conformidade a leis da natureza espaço-corporal como tal, como as que a ciência natural matemática busca compreender de maneira conceitualmente exata. Para me servir de apenas um exemplo: nós percebemos a "causalidade", não obstante ela nunca atinja os sentidos. E essa apreensão do mundo como algo "efetivo"[53] (no sentido original da palavra), contida na própria percepção sensível, é pressuposição para toda investigação segundo leis causais. O cientista natural procede segundo essa maneira de referência e prescinde de outras; e esse prescindir é essencial para aquilo que se compreende por "natureza": um abstrato na relação à profusão do mundo percebido sensivelmente.

A essa profusão pertence, ainda, outro elemento "interior" como aquilo que a ciência natural investiga. Entre as coisas percebidas pelos sentidos externos estão as "viventes" e as "animadas"[54]. Vida e alma são "vistas conjuntamente"[55] na percepção externa, mas elas nunca poderiam ser vistas de fora, no sentido verdadeiro. Elas são, contudo, experienciadas verdadeiramente de "dentro"; e aquilo que nós apreendemos conjuntamente com o mundo exterior pode, em certo sentido, ser alinhado com o que nós experienciamos internamente.

Porém, prescindindo também daquilo que é peculiarmente peculiar aos seres vivos e animados, pertence à abundância do mundo sensivelmente percebido mais do que é apreensível com

53. Aqui, Edith Stein usa ao termo alemão "*wirklichen*" (real, efetivo, atual) no sentido de "efetivo", associando o sentido de efeito (*Wirkung*) à causalidade ("*Ursächlichkeit*") mencionada no mesmo trecho.

54. No original alemão, "*Belebte*" para coisas vivificadas e "*Beseelte*" para coisas animadas, dotadas de alma.

55. No original alemão, "*mitgesehen*".

métodos das ciências naturais. Ele é "nosso mundo", no qual nós estamos em casa, em que nós vivemos e nos movimentamos, com o qual nós sabemos "lidar". E ele é a "natureza", com a qual nós nos alegramos e que amamos, diante da qual nós permanecemos em encanto e admiração, em arrepio e reverência: um todo significativo, que "fala" a nós com mil vozes, e no qual todas as suas partes se revelam a nós e, todavia, permanecem sempre um mistério.

Precisamente esse mundo é aquele que, com tudo o que ele revela e que ele oculta, ainda aponta para além de si mesmo como todo àquele que "misteriosamente se revela" por intermédio do mundo. Esse mundo, com as referências que conduzem para fora dele próprio, é o fundamento intuitivo para as demonstrações da Teologia natural. Ele é, também, fundamento intuitivo possível para a doutrina da imagem, para a criação de palavras e, ao mesmo tempo, para a compreensão da Teologia Simbólica. O cantor dos Salmos escuta a voz de Deus na natureza. Certamente, ele não conhece Deus apenas daí. Antes, ele encontra Deus em todas as coisas, pois ele crê e porque Deus fala com ele em seu íntimo. Porém, para muitas imagens, não pode ser negado que estas poderiam ter sido criadas a partir da intuição da natureza. "A voz do SENHOR sobre as águas: O Deus da glória troveja, o SENHOR sobre a imensidão das águas"[56][.] Compreender o estrondo do trovão como externalização de um poder superior é natural aos humanos. Por isso, acotovela-se a imagem da "voz de Deus" e se pode contar com que ela seja compreendida. O modo simbólico de discurso é, aqui, expressão de conhecimento simbólico real ou suposto. E, onde tal conhecimento é exibido, a imagem consegue mais do que tornar presente algo já anteriormente conhecido, porém não presente, de modo que ele possa ser, com isso, reconhecido. Ela conduz ao conhecimento do ainda desconhecido.

O "teólogo" se torna familiarizado com Deus a partir das imagens. A imagem, nesse caso, não é seu produto, mas uma criação de Deus. Deus se ilustrou em suas criações e, por intermédio delas, deixa-se conhecer. Que ele já não seja conhecido anteriormente e, portanto, não seja "reconhecido", não é algo que se anula pelo conceito de imagem como ilustração. Pode-se tornar familiariza-

56. Sl 29,3.

do com algo desconhecido mediante um bom retrato, não apenas reconhecer, com isso, um conhecido. E pode-se estimar, sobre um bom retrato, que ele seja um retrato e que ele seja um bom retrato. Se nem todos podem fazê-lo, mas apenas aqueles que possuem o "senso" para tal e um olho hábil, não obstante, é uma possibilidade factual. E, precisamente aí me parece que aquilo hoje compreendido por nós como "símbolo" é satisfeito da forma mais verdadeira quando apreendemos uma figura intuível como "imagem-sentido"[57] e a imagem, pela primeira vez, torna acessível um sentido até agora desconhecido.

Por conseguinte, Deus é o Prototeólogo. Sua Teologia Simbólica é toda a criação. Os teólogos no sentido do Areopagita, os escritores sagrados, são as pessoas que têm o entendimento originário para essa "revelação natural"; é dado a eles compreender a linguagem figurada de Deus e traduzi-la para a linguagem humana, para guiar os outros a esse caminho da Teologia Simbólica rumo a Deus. Deve ser bem suposto que eles já são, por sua própria natureza, "receptáculos da escolha", isto é, em quantidade inusitada, que possuem o que nós chamamos "senso religioso". Da mesma forma, circunstâncias particularmente favoráveis podem levá-los, em seu entorno natural, a desenvolver esse "senso" e a aprimorar seu olhar. Porém, isso não deve ser mal interpretado, como se a revelação natural fosse apenas acessível a esses eleitos. Todo o sentido de sua missão, inclusive, pressupõe que também os demais possam encontrar Deus a partir desse caminho. Isso é necessário para a compreensão de sua linguagem figurada. Sua tarefa é apenas guiar para que aqueles que ouvem sua palavra aprendam a ver através da natureza. (Compete lembrar que, por fim, até mesmo a percepção sensível deve ser aprendida, e não é igualmente bem aprendida por todos.)

O conhecimento natural de Deus é apenas um fundamento possível para a criação de imagens e de palavras da Teologia Simbóli-

57. No original, em alemão, "*Sinn-Bild*". Diferentemente das ocasiões anteriores do uso do termo "*Sinnbilder*" para falar de símbolos, aqui Stein faz um jogo de palavras associado com sua reflexão teórica, mostrando como o símbolo é, no contexto discutido, uma imagem (*Bild*) que abre espaço para a descoberta de novo sentido (*Sinn*).

ca, assim como para sua compreensão. Ela é muito mais ampla do que poderia ser sugerido por um exemplo. Já foi mencionado que as imagens não se tomam de empréstimo apenas da experiência exterior, mas também da experiência interior. Quando Moisés diz: ["]O Senhor é fogo que consome, um Deus zeloso["], então ele ilustra a imagem "exterior" mediante uma "interior". Para a linguagem dos Salmos, a experiência da obra divina no próprio destino, assim como em grandes eventos mundiais, é, evidentemente, de significado imenso. Com isso e, da mesma forma, com as parábolas, certamente, o território da percepção sensível é abandonado. A "imagem", aqui, é ideal e pressupõe uma penetração de grau espiritual superior nas circunstâncias originais da experiência. Seu tratamento deverá ser deixado em aberto para investigações posteriores. De modo geral, não é possível, em nosso quadro estreito, refinar os caminhos diversos possíveis do conhecimento natural de Deus e o significado daqueles para a Teologia Simbólica em sua peculiaridade e diferenciação. Provisoriamente, nós devemos contentarmo-nos com a observação de que, no conhecimento natural de Deus, já se vê uma fonte que flui em abundância, a partir da qual a Teologia Simbólica pode criar.

b) Fé

O quão longe vai sua influência e se, de fato, ela por si só alguma vez foi eficaz, é algo que quase não se consegue verificar. Os "teólogos", é claro, apoiam-se no solo da fé. Para os escritores sagrados do AT, Deus é, provavelmente, sobretudo o Deus de Abraão, Isaac e Jacó, o Deus de seus pais, de cujas proezas eles ouviram desde a juventude, e em cujo serviço foram educados. "Fé", aqui, não é adotada no sentido de "crença"[58], mas no [sentido] estrito de *fides*, do aceitar e aderir à revelação sobrenatural. Pela revelação sobrenatural, compreende-se a autocomunicação de Deus por meio da Palavra

---

58. No original alemão, Stein usa a expressão em inglês "*belief*", que significa "crença", divergindo de "*faith*", que remete ao latim "*fides*" e é mais próximo do termo "fé", do português. O verbo "*believe*", do inglês, pode transmitir tanto a ideia de crença pessoal quanto de opinião sobre algo, como em "*I don't believe his intentions are the best*" - "Eu não acredito que as intenções dele sejam as melhores". A palavra alemã "*Glaube*" pode significar tanto "fé" religiosa quanto "crença" em geral, sendo importante atentar para o contexto. Cf. nota de rodapé 52 de Redmond em Stein, 2000.

no sentido próprio, sobretudo a comunicação dos mistérios de Deus ocultos em Deus, que não são acessíveis a partir do conhecimento natural. (Nós podemos, aqui, prescindir daquilo que, no naturalmente cognoscível, está factualmente no conteúdo da revelação.)

A Palavra de Deus é revelação de verdade sobrenatural e, ao mesmo tempo, discurso que exige a fé como aceitar e aderir à verdade revelada. A fé merece o nome de conhecimento na medida em que ela outorga a posse da verdade; porém, ela é conhecimento obscuro, na medida em que a convicção que ela envolve não se funda no entendimento da verdade aceita pela fé. Quando se fala de "Palavra" de Deus e de "discurso" de Deus, com isso não se quer dizer que, em toda revelação sobrenatural, a linguagem de Deus se apresenta de maneira compreensível e imediata, à maneira humana. Palavra e discurso de Deus, também, é a palavra de seus emissários, dos profetas e apóstolos que se direcionam, em nome dele, aos chamados à fé - portanto, prioritariamente, às Sagradas Escrituras. Ora, se nós aqui chamamos os próprios escritores sagrados de "fiéis", então isso ocorre no sentido de que eles foram conduzidos a uma vida de fé diante de sua vocação extraordinária. A luz mais elevada que eles receberam não é do tipo que brilha continuamente, mas é uma elevação súbita e temporária sobre o estado habitual, ainda que deixe para trás resultados permanentes.

Em nosso contexto, a questão é que a fé, em si e para si, independente das inspirações extraordinárias, é uma fonte possível para a linguagem figurada da Teologia Simbólica. Quando o salmista ponderou sobre a fortuna do povo escolhido, tal como era familiar a ele a partir da história sagrada - as maravilhosas promessas e condutas da graça de Deus, a sempre renovada queda do povo e os subsequentes julgamentos terríveis -, então puderam se impor a ele, por si próprias, as imagens de Deus como "pai dos órfãos"[59] e "pastor fiel cuidador"[60] e, de outro lado, a [imagem] de

59. Sl 68,6.

60. Cf. Sl 23. Stein não cita literalmente o Salmo 23, apesar do uso de aspas pela autora, mas a alusão é a esse salmo.

juiz furioso, que entrega os seus "[...] como ovelhas ao matadouro"[61] e se eleva em brasas de ira contra eles. E, por outro lado, a linguagem poderia ser compreendida em virtude da fé: o povo que ouviu e cantou junto os salmos esteve na mesma tradição do próprio cantor sagrado. Ele enunciou o que viveu nos corações, ou despertou o que neles adormecera.

c) Experiência sobrenatural de Deus

1) Revelação, inspiração e experiência sobrenatural de Deus

A fé, contudo, como aceitação da Palavra proclamada de Deus, empurra de volta a algo diferente. Se Deus fala por meio de seus emissários, então sua palavra, para poder ser acolhida como sua palavra, deve ser caracterizada por palavras humanas comuns, elas próprias indicáveis como mensageiras de Deus. Para o homem simples de fé, basta como prova o fato de que algo está nas Sagradas Escrituras, que pertence à sua fé, o fato de que as Sagradas Escrituras são a Palavra de Deus e de que seus autores são "inspirados", ou seja, conduzidos pelo Espírito de Deus. Não compete a eles asseverar essa inspiração e tampouco questionar como esta ou aquela palavra "conseguiu entrar nas Escrituras Sagradas". Porém, deve haver uma possibilidade de observação para as duas questões.

A segunda questão, que diz respeito à crítica bíblica, não precisa ser levantada aqui. É-nos permitido, aqui, aceitar que algo como uma verdadeira palavra escrita é garantida. Isso vale não apenas para o fiel simples, mas também para o (fiel) teólogo (no sentido moderno, não no sentido dionisíaco) como inspirado e como revelação. Como revelação - isso implica que Deus nos quer comunicar algo por meio dela. Como inspirado, isto é, que Deus impulsionou os escritores a anotarem e, talvez, compeliu uma pessoa, a quem sua palavra foi compartilhada, a proferi-la. Deve o inspirado, que é ferramenta de uma revelação divina, estar ciente do fato de que ele o é, deve ele saber sobre si mesmo como iluminado, deve ele próprio ter recebido uma revelação? Certamente, são pensáveis casos

61. Sl 44,12.

em que não há nada preexistente a respeito. Não é impossível que alguém pronuncie uma revelação sem sabê-lo - sem ter recebido uma revelação de Deus, também sem uma consciência do fato de que ele fala em nome de Deus ou sem se sentir amparado pelo Espírito de Deus naquilo que se diz e em como se diz. Ele pode ter a opinião de que apenas expressa a própria compreensão e de que o faz em palavras, tais como lhe parecem adequadas. Assim foi dito por Caifás no Sinédrio: "Vós não entendeis nada! Não compreendeis que é melhor para nós que morra um só homem pelo povo para que não pereça a nação toda?"[62]. E João acrescenta: "Ele não disse isto por si mesmo, mas, sendo o sumo sacerdote daquele ano, profetizou que Jesus iria morrer pelo povo (...)"[63]. Caifás, portanto, falou em nome de Deus e com incumbência divina, sem sabê-lo e sem o querer. João, todavia, sabe que Caifás falou a Palavra de Deus e, aparentemente, também sabe que Deus lhe ilumina enquanto ele escreve sobre isso. João sabe do significado profético das palavras de Caiafás mediante uma revelação que foi conferida a ele - João - a esse respeito? Isso é certamente possível. Entretanto, também pode ser que a realização daquelas palavras na morte de Jesus e o olhar sobre todo o contexto da obra de salvação reluziram o caráter profético daquelas.

O caso em que um homem é um instrumento da revelação divina sem sabê-lo e sem o querer, certamente, não é o caso normal. Nós colocamos, para fins comparativos, o caso da grande visão de Isaías[64]: o profeta vê o Senhor no trono de glória, fala com ele face a face e acolhe palavras que deverão ser transmitidas a seu povo. O ver e o ouvir, aqui, aparentemente não deveriam ser compreendidos em seu sentido literal. O que o profeta relata não deve ser apreendido como apresentação sensível de algo que ele viu de modo puramente espiritual. Então aqui, novamente, Deus é o "Teólogo simbólico", que anuncia a si próprio - o Inapreensível - em imagem visível e em palavras humanas. Ele se revela aos homens que estão diante dele e dá a eles sua missão. Isaías recebe, de modo

62. Jo 11,49-50.

63. Jo 11,51.

64. Is 6.

consciente, a revelação e a missão. E, se ele se põe diante do povo, ele sabe que é a "Palavra de Deus" em um sentido estrito que ele anuncia. Revelação e inspiração estão, aqui, unidas.

Agora, nós perguntamos: o que dá ao profeta a certeza de que ele está diante de Deus? Não é necessariamente ver com os olhos ou com a imaginação. Tudo isso pode cessar de existir e, todavia, ainda preexiste a sabedoria divina, que é Deus que fala. Essa certeza pode basear-se no "sentimento" de que Deus está presente; sente-se tocado em seu âmago por Ele, que está presente. Isso é aquilo que nós chamamos experiência religiosa em um sentido próprio. Ela é o cerne de toda vivência mística, do encontro com Deus de pessoa a pessoa. Uma visão sensível como a de Isaías pode chegar acompanhada de um fenômeno extraordinário. De outro lado, tal visão é pensável sem uma própria experiência interna de Deus? Não é impossível que o profeta tenha, por si, visto ou ouvido suas palavras sem ter sido tocado de maneira mística por elas. É evidentemente assim com o rapaz Samuel, que ouve o chamado de Deus, sem entendê-lo como chamado de Deus. Portanto, ele não discerne Deus. No caso da visão de Isaías, poder-se-ia bem dizer sobre o caráter miraculoso da aparição: é o próprio Deus. Sem ser tocado interiormente, Isaías pode chegar à convicção, com base na concordância entre o que ele vê e ouve e o que ele sabe acerca de Deus a partir da fé, de que [a visão] é o próprio Deus. Essa interpretação não pode ser rejeitada como impossível, porém parece uma construção artificial. Quando é dito sobre o pequeno Samuel [que] ele ["...] ainda não conhecia o SENHOR["][65] isso me parece indicar que Eli conhecia Deus e que Samuel estava indo conhecê-lo. Após a revelação que Samuel recebeu, ele passa completamente a impressão de que, agora, ele conhece o senhor – não mediante inferências ou por meio de considerações conforme o entendimento, mas por intermédio de movimento pessoal, por ser tomado no mais íntimo, que despertou a criança em profeta. Nessa autêntica vivência salvífica, inspiração, revelação e a consciência disso estão ligadas com a verdadeira experiência de Deus. Entre essa abundância e o caso-limite de uma revelação sem saber e querer, muitos graus intermediários são possíveis.

---

65. 1Sm 3,7.

Para começar novamente de baixo: a inspiração pode estar dada anteriormente e pode-se ser consciente dela, sem que uma revelação se mostre aos inspirados. O escritor sagrado sabe ser impulsionado pelo Espírito de Deus a dizer ou a escrever algo; a inspiração como tal também pode ser vivenciada em como ele o expressou; mas o que ele comunicou, para ele não é revelação alguma; são eventos sobre os quais ele sabe pela experiência ou verdades morais que ele examina com seu entendimento natural. (Pensa-se que os livros históricos das Sagradas Escrituras e os Livros Sapienciais se originaram, em parte, dessa forma.) O inverso - uma revelação sem inspiração - é impossível de se designar. Onde Deus oculta a si mesmo ou uma verdade velada, isso ocorre mediante seu Espírito; e quando um ser humano é convocado a transmitir tal verdade, ele deve ser conduzido pelo Espírito de Deus. A verdade divina pode resplandecer para ele como puramente espiritual, sem que ele ouça palavras ou veja algo. E pode ser deixado ao critério do escritor com que palavras ele quer tecer o que ele deve dizer. Se ele escuta em palavras o que é revelado a ele, ou se lhe é indicada uma imagem, então é possível, por sua vez, que ele apenas repasse imagem e palavra, sem tê-las compreendido ele próprio. Contudo, também pode ter-lhe sido tornado acessível o sentido espiritual, por meio de iluminação interior ou por meio de palavras adicionais explicativas.

2) Experiência pessoal e mediata de Deus

Em todos esses casos, há mais do que o conhecimento natural de Deus, e também algo que ultrapassa a fé, mas ainda não há, universalmente, um conhecimento experiencial pessoal de Deus. Em primeiro lugar, perguntamos se é possível falar de um conhecimento de Deus nesses casos. É lícito dizer: em todo lugar no qual a experiência como tal é vivenciada, lá ela é acolhida como proveniente de Deus. Uma verdade divina resplandece sob uma "luz sobrenatural", isto é, claramente distinta do conhecimento natural e, em seu todo, transbordante, de modo que a luz é entendida como "luz divina". Se palavras forem ditas ou figuras vistas, e o falante ou o afigurador se manifesta não como o próprio Deus, mas como um anjo ou um santo, então ele aparece como um emissário de

Deus. O receptor da revelação está ciente de si sob influência divina, mediante esses emissários - ou, também, por intermédio de uma "visão intelectual"[66]. (Isso vale, também, para uma inspiração consciente, quando ela não é vivenciada, por exemplo, como algo talvez demoníaco.) Todavia, ao mesmo tempo, não se está diante do Senhor, Deus permanece o Deus oculto. Isaías, contudo, viu o próprio Deus e ouviu sua palavra; e, se nós podemos interpretar corretamente o relato, então ele estava certo no seu mais íntimo que o próprio Deus estava presente. E apenas onde isso ocorre, nós podemos falar de um conhecimento experiencial pessoal de Deus.

Nós chamamos esse "sentimento da presença de Deus" o cerne de toda experiência mística. Porém, ele é apenas o início, o grau mais inferior da vida mística de oração. Daqui até o ápice da "contemplação infundida", até a união perpétua com Deus, há distintos graus e transições. Cada nível superior é uma autorrevelação e autodoação mais rica e mais profunda de Deus na alma; para a alma, [cada nível superior é] um penetrar e se familiarizar com Deus cada vez mais profundo e abrangente que solicita, do lado dela, uma entrega sempre total. Em relação àquelas revelações nas quais o próprio Deus se faz acessível, mas apenas uma verdade particular, ou apenas um evento individual, inacessível ao conhecimento natural é oculto, o conhecimento experiencial pessoal tem o caráter de imediatidade: no sentido em que se diz que o próprio presente é chamado imediatamente a se experienciar, em comparação com aquilo que é apenas lembrado mediante mensageiros ou coapreendido em seus efeitos. Mas Deus não é "intuído imediatamente", tal como o que incide sobre os sentidos, ou mesmo como o que o intelecto conhece pelo entendimento.

Nós chamamos o encontro pessoal com o Senhor experiência de Deus no sentido mais estrito. Todavia, também as formas mencionadas de conhecimento mediato contam como experiência sobrenatural e, dessa maneira, devem ser diferenciadas da fé. Todas as formas de experiência sobrenatural -

---

66. No original, em alemão, "*intellektuelle Vision*". O termo difere, portanto, da "intuição espiritual" ("*geistige Anschauung*") e não deve ser confundido com ela.

mas o se familiarizar pessoalmente de modo especial - se relacionam com a crença como, no domínio natural, a própria experiência se relaciona com o mero saber em função de instrução: como a realização do que, até agora, nós só concebemos em pensamento, ou sem própria ciência inicial. Também a esse respeito, esse encontro é indicado ao conhecimento mediato da experiência como uma realização: no sentido de que aquilo que existe, ele mesmo, como presentemente conhecido, dá realização ao conhecido de modo simplesmente mediato, ou relembrado. E, também, o encontro pessoal não dá realização definitiva alguma, mas apenas mostra que, para além de si, há ainda uma realização ainda mais verdadeira nas experiências místicas de grau superior e, finalmente, na visão beatífica[67]. (Também se algo da ordem da não-realização não é inerente à visão beatífica, pois não é olhar Deus como ele vê a si mesmo - sobre isso, nada aqui deverá ser dito.)

3) Experiência sobre-natural[68] de Deus, fé e conhecimento natural de Deus

Em oposição ao conhecimento natural de Deus, a fé já tem, em certo sentido, caráter de realização; certamente, não como o autoexperimentar em relação ao meramente sabido, mas, antes, como o claramente apreendido conforme o entendimento, oposto ao apenas obscuramente "adivinhado" (se nós entendermos, por entendimento natural de Deus, o "coapreender"[69] de um poder superior na simples experiência natural, e não ainda a Teologia natural), ou como um enriquecimento quanto ao conteúdo do saber (na medida em que a fé nos diz algo novo sobre Deus, em relação à experiência natural e à Teologia natural); finalmente, [a fé tem caráter de realização] como a reafirmação daquilo que já se sabe,

67. No texto original, a expressão está em latim: "*visio beatifica*". No parêntese que segue, ainda neste parágrafo, a expressão se apresenta escrita em alemão no texto original ("*seligen Schauen*").

68. No original alemão, intencionalmente com um hífen separando "Über" (sobre, supra, super, acima de) e "*natürliche*" (natural), hífen que não consta nas outras ocorrências da palavra *Übernaturliche* (sobrenatural).

69. No original alemão, "*Miterfassen*".

mediante uma autoridade superior. Em contraste, a passagem do conhecimento natural de Deus à experiência sobrenatural de Deus é comparável ao ato de se tornar familiar com uma pessoa, cuja existência antes era sentida apenas em certos efeitos e, possivelmente, inferida a partir desses efeitos. A fé pode construir uma ponte para essa passagem. Pensemos, entretanto, na transição do conhecimento natural de Deus para a experiência sobrenatural de Deus sem mediação pela fé, isto é, como ato de graça a alguém anteriormente sem fé, e, se essa experiência for "acolhida", então atos distintos de realização se ligarão a ela, e o todo [da experiência] terá, com muito mais nitidez, o caráter de um abalo e transformação interior.

Todos os tipos de conhecimento de Deus são direcionados por intenções, mediante as quais elas apontam para além de si mesmas e, em última instância - na medida em que nos detemos no conhecimento terrestre -, ao conhecimento de Deus. Isso não quer dizer que o conhecimento natural de Deus e a fé pressuponham, temporalmente, a experiência sobrenatural; tampouco que eles tenham, factualmente, seu fundamento legal nela, mas que a própria essência daqueles está em ter essa experiência como objetivo e em se redescobrir transformado em um novo modo de conhecer.

4) Significado da experiência sobrenatural para a Teologia Simbólica

Deve ser explicado o que se entende por experiência sobrenatural de Deus, para se determinar o que ela pode contribuir para a Teologia Simbólica (sempre no sentido areopagítico de linguagem figurada de Deus). Inspiração, revelações "impessoais" e visões podem, em relação ao conhecimento natural de Deus e à fé, inaugurar novas imagens e, simultaneamente, tomar de empréstimo a certeza de que são imagens "acertadas". O que o profeta ouve e vê é, por assim dizer, a universidade da Teologia Simbólica: aqui, imagens e palavras são fornecidas aos escritores sagrados para dizer o indizível e tornar visível o invisível. Contudo, ainda mais importante é o entrar em contato de Deus sem palavra nem imagem, pois, nesse encontro pessoal, ocorre o íntimo ato de se tornar familiarizado com Deus, e só esse ato dá a possibilidade de "formar a imagem a partir do original". Com esse fundamento, podem se impor imagens e palavras que são adequadas a apresentar Deus tal como conhecido. Esse conhecimento íntimo também fornece um critério de ajuizamento ou um "sentimento" correto, quando o teólogo busca imagens e palavras apropriadas para a apresentação de modo consciente.

Agora, se perguntamos novamente que tipo de entendimento é pressuposto da linguagem figurada criada a partir dessas últimas fontes, então [veremos que] o entendimento mais verdadeiro será daquele que já tem um conhecimento experiencial de Deus. Ora, ele já tem a possibilidade de reconhecer seu Deus, que ele conhece pessoalmente, nos "retratos". Todavia, também em função da fé e mesmo do conhecimento natural de Deus, já é possível um certo entendimento. Quem conhece Deus e vive na, e a partir da, fé viva nele, ficará ansioso para conhecer sobre ele a partir de perspectivas sempre novas e saber de novos "traços", e sempre recorrerá às Sagradas Escrituras, que possibilitam isso a ele. Em certo sentido, aqui também ocorre um reconhecer. O fiel já tem uma "imagem de Deus" e alinha essa imagem com a nova, na qual ele encontra Deus apresentado. Precisamente com isso, é possível a ele enriquecer sua "imagem" com novos traços a partir dessas imagens. (Nessas expressões, "imagem" é usado em um sentido diferente. Quando eu falo de "minha imagem de Deus", então, com isso, não se indica nenhuma dualidade entre imagem e representado, mas significa Deus, assim como eu conheço e penso a respeito.) Com isso, o solo da fé não é abandonado; ele é um progredir no interior da fé, nitidamente distinto de um apreender do sentido da palavra puramente natural e conforme ao entendimento, e também diferente do conhecimento experiencial de Deus.

Quando um incrédulo lê as Sagradas Escrituras - por exemplo, com intenção filológica ou de ciências da religião -, com isso, ele não conhece Deus, mas apenas a apreensão de Deus das Escrituras daqueles que o acolheram com fé. Pode ser o caso de que, pelo que ele lê, a fé seja despertada nele - mas, então, isso é uma passagem de uma postura a outra.

Também no interior da fé há, ainda, diversos modos de compreender e de se familiarizar. Quem lê as Sagradas Escrituras com fé, quem acolhe tudo o que lê "em fé", isto é, como verdade revelada; mas, com isso, de nenhum modo é dito que essa pessoa apreende tudo anímico-vivamente[70], podendo ser, em grande parte, um apreender do sentido da palavra vazio, ineficaz quanto à vivência. Claramente, sente-se a diferença quando, subitamente, uma passagem frequentemente lida "é vista sob uma nova luz" - sob uma luz que ou nos mostra em Deus algo que outrora havia estado oculto a nós, ou que [nos mostra] algo que estava escondido em nossa própria alma; nós podemos, também, ser atingidos de modo totalmente pessoal por uma exigência divina que, até agora, não nos era clara; ou, ainda, verdades da fé compreendidas, até o momento, separadamente, podem resplandecer em sua correlação. Tudo isso é possível na "luz da fé". Nosso conhecimento de Deus será, com isso, enriquecido, nossa relação com Deus será aprofundada e mais bem organizada, mas com isso ainda não estamos diante do próprio Deus. Todavia, também pode ocorrer o seguinte: uma palavra das Sagradas Escrituras pode ter me inspirado tão intimamente, que eu me sinto, nisso, a palavra do próprio Deus e a presença de Deus. O livro e o escritor sagrado, ou o pregador que eu ouço agora, desaparecem - o próprio Deus fala, e ele fala para mim. Então, o fundamento da fé - não é propriamente abandonado, mas, pelo momento, eu sou elevado acima dela, rumo ao conhecimento experiencial de Deus.

No fundo, essa é a meta de toda Teologia: liberar o caminho para o próprio Deus. O Areopagita indicou expressamente essa como a meta de uma Teologia Simbólica: ela se dirige a um círculo de eleitos e quer, daqueles que a ouvem - isto é, daqueles que já tiveram uma experiência de inspiração e que, por isso, aspiram à santidade, que alcancem mais do que instrução sobre o conteúdo da fé. Ao desvelar, mediante suas imagens, um mundo suprassensível, ela quer orientá-los a se tornarem mais e mais livres do mundo sensível, levá-los até o ponto em que não precisem mais de imagens sensíveis. Ela quer "levá-los pela mão" [(ESGA XVII, 128)], primeiramente do sensível ao espiritual e suprassensível e, em seguida, ao ápice mais supremo, rumo à unificação com o um. Este último, certamente, não está em seu poder, mas é assunto de Deus, ela pode apenas conduzir nessa direção.

70. No original alemão, "*lebendig-seelisch*".

Porém, se a experiência de conhecimento foi indicada como "realização" da fé, então, com isso, pronuncia-se que a fé se dirige para o que vem às circunstâncias no conhecimento experiencial. Isso pertence, em geral, à relação entre "intenção" e "realização". Quando eu vejo com meus próprios olhos algo que, até agora, só conhecia por ouvir dizer - por exemplo, uma obra de arte conhecida ou uma bela cidade - o que, agora, tenho de maneira corpórea diante de mim e que, todavia, já pertencia a meu mundo espiritual. Por meio daquilo que me foi contado ou daquilo que eu li, de certo modo, já me foi sulcado, em certo sentido, e eu já fui tocado internamente por isso. Precisamente isso confere à realização o seu sentido. E isso vale ainda mais no caso da fé.

Por isso, as Sagradas Escrituras valem para nós como a "Palavra de Deus", uma vez que, com isso, Deus se aproxima de nós, dá-se a conhecer, faz suas exigências a nós. Certamente, na medida em que eu a aceito apenas na fé, a palavra é dita apenas "em seu nome". Ele não é presentemente notável, não fala na própria pessoa. E, no entanto, mediante a palavra assim transmitida, eu já chego a um vínculo com ele, sou movido internamente por isso. E precisamente isso, com o que a fé ultrapassa a si mesma –, o Santo Tomás chama isso "o início da vida eterna em nós"[71] –, constitui aquilo que nós [chamamos] "reconhecer Deus", quando ele subitamente faz sua presença sentida, ou mesmo quando ele se revela visivelmente, e que nós também possamos entender, sem próprio conhecimento da experiência, o que outros falam da própria experiência de Deus.

O que foi dito aqui sobre a fé pode já ter sido aplicado, de certo modo, ao conhecimento natural de Deus. Quando alguém cresce sem instrução para a fé, mas é receptível aos vestígios de Deus na natureza, na própria vida interior e na vida humana, então ele pode sentir seus erros como "pecados" e uma perda que ocorre a ele como "castigo de Deus". É compreensível a ele, quando se fala sobre Deus, que ele arde de cólera e que ele é uma chama que consome. Por mais incompleto e indeterminado que seja o conhecimento natural de Deus, por mais que ele precise de ajustes e enriquecimento, de esclarecimento e de elucidação pela fé, ainda assim ele

---

71. DE AQUINO, Tomás. *De Veritate*, ques. 13, art. 2, *corpus*.

já incorpora, nele mesmo, uma meta àquilo que, no conhecimento experiencial de Deus, torna-se realidade; também nele, já ocorre certo encontro com Deus que possibilita um "reconhecer", caso venha a ocorrer que Deus esteja diante dele.

II.5 "Teologia Simbólica" como envoltório oculto

Se é tão grande o círculo daqueles que podem, essencialmente, compreender a linguagem figurada da Teologia Simbólica, então ainda faz sentido dizer que ela "oculta o sagrado dos olhares profanos da multidão"? Ainda restam pessoas às quais ela é incompreensível? Sem dúvida – pois as Sagradas Escrituras, hoje, são tão menos seguras daquela grande interpretação errônea das imagens de que o Areopagita fala do que em seu tempo. E onde ocorre falsa interpretação, pode ocorrer completa falta de entendimento. Isso tem muitas razões.

Quando nós falamos de "referências", por meio das quais o "nosso mundo" conduz para além de si mesmo de muitas maneiras distintas, tais referências, contudo, não se mostram tão completamente inestimáveis que, por meio delas, deve-se obter sucesso em se atingir a meta, sem erros. Como já foi mencionado, a aptidão natural e a instrução pelas pessoas ao redor desempenham um papel aqui, de modo análogo ao que ocorre em outras áreas. Quem não tem "senso prático", não prestigia as coisas "pelo que elas são boas", e tampouco estima como se deve lidar com elas. De maneira análoga, também há uma falta no "senso religioso" e, quando ela não é remediada por uma boa educação, então é inteiramente possível que uma pessoa permaneça cega diante das referências que conduzem do mundo a Deus.

Para tal pessoa, então – sem ajuda especial da Graça –, também as Sagradas Escrituras são um enigma. Ela para no sentido mais imediato da palavra e não consegue ver por intermédio das imagens. Ela não sabe contar com a "*major dissimilitudo*" e chega a uma representação indigna de Deus ou ainda, se essa representação é repugnante a ela, precisamente por isso ela cai em descrença. Também pode ser que não seja o próprio Deus que ela rejeite, mas o testemunho das Escrituras.

Se não é algo a se rejeitar como impossível, que alguém possa ser descrente (no sentido do desconhecimento total de Deus) sem culpa pessoal e, consequentemente, fora do alcance para a linguagem figurada nas Sagradas Escrituras, isso não significa que toda culpa humana deva ser rejeitada. Se, aqui, nós desconsiderarmos o pecado original e a turvação do espírito que acarreta, nenhum ser humano cresce totalmente separado dos outros, a sociedade é culpada se ela não consegue fornecer o testemunho que poderia ter aberto os seus olhos. Contudo, na maior parte dos casos, também o próprio "descrente" partilha de responsabilidade por sua cegueira. Afinal, dificilmente se pode viver de forma que não se será alcançado por quaisquer testemunhos do próprio Deus. Se ele se fecha a esses testemunhos ou, ao menos, não se esforça para investigá-los, então é sua própria culpa e, caso consequentemente venha a "cegueira", isto é, ao invés do mero não-conhecer factual, a incapacidade de conhecer, então isso também recai sobre ele. Naturalmente, é ainda mais o caso quando não se trata de uma descrença factual, mas de um ateísmo inerente ou de hostilidade a Deus.

Como algo assim é possível, não precisamos investigar aqui. Nós buscamos compreender como é possível que a Teologia Simbólica possa ocultar Deus, ao invés de revelá-lo. Ele se manifesta ao "descrente sem culpa", uma vez que este, de fato, não consegue ver através do véu. Porém, ele não pertence àqueles que não deveriam ver. Antes, parece estar no sentido da "Teologia" que ela ensine a enxergar. No caso de quem, devido à inércia e estupor do espírito, ou à frivolidade, não chega a conhecimento algum de Deus, pode-se compreender o ato de não poder ver[72] como condição de castigo. Antes de tudo, porém, compreender o ato de ser atingido com cegueira, no caso do malicioso que não quer acreditar e que lê as Sagradas Escrituras, para usá-la como arma contra a verdade revelada.

Nós buscamos mostrar que, em todo conhecimento verdadeiro de Deus, o próprio Deus se aproxima dos seres humanos, ainda que não como palpável no presente, tal como no conhecimento experiencial. No conhecimento natural, trata-se de um aproximar em imagem

---

72. No original alemão, hifenizado como um só substantivo: "*das Nicht-Sehen-Können*".

e obra, e em diversos efeitos; na fé, é o dar testemunho pessoal mediante a palavra. Porém, em todo conhecimento de pessoas, confronta-se o se abrir[73] [(*sich erschliessen*)]com a possibilidade de se fechar [(*sich verschliessen*)] – e também com a possibilidade de se retirar da própria obra. Isso implica, então, ainda algo que tem um significado factual, mas não abre mais o acesso à pessoa, não mediando mais o contato de um intelecto com os outros. Deus quer deixar-se encontrar por aqueles que o buscam. Ele quer, portanto, em primeiro lugar, ser buscado. Então, é compreensível que a revelação natural não seja irrefutavelmente clara e distinta, mas um incentivo à busca. A revelação sobrenatural responde às questões que serão estimuladas pela revelação natural. A fé já é um encontrar e corresponde a um deixar-se encontrar: não meramente no sentido de que Deus deixa dizer algo sobre si a nós por meio de sua palavra, mas que ele mesmo se deixa encontrar por intermédio dela.

A fé é um dom que deve ser acolhido. Na fé, liberdade humana e divina se encontram. Mas é um dom que exige atingir mais: como conhecimento obscuro e sem discernimento, a fé desperta a ânsia por clareza plena; como encontro mediado, do desejo de encontro imediato com Deus; o próprio conteúdo da fé, o desejo: mediante a profecia da visão beatífica. De outro lado, agora é compreensível, se Deus se retira daqueles que não atendem à sua injunção de busca, que permanecem apáticos diante do próprio testemunho dele, ou que não buscam neles Deus, mas meios para seus fins, inclusive contra Ele. Quem não acolhe a Palavra de Deus como Palavra de Deus, para ele ela se torna palavra morta. Ele não aponta mais vivamente para além de si mesmo para o contexto do qual ele surge, o Reino do Espírito Divino. Os pagãos podem, em algumas de suas imagens, encontrar uma confirmação de sua idolatria; os dialéticos descobrem contradições entre muitas passagens; os moralistas e pedagogos se chocam com muita coisa, pois eles não intuem o sentido oculto.

73. No original alemão, "*Sicherschließen*".

II.6 Graus de Ocultação e de Descobrimento

"O sentido oculto" - ele pode ser oculto mais ou menos profundamente. Antes, foi indicado que o Areopagita resume com o nome "símbolo" coisas bem diferentes: imagens visíveis do invisível que, porém, estão em uma autêntica relação imagética com o invisível (como o "fogo que consome"); outras imagens, nas quais a relação não é imediatamente apreensível intuitivamente, mas estabelecida por meio do comparar pensante, devem ser detectadas mediante deliberação posterior (assim como, por exemplo, a relação entre a cratera grega e a Providência divina). Em tais casos, nós falaríamos, antes, de alegoria do que de símbolo. Também são mencionados exemplos nos quais o símbolo simplesmente não era mais algo sensível. É o caso nas parábolas. Na parábola do semeador, o próprio Jesus acrescenta a resposta a pedido dos discípulos. "Quem tiver ouvidos, que ouça"[74]. Nisso, já foi compreendido que o verdadeiro sentido não está na superfície e que ele não é dado para que todos o encontrem. Ao ouvir a parábola, nós devemos, ao menos, inicialmente apreender com precisão o sentido imediato da narrativa. Isso já exige uma atividade espiritual sintetizadora densa. Além disso, porém, deve ser reconhecido que toda essa estrutura de pensamento indica determinada direção além de si mesma; ela deve, para isso, um "tipo" - no sentido de forma geral - deve ser retirado da história e servir como diretriz sobre a qual uma outra estrutura de pensamento é construída, na mesma forma, ressurgindo com outro conteúdo semântico - certamente, com o conteúdo semântico que o narrador tencionou.

Ainda que muitas pessoas consigam esse descobrir e recriar nas falas em parábolas; e tanto menos, ainda com a melhor vontade, quando Deus fala! Nenhuma vez os discípulos puderam fazê-lo, não obstante ter sido dado a eles "conhecer os mistérios do Reino dos Céus"[75]. O Senhor deveria ter-lhes tornado acessível o sentido oculto. De modo análogo, ele ensinou os discípulos de Emaús a compreenderem as profecias messiânicas dos profetas e sua relação com seus sofrimentos e com sua glorificação. Após a descida

---

74. Mt 13,9.

75. Mt 13,11.

do Espírito Santo, os apóstolos se tornaram capazes, eles próprios, de executar esse trabalho interpretativo.

A multiplicidade de relações simbólicas, aqui, é apenas mencionada de modo breve, para indicar que há diversas maneiras e graus de ocultamento. A esses, correspondem distintos modos e graus de conhecimento simbólico. Na verdadeira relação imagética, o acesso mais geral é liberado. Nas parábolas, a verdade divina é apresentada, como em um santuário trancado. Em muitos casos, é deixado às próprias pessoas procurar pela chave. Às vezes, a chave é entregue: como explicação anexa ou como uma iluminação interior. Pode ser, também, que um "cargo de chave"[76] seja transmitido a indivíduos ou grupos inteiros: o dom e tarefa da interpretação das Escrituras.

Daqui, abre-se a compreensão para o significado das "hierarquias" do Areopagita: que Deus se revela, sobretudo, nos puros espíritos, cujo poder de compreensão[77] natural é mais poderoso que o nosso, e nos quais a luz divina não encontra resistência interior alguma; que ela está no cargo de passar adiante a luz recebida, e que seu cargo é trabalhado em *A hierarquia eclesiástica* – nas ordens humanas, cujos membros são chamados à vida e ao serviço afins aos dos anjos. Eles deverão receber e administrar, com espírito purificado, os mistérios divinos. Isso também acarreta a anunciação e interpretação da Palavra divina. E tal como há diferentes modos e graus de ocultamento, existem diversos modos e graus de revelação, uma nuance de cargos e uma gradação de excluir e permitir.

Observação conclusiva: a "Teologia Simbólica" e as outras "Teologias"

A multiplicidade de símbolos já condiciona uma gradação no interior da Teologia Simbólica. Ela continua em outras Teologias que o Areopagita diferencia daquela. Os "nomes espirituais de Deus (o Bem, o Ser, o Um etc.) já não são, em seu sentido imediato, acessíveis sem algo a mais. Então, eles já se aplicam, com

76. No original, entre aspas, "*Schlüsselamt*".

77. No original, "*Fassungskraft*".

isso, a um círculo eleito. Sua investigação mais próxima deve destacar em qual relação eles estão com Deus e como, por eles, Deus é conhecido. É possível indicar que, aqui, não é exibida nenhuma relação simbólica ou reprodutiva, mas sempre, ainda, uma "revelação misteriosa". Por isso, essa Teologia "positiva" também precisa da complementação e retificação mediante uma "negativa". E, nas duas, pode-se mostrar novamente algo daquilo que faz todo conhecimento de Deus ser conhecimento de Deus[78]: o encontro pessoal com Deus. Onde isso, finalmente, torna-se a própria vivência e, de fato, não é mais mediado por imagens e parábolas, e tampouco por meio de ideias - por meio de mais nada que ainda se possa chamar com nomes -, somente lá nós temos a "revelação misteriosa" no sentido mais próprio, a "Teologia mística", a autorrevelação de Deus no silenciar. Ela é o ápice ao qual os graus do conhecimento de Deus conduzem.

Então, nós podemos dizer, novamente: Deus é o Prototeólogo. Todo discurso sobre Deus pressupõe um discurso de Deus. Seu falar mais verdadeiro é aquele diante do qual a fala humana deve se calar, é o que não chega em nenhuma palavra humana, nem na linguagem figurada. [A fala de Deus] é um apanhar aqueles sobre quais ela espraia, e exige como condição do escutar a entrega pessoal. Tal apanhar, contudo, via de regra está ligado ao chamado de um "teólogo". Deus quer, por intermédio daqueles aos quais Ele fala do topo da montanha, [também] falar com aqueles que estes deixaram para trás. Por isso, ele se rebaixa a falar com eles, por intermédio deles e também sem sua mediação, em palavras humanas e em imagens apreensíveis ao ser humano. Ele dá a seus teólogos as palavras e imagens que possibilitam a eles falarem aos outros sobre Ele. E Ele fala aos outros como "Teologia Simbólica" - mediante a natureza, por meio de sua experiência interior e pelos seus traços na vida humana e no acontecer histórico - e, com isso, torna possível compreender a linguagem dos teólogos.

---

78. Walter Redmond, o tradutor do texto de Stein para a língua inglesa, aponta que pode se tratar, aqui, do termo "*Gotteserfahrung*"[qual é a tradução deste termo?], e não uma ocorrência repetida de "*Gotteserkenntnis*". Se for o caso, a frase faria mais sentido, mas deixaremos a tradução do original e essa nota, permitindo as duas possibilidades de interpretação.

Observação

O que se apresentou nestas folhas é apenas uma primeira visão da problemática como ela surge quando se busca trabalhar com um mínimo de pressupostos teológicos. Se quisermos seguir o pensamento "Deus - o Prototeólogo" apenas teologicamente, então deveremos acolher como fundamento o mais verdadeiro discurso de Deus, o discurso da Palavra divina. Como o protossímbolo, porém, o Verbo encarnado seria visado.

ANEXO

Dois fragmentos separados, ["]A["] e ["]B["], foram extraídos por Stein de seu primeiro manuscrito (Ms.[79] I) e [extraído] por Lucy Gelber em *ESW*[80] XV, intitulado "Manuscrito II" (Ms. II). A parte A abrange o Ms. I p. 17-24 (aqui, páginas 60-63 [**do orig.**]), a parte B (novamente separada em I. e II.) contém o Ms. I p. 35-58 (aqui, páginas 64-76 [**do orig.**]). Stein risca a parte A, que inicialmente aqui tem seu lugar na p. 30 [**do orig.**] (cf. acima), e remodelou o conteúdo - trata-se do conhecimento natural de Deus -, posteriormente, em um próprio capítulo novo (cf. abaixo, p. 39-42 [**do orig.**]). O segundo fragmento, B, abrange os riscados Ms. I p. 35, 36, 36a, 36b, 36c, 36d, 36e, 37–58, e aborda a Teologia Simbólica e suas relações imagéticas. Essa parte (Fragmento Ms. II, B, I, aqui p. 64-76 [**do orig.**]), em parte, seria adaptado para p. 34 (observação 55) até p. 38. A parte "II" seguinte (aqui, no anexo B, II., p. 64-76 [**do orig.**]), cabe totalmente na investigação de Stein; trata-se, inclusive, do escrito de Dionísio *Sobre os nomes divinos* e os Transcendentais. O Ms. I, p. 25-34, que tem seu lugar entre esses dois fragmentos, não está perdido, como havia imaginado a editora em *Conhecimento e fé* (ESW XV), mas foi rebatizado por Stein como "Ms. I, p. 17a-25c" e incorporado no texto impresso (aqui, p. 30-34 [**do orig.**]).

Fragmento Ms. II, A

Quando se parte de Tomás [de Aquino], então é evidente a pergunta se tal conhecimento de Deus é possível em grau mais profundo que o puramente natural. Tomás e, com ele, o magistério

79. No original, "Hs", abreviando a palavra alemã "*Handschrift*", equivalente a "manuscrito" em português.

80. *Edith Stein Werke* (*Obras de Edith Stein*), editadas por Lucy Gelber em dezoito volumes. Trata-se da maior edição anterior à ESGA.

eclesiástico mais elevado afirmaram essa questão de modo decisivo. Dionísio parece reconhecer essa possibilidade em um lugar: na Carta IX (a Tito), ele diferencia, da Teologia misteriosa e oculta, uma mais evidente e mais fácil de se compreender; aquela é simbólica e forma para a perfeição (Cordier diz que se relaciona com os mistérios; *MPG*, 3, 1106)[81]; esta procede com demonstrações filosóficas. Uma convence da verdade do dito, a outra lida com, e se fortifica por sua conduta não ensinável em Deus. Nos capítulos introdutórios da *Teologia mística*, em oposição, ele admoesta Timóteo (como em muitos outros lugares) a manter sua doutrina oculta dos não iniciados, isto é, das pessoas que acreditam "que, com seu conhecimento natural, sabem daquele que fez sua residência oculta nas trevas". Ainda mais [no caso] daqueles que "caracterizam a causa suprema de todas as coisas a partir da última entre os seres e dizem que isso não supera em nada suas próprias construções multiformes e sem deus". Certamente, deve-se considerar quem o Areopagita tem em mente quando afirma isso. No primeiro grupo, devem ser entendidos os gnósticos, que reivindicavam poder penetrar nos segredos mais elevados; no segundo, devem ser compreendidos os pagãos, com sua idolatria do mundo sensível. A tomada de posição contrária não precisa ser uma recusa natural do conhecimento de Deus, que é consciente dos seus próprios limites.

Talvez algo parecido também possa ser dito sobre as palavras introdutórias do escrito *Sobre os nomes divinos*? Dionísio enfatiza, aqui, que ele está tomando a Palavra de Deus como diretriz e afirma querer que o afirmado por ele sobre Deus seja demonstrado como verdadeiro, "não com palavras convincentes de sabedoria humana"[82], mas "na prova da força que insuflou no espírito dos teólogos e que nos liga, de modo indizível e desconhecido, com coisas indizíveis e desconhecidas, em uma unificação que excede toda força e toda capacidade de nosso pensar dedutivo ou compreen-

81. No original alemão, antes da palavra "Corderius", que vertemos por "Cordier", no início desses parênteses há escrito "*telestikffi*"; e não conseguimos detectar o idioma a que pertenceria esse termo. Ele não aparece na tradução para o inglês de Walter Redmond, podendo ser um erro tipográfico no volume da ESGA.

82. 1Cor 2,4.

der intelectual"[83]. "Não se deve ousar dizer ou pensar algo sobre a Divindade supra-autônoma <ὑπερουσίου> e oculta, que não seja revelado a nós por Deus nas Sagradas Escrituras" [(ESGA XVII, 48)]. Essas palavras, e ainda muitas outras passagens que sempre acentuam novas inflexões da indizibilidade, impensabilidade e inominabilidade de Deus, poderiam ser interpretadas como se fossem um descarte total do conhecimento natural de Deus e como se as Sagradas Escrituras fossem a única fonte de saber sobre Deus, tanto quanto isso é alcançável a nós. Todavia, aqui toda palavra deve ser ponderada bem precisamente e cotejada com outras passagens; deve-se ter em conta, também, o procedimento que o Areopagita de fato praticou. Ele avisa contra a "ousadia" de se afirmar algo independentemente das Palavras das Escrituras sobre Deus. Um pouco depois, ele exige uma "reverência sagrada que não se permite sondar". Nessas palavras também não estaria incluído que tal pesquisa bem seja, em si, algo possível, todavia uma coisa perigosa? Isso também corresponde à concepção factual da relação entre Criador e criatura, como nós a encontramos em Dionísio: que ele permita valer, próximo da "*major dissimilitudo*", todavia, certa "*similitudo*"[84]. E, se ele nos assegura, de um lado, de que nenhum traço conduz à infinitude oculta de Deus, não obstante ele frisa, imediatamente depois, que nada daquilo que é, é "totalmente sem participação no Bem". O Bem, contudo, é para ele o primeiro de todos os nomes de Deus. Então, em todo ser há algo que o torna apropriado a servir como trampolim para o Protoexistente e Supraexistente[85], o Bem em pessoa que chamou cada ser à existência. Esse salto é um ato espiritual, possível apenas para espíritos iluminados. Assim como todo ser vem daquele que é o próprio Ser; e todo bem, daquele que é o próprio Bem; também toda iluminação vem daquele que é a própria Luz. Deus mede os espíritos criados conforme a medida de iluminação que corresponde à capacidade de compreensão daqueles. Eles não devem se esforçar além dessa medida, caso contrário eles cairão nas profundezas. A pergunta sobre se há um conhecimento natural de Deus agora se intensifica na

83. ESGA XVII, 47-48.

84. Isto é, "semelhança".

85. No original alemão, "*Über-Seienden*".

seguinte questão, se há uma "luz natural", isto é, uma [luz] que pertence à natureza do espírito criado que lhe permite encontrar, sem iluminação especial, o caminho da criatura ao Criador, ou se ele precisa de uma iluminação própria para isso. Segundo Dionísio, o brilho da luz divina nos ilumina nas Sagradas Escrituras. Nós somos treinados a contemplar essa luz pelos cânticos sagrados, os quais as próprias Escrituras estimulam (isto é, mediante a liturgia da Igreja). Então, nós somos capazes de apreender a Deus e de louvá-lo,

> na medida em que ele mesmo se pronuncia sobre si próprio nas Sagradas Escrituras. Por exemplo, que ele é causa, base primordial, essência e vida de todas as coisas, de todas as coisas, chamado de volta e ressureição daqueles que se desgarram dele, regeneração e remodelar daqueles que apagaram a imagem divina em si mesmos (...) luz dos iluminados, fundamento de completude que concede perfeição ao perfeito (...) [(ESGA XVII, 49)].

Nesses exemplos, além dos mistérios da fé, há também algo que, segundo a concepção tomista e eclesiástica do conhecimento natural, é acessível: Deus como causa de todas as coisas. O Areopagita, aqui, visivelmente não faz nenhuma distinção fundamental entre os objetos do conhecimento natural e sobrenatural de Deus. Nós devemos apreender suas palavras de maneira tal que, sem a ajuda das Sagradas Escrituras e da hierarquia, o intelecto humano em geral não poderia se elevar ao divino? Dionísio parece defender a concepção de que, por outras vias, não há uma garantia contra erros perigosos. Ele não pode querer dizer do fato de que, por caminhos puramente naturais, não seja possível compreender em geral os pensamento de um Deus; ao contrário, [refere-se] à separação anteriormente mencionada entre Teologia Simbólica e Filosófica; somada ao fato de que ele viveu em meio aos mais diversos cultos de deuses e heresias e se confrontava com elas: todas estas e todos aqueles têm, afinal, uma ideia de Deus e uma doutrina sobre Deus. Porém, uma vez que eles desdenham da verdadeira luz, difundida a eles por caminhos prescritos, eles se desencontram da verdade. Como conciliar com essa concepção o fato de que o Areopagita se serve, visivelmente, de fontes totalmente distintas além das Sagradas Escrituras e da tradição, assim como dos escritores sagrados - eles próprios que construíram a partir daqueles fundamentos? Assim que seus críticos descobriram que seus escritos, no que tange à forma e ao conteúdo, indicavam concordância significativa com autores neoplatônicos, especialmente com Proclo - sobretudo [concordância entre] o longo excurso sobre o mal no capítulo quarto de *Sobre os nomes divinos* e o escrito de Proclo *Sobre a subsistência dos males* [*De malorum subsistentia*] -, e a usavam como prova da desonestidade do Areopagita. O apelo às Sagradas Escrituras e o ocultamento dos autores pagãos usados pareceu a muitos o ápice da dissimulação. Nós não somos do parecer de que há motivos para tal indignação. Todo o "*corpus Dionysiacum*" lida com a revelação de Deus e quer conduzir ao entendimento da revelação e, com isso, ao caminho para Deus. As Sagradas Escrituras lideram o processo, mas elas próprias precisam de interpretação, e, nesse trabalho interpretativo, o Areopagita não despreza auxílios do mundo intelectual da Filosofia contemporânea confiado a ele próprio e a seus leitores - inclusive, apresentado nas doutrinas religiosas e nos cultos não cristãos. Se ele, porém, fora das Sagradas Escrituras e da eclesiástica [...][86].

Fragmento Ms. II, B, I

[...] não mais sensível, mas invisível e espiritual.

Que se trata de referência genuína, e não de se pregar signos arbitrariamente sem fundamento factual - essa reivindicação já está na palavra "imagem". Afinal, para ser reconhecida como tal, a imagem deve ter algo em comum com aquilo que ela afigura, como Dionísio fala sobre o fogo. De outro lado, essas referências não devem ser impostas de modo tão inegável quanto aquelas que levam além no interior do mundo dos sentidos. Caso contrário, como seria possível que tantas pessoas "tenham olhos e não vejam", "tenham ouvidos e não ouçam"? Como poderia a mesma linguagem que revela a um a verdade divina ser, ao mesmo tempo, um envoltório que a oculta para outro? Toda uma série de questões é, aqui, entrelaçada. A Teologia Simbólica como linguagem figurada de Deus e de

86. Páginas 25-34 do fragmento estão ausentes do volume traduzido.

coisas divinas pressupõe, primeiro, uma determinada relação entre o mundo sensível e o não sensível (em que por ["]não sensível["], pode-se entender muitas coisas diferentes). De outro lado, ela pressupõe uma determinada constituição naqueles que se valem dessa linguagem - falando ou interpretando.

Por mundo não sensível, pode-se entender, em primeiro lugar, o mundo "naturalmente-espiritual"[87]. A "natureza", então, não é tomada em seu sentido moderno - como objeto da ciência natural, como mundo espaço-corpóreo-concreto e em oposição ao "espírito" -, mas no sentido em que Aristóteles fala "*physis*"[88] e a escolástica, "*natura*": como o fundamento próprio e interior de uma coisa, forma natural e conduta, e em oposição à "sobrenatureza"[89] ou "graça". O mundo naturalmente-espiritual - isto é, o mundo dos espíritos pessoais, dos "sentidos" e das obras espirituais - é, naturalmente, experienciável, isto é, com os poderes de conhecimento que são deixados na natureza dos intelectos criados. O sobrenatural só pode ser apreendido imediatamente pela elevação da natureza e por iluminação fundada na graça.

É claro que, nesse caso - assim como no da cratera grega -, nenhuma relação imagética especial é exibida. Pode bem haver certa comunidade factual entre aquilo que é expresso pela palavra de maneira mediata e o que é expresso imediatamente pela palavra e, por isso, é mais que uma relação entre signos estabelecida de modo puramente arbitrário; mas o modo de expressão não é do tipo que se extrai da intuição e, por isso, também não puramente compreensível com base na intuição: ele se fundamenta na comparação pensante, e seu sentido deve ser "adivinhado" ou explicado. Isso mostra o que hoje nós diferenciamos como "alegoria" de "símbolo" [*Symbol*] como a "imagem-sentido" [*Sinn-Bild*][90] propriamente dita. As Sagradas Escrituras são ricas em expressões alegóricas e a exegese das Escrituras pelos Padres [da Igreja], assim como já a dos rabis mais antigos, é rica em interpretação ale-

---

87. No original alemão, "*natürlich-geistige*".

88. No original, em grego, "φύσις".

89. No original alemão, "*Übernatur*".

90. Cf. nota 52 acima.

górica. Dionísio também trata desse modo de discurso alegórico como parte da Teologia Simbólica, mas com ela não se quer dizer só isso. Isso é indicado pela explicação sobre o fogo, que ele compreende como símbolo genuíno. As dimensões do espaço, também, têm algo de um autêntico valor simbólico em relação ao divino – apenas a interpretação específica que o Areopagita dá delas não é extraída delas de modo imediato-intuitivo, mas tem um caráter alegórico. Certamente, pode ser dito em geral que as relações simbólicas constituem os fundamentos objetivos para o modo alegórico de expressão e de interpretação. Não seria possível "estabelecer" relações entre visível e invisível, a não ser que o visível apontasse para além de si mesmo e o invisível não tivesse peculiaridades que se refletem no visível. Por isso, não se deve acabar com a atribuição de nomes das partes dos corpos aos poderes anímicos, salvo se o corpo falar uma "linguagem" que serve, das formas mais diversas, de testemunho das coisas da alma (nós voltaremos a isso em breve) ou se, em sua construção, não se indicar uma hierarquia que corresponda a algo afim no âmbito anímico. A doutrina divina não poderia ser comparada com pratos secos e úmidos, se não fosse adequado a ela entrar na alma de modo a construir e ser acolhida melhor e com mais facilidade por um desta forma, por outro daquela forma. Relações simbólicas, geralmente, não são, de maneira necessária e em geral, dependentes de avaliação alegórica. Elas são compreensíveis em si e podem encontrar uma "expressão natural". Assim é o caso, quando se fala de fervor "incandescente" ou do desejo "ardente". A interpretação alegórica é sugerida ali, onde uma riqueza de sentido corresponde ao intuível, que permite diferentes concepções (que não excluem uma à outra). A alegoria, então, estabelece determinada direção, que condiciona, precisamente por sua clareza, um empobrecimento. O todo da natureza sensível fala uma linguagem simbólica: se o lírio é convencionalmente designado símbolo da pureza; e a violeta, símbolo da humildade, também são as alegorias que se esboçam no caráter intuitivo dessas flores e, portanto, são compreensíveis sem nada a mais. Porém, também algo em nós "desperta interesse" em ainda outra coisa a partir do "semblante" dessas flores, que não é expresso nas alegorias costumeiras. E tudo o que daí é despertado em nós não é exprimível por palavras. Nós encontramos, na "simbólica da natureza", algo que é apropriado a nos dar as chaves para um sentido mais restrito e originário de "símbolo". O sentido geral foi de algo sensível que serviu como emblema[91] de algo não sensível e que forneceu a expressão linguística para isso. Nos exemplos mencionados, trata-se especialmente de duas coisas conhecidas, que poderiam se encontrar nessa relação devido a uma certa comunidade factual. Nós podemos chamar o fervor de "incandescente" porque nós conhecemos pela experiência o fervor e aquilo que, nele, nós reproduzimos de "incandescente". Nós conhecemos também a modéstia e aquilo que a torna afim às violetas. No entanto, a relação simbólica não pressupõe necessariamente dois portadores da relação conhecidos; aliás, talvez o sentido de "símbolo" já esteja preenchido precisamente lá, onde o conhecido nos conduz a um desconhecido. Em certo sentido, isso já está na simbólica do corpo humano. Toda sua aparição externa aponta além de si mesma, a algo fechado. Todo o conhecimento do ser e da vida anímica é, essencialmente, construído em consequência disso. Sem "expressão", não haveria acesso algum a um ser anímico estranho; e se a experiência interna do próprio ser anímico contribui fundamentalmente para a compreensão dos fenômenos de expressão, então a experiência de si, por sua vez, depende da experiência do estranho. A experiência do ser anímico cresce na condicionalidade recíproca da experiência de si e experiência do estranho como sensível-espiritual. Compreender um corpo [*Körper*] como corpo [*Leib*] humano significa entender tudo o que nele é forma e movimento como "expressão", tudo o que é "externo" como símbolo de algo "interno". A "imagem-sentido" é compreendida como tal. O que é percebido externamente (traços faciais, expressão facial e afins) aponta para além de si rumo a algo que é de um tipo totalmente diverso e, contudo, tem algo em comum com essa coisa, tornando possível a relação expressiva e, também, compreender a expressão. É próprio dessa relação peculiar que algo desconhecido se torne acessível mediante algo conhecido, sem que a relação entre os dois precise ser conhecida antecipadamente. Para reconhecer quem está apresentado em um retrato, nós

91. No original alemão, "*Sinnbild*", mas aqui não na acepção de símbolo, uma vez que é o próprio termo símbolo que está sendo definido na passagem a que esta nota remete.

devemos conhecer a [pessoa] representada. Mas é possível se familiarizar com um desconhecido pelo seu retrato. E um bom retrato é "prestigiável" pelo fato de ser um retrato (nenhuma criação de mera fantasia), e de ser um bom retrato. Certamente, não é qualquer um que pode fazê-lo. O olhar deve ser capacitado e exercitado para isso. Também a linguagem figurada da expressão corpórea deve, inicialmente, ser gradativamente aprendida (como, afinal de contas, também a percepção sensível). E nem todos aprendem isso igualmente bem; há pessoas que são especialmente predispostas a isso e que a desenvolvem mais a fundo que outras.

Uma vez que o conhecer humano avança do sensível ao espiritual com ajuda de nexos simbólicos, é natural que a linguagem humana traduza os nomes das coisas sensíveis e acontecimentos [sensíveis] para o espiritual: nós falamos de alegria "brilhante"; de um destino "sombrio"; de "fúria ardente". Quanto mais próxima da natureza for uma linguagem, mais concreto é o pensamento, e mais vivamente será sentida essa conexão. Todavia, como é possível alcançar algo além de toda experiência, partindo das coisas da experiência? Quando a Igreja e seus santos mestres falam sobre o conhecimento natural de Deus, com isso, eles querem dizer um assunto do entendimento pensante, que deduz a partir dos efeitos até uma causa primeira, [que infere a partir] da ordem conforme a fins e conforme a leis do universo um ordenador que atribui fins e legisla.

Contudo, na Teologia Simbólica não se trata disso. Quando Moisés chama Deus um fogo que consome, isso não consiste nem em um proceder dedutivo do pensamento natural, e tampouco quer estimular a isso. Ele "experienciou" Deus, esteve diante dele e foi tomado por ele. O que ele experienciou na ocasião é algo que ele não pode contar, a não ser nessa imagem. Quem "conhece" Deus entenderá a imagem (assim como se reconhece alguém conhecido em um retrato, ou em algo "característico" que é contado sobre ele). Quem não conhece a Ele, isto é, alguém que ainda não chegou a um contato tão imediato com ele, pode vir a se familiarizar com ele, tal como é possível alguém se familiarizar com um desconhecido mediante bom retrato ou por intermédio de um traço característico que é descrito sobre ele. Por isso, certamente, já em múltiplos aspectos é pressuposto um entendimento: deve-se "entender sobre imagens" e "entender sobre pessoas", para poder se familiarizar com pessoas a partir de imagens. Deve-se ter um olhar para aquelas referências que remetem esse mundo a um mundo "além", para tornar Deus familiar mediante uma figura de linguagem simbólica. E se deve ter um certo entendimento daquilo que se quer dizer com "Deus" (a propósito, os dois tipos de entendimento também são pressupostos para se poder conduzir e compreender uma prova da existência de Deus).

Esse entendimento pressuposto é "natural" ou um presente da graça? As Sagradas Escrituras chamam os que recusam a Deus "tolos" (O tolo diz em seu coração: não há Deus)[92]. Elas parecem expressar, com isso, que a pessoa com entendimento sadio reconhece a existência de Deus, pois é anormal recusá-la. E se, na Epístola aos Romanos ([Rm]1,20), é dito que o Deus invisível é reconhecível espiritualmente desde a criação do mundo a partir das obras, então compreendemos, no sentido de um apontar para além do visível, sobre si mesmo: como revelação natural de Deus no intelecto humano como tal. Em seguida, não seria necessária nenhuma elevação sobre a natureza para progredir além do mundo visível, mas um afundar-se mais abaixo, sob a natureza, para não compreender mais a linguagem do mundo visível apontando para "além". Que milhões de pessoas sejam "ateus" não depõe em nada contra isso. O "ateísmo" pode ser considerado por pessoas distintas, talvez, em sentidos muito diferentes. Caso se queira dizer, com isso, a negação da existência de Deus, então aquele que nega a Deus deve vincular um sentido à palavra "Deus" – de fato, o mesmo sentido que o que tem fé em Deus, pois aquele quer negar precisamente aquilo em que este acredita. Em que se funda essa reivindicação? Talvez o próprio ateu antes tenha tido fé e se lembre ainda do que ele compreendia, naquele tempo, por "Deus". Mas como ele chegou inicialmente a esse entendimento? Provavelmente, por meio de uma educação religiosa. Falou-se a ele sobre Deus em casa e na escola, e ele o aceitou acriticamente, como tantas outras coisas que se aceita de boa-fé, sem se convencer disso a partir da própria visão[93].

---

92. Em latim, no original: "*Dixit insipiens in corde suo: non est Deus*". A passagem remete ao Sl 53,1.

93. No original alemão, "*Anschauung*", mas aqui não no sentido de intuição, que

Porém, é de se considerar que nossa compreensão da linguagem cresce em conexão com nossa experiência e com nossas posses espirituais como um todo. Para nos tornarmos familiarizados com algo "por ouvir dizer", nós devemos ter alguma forma de acesso a essa coisa pelo mundo sensível e espiritual conhecido por nós. Caso contrário, as palavras permanecerão sem sentido para nós. O ateu poderia dizer que Deus foi apresentado a ele como um homem muito grande e poderoso, muito maior e mais poderoso que todos os demais; e, então, ele poderia tê-lo imaginado, por exemplo, assim como nós imaginamos montanhas que são muito maiores que todas que nós conhecemos. Se ele nega esse Deus, então nós devemos dizer-lhe que ele não nega aquilo que nós entendemos por "Deus". Caso ele observe, contudo, que ele entende por "Deus" a mesma coisa que nós, então nós devemos aceitar, também, um fundamento compreensivo comum a isso.

Certamente, para a maioria das crianças, representações humanas formam a ponte para pensamentos sobre Deus. Porém, estas vão além, rumo ao "totalmente outro" em relação àquilo com que sua experiência se encontra, ou pode se encontrar, no mundo e, com isso, permitem mover a aceitar o que a revelação sobrenatural ensina, como realização daquilo que apreenderam, em primeiro lugar, de modo apenas vazio como o "totalmente outro", e como resposta às questões enigmáticas que a própria experiência coloca, sem jamais poder resolvê-las. Em tal caso, efetua-se a passagem do mundo da experiência natural ao mundo da experiência sobrenatural como compreensível por si mesma e quase imperceptivelmente. Em todo caso, a aceitaçao da fé é "livre"; ao lado dela, existe a possibilidade de recusa, mas não como possibilidade de peso idêntico: enquanto, no desenvolvimento "normal", a primeira aceitação da fé é cultivada sem interrupção até se consumar, a recusa tem, principalmente, a forma de ruptura brusca ou de "afastamento". A ela corresponde, como movimento oposto, a igualmente livre e consciente aceitação da crença, a "conversão". Entre as duas, está o estado de ausência de fé. Na vida individual, esse estado também pode ser, temporalmente,

---

é o mais recorrente na obra. Pelo contexto, fica nítido se tratar de "concepção", "opinião", "visão" pessoal. Walter Redmond, o tradutor para a língua inglesa, comete o equívoco de traduzir o termo por "*intuition*" nesta passagem.

o primeiro: em pessoas que crescem desde o começo em um ambiente de descrença. Quem é incrédulo a partir de uma livre escolha não recusa apenas a aceitação da doutrina da fé de uma religião revelada, mas também se recusa a crer naquelas referências que se encontram na experiência natural. Se for possível exercitar a abstenção em relação à percepção sensível e deixar em aberto a questão se o que ele coloca diante dos olhos, de fato, existe, então é mais uma razão para a possibilidade daquelas referências que, no interior da experiência natural, nunca podem vir a ser realizadas. Exercitada constantemente, essa abstenção pode se tornar costume, podendo entrar em um estado de "cegueira", no qual as referências simplesmente não são mais compreendidas. Aquele que, assim, fica cego, de fato, não vê mais nada além desse "mundo" e, agora, não "consegue" mais acreditar naquilo que é dito a ele sobre um mundo "além". (Esse "não poder" não vale absolutamente. Ele ainda bem poderia acreditar, mas ele deve usar a força e se pôr em contradição diante do mundo, tal como agora ele de fato o vê.) As provas para a existência desse [mundo "além"] não o elucidam mais. E tampouco ele consegue mais compreender a linguagem que é relatada de experiências naquele mundo. As palavras da Teologia Simbólica realmente ocultam, para ele, o que elas revelam a outros. Ao contrário, nós temos na experiência natural "normal", não abreviada, algo que torna possível, concomitantemente, a concordância com a prova de Deus, a aceitação de uma fé revelada e a compreensão da Teologia Simbólica.

Com isso, são indicados três tipos diferentes de "falar de Deus", que se aplicam a círculos de ouvintes distintos e têm em vista metas específicas. As provas de Deus pertencem à "Teologia natural"; com elas, aplica-se o conhecimento natural do professor ao entendimento do ouvinte; para fornecer-lhe meios de cura e de proteção contra possíveis dúvidas da fé conforme o entendimento. Dos ouvintes, pressupõe-se que tais dúvidas lhes atormentem, ou amedrontem, ou, também que, entre os ouvintes, há os que são chamados a prestar auxílio aos outros em tribulações de fé. Os de fé singela não precisam delas. – A anunciação da fé consiste na revelação divina e tem a tarefa de difundir para "todo o mundo" o que Deus revelou sobre si mesmo. Sua meta é a aceitação geral da fé e a organização da vida segundo os preceitos da fé. – A Teologia Simbólica pressupõe apenas um recorte do conteúdo total da revelação: precisamente aquilo que é indício simbólico de uma experiência sob um novo sentido – um contato misterioso com o mundo sobrenatural. Ao conteúdo total da revelação pertence muito do que, de fato, foi compartilhado por meio da Palavra de Deus, mas que, em si, é acessível ao conhecimento natural e que, também, é compreendido com o entendimento natural por aqueles que o acolhem a partir da doutrina da fé: por exemplo, o que diz respeito à ordem moral e social.

Nós observamos que um certo entendimento dessas imagens já é possível sem própria experiência correspondente: da mesma forma que se pode compreender os escritos dos místicos, sem ser você mesmo místico. Quem já aceitou na fé que, além do mundo da experiência, existe um Deus e um mundo suprassensível, isto é, efeitos que partem de Deus, e espíritos que experienciam tais efeitos e lhes transmitem adiante e, também, desenvolvem a própria eficácia – a esse, será compreensível que, também, um contato conforme à experiência com esse mundo seja possível e ele estará ansioso para apreender tantas imagens quantas lhe forem transmitidas. Sua representação será, contudo, vazia e indescritível enquanto ele não tiver tido experiência própria alguma, e a representação também será facilmente turvada por incompreensões e ilusões, especialmente se uma imaginação vívida buscar corrigir o fator indescritível. Porém, precisamente esse entendimento insuficiente pode ser o estímulo para fazer o que é capaz de possibilitar o progresso rumo a um entendimento mais pleno. De outro lado, é de se ponderar se já é "iluminado" o crente cuja fé é uma "luz sobrenatural". Logo, aqui nós não estamos mais no grau da experiência meramente natural, e devemos descer, novamente, a esse grau. Afinal, ser descrente – isto é, ainda não ter aceitado nenhuma verdade revelada – não é equivalente a ser cego e surdo diante da mensagem da fé, como naqueles endurecidos pela descrença [e], no caso mais extremo, o ateu em princípio. Existem diversas variantes de uma "fé não dogmática", que podem ser amalgamadas de vários tipos de componentes, geralmente abastecida por fontes de revelação, ainda que por caminhos tortos. Tal "fé" pode ser imparcial e aberta ao enriquecimento, retificação e transformação. Porém, para a passagem à fé sobrenatural verdadeira e plena, além da decisão livre para sua aceitação, um afluir daquela característica "luz obscura" que pertence a ela será sempre necessário ("obscura" em relação ao discernimento claro). Todavia, não é necessário que tal iluminação anteceda o entendimento da linguagem figurada: é possível que aquela seja causada pelas imagens da Teologia Simbólica, que dão testemunho de uma eficácia maior, despertando a fé em uma realidade superior. É evidente que tal fé aumenta o desejo de se encontrar agora mesmo vinculado a esse mundo superior. É precisamente isso que a Teologia Simbólica tem como objetivo. Ela quer ser uma *Kheiragogia*, um "conduzir pela mão". Pela mediação da expressão sensível, uma mente fala a outra mente, para conduzi-la a um reino espiritual e para treinar o compreender puramente espiritual. Não falaremos aqui de que modo esse treino é possível. Devemos nos contentar em apresentar em que sentido a Teologia Simbólica como uma via para o conhecimento de Deus deve ser interpretada, e isso parece ser clarificado razoavelmente: a Teologia Simbólica é um falar sobre Deus por imagens que são extraídas do mundo sensível. O que elas expressam é uma experiência imediata obtida no próprio ato de ser capturado por Deus. Com isso, ela não se dirige a criaturas de natureza sensível-espiritual, que ainda são presas em tão grande parte no sensível, que precisam das imagens sensíveis mediadoras, mas que, em princípio, são capazes de um compreender tão puramente espiritual e da própria experiência de efeitos sobrenaturais. A compreensão das imagens pressupõe uma comunidade objetiva entre o mundo sensível e o [mundo] espiritual-divino; além disso, pressupõe, do lado de quem interpreta, ou a fé já existente em um mundo sobrenatural, ou uma apreensão imparcial e não abreviada do mundo natural, com todas as suas referências e, com isso, a abertura para uma mensagem daquele mundo sobrenatural e para a possibilidade da passagem à fé. [A] meta desse grau inferior da Teologia positiva é a iniciação em um conhecimento puramente espiritual de Deus, ademais, para a própria experiência imediata [de Deus] e, finalmente, para a união com Deus.

Fragmento Ms. II, B, II

O conteúdo desse trecho foi totalmente excluído por Stein, e não foi incorporado [em outra passagem] no que tange ao sentido.

[* * *]

A segunda via para o conhecimento de Deus nos é indicada no escrito *Sobre os nomes divinos*: a interpretação dos nomes espirituais de Deus. Aqui, nós não somos instruídos sobre poucos fragmentos, mas temos todo o escrito à disposição: o mais abrangente de Dionísio que nos foi preservado. Certamente, neste espaço não é possível dar atenção a todo o conteúdo da grande obra. Nós devemos nos contentar em fornecer um recorte para, no processo, evidenciar a peculiaridade da obra.

Já foi mencionado que o Areopagita, no capítulo introdutório, rejeita como arrogância querer falar algo sobre Deus independente das Sagradas Escrituras. Além disso, ele acentua, com toda ênfase, e nas formas mais variadas, que também os nomes espirituais de Deus não são capazes de apreender o inapreensível. Ele compartilhou, porém, com cada criatura um reflexo de seu Bem. E os espíritos, que não se arrogam algo que não é determinado a eles, mas em santa reverência, ponderação e devoção arredia estão preparados para aquilo que Deus quer compartilhar com eles; e Ele lhes doa uma iluminação proporcional à sua capacidade de compreensão.

Quando se consideram os nomes que as Sagradas Escrituras cunharam para Deus, então se descobre que quase todos eles se fundam nos resultados da bondade divina: ele se chama Um com base na unidade, mediante a qual nós somos um e somos conduzidos a uma unidade afim à divina; "sábio e belo, pois todas as coisas, quando sua natureza é conservada intacta, são plenas da harmonia divina e da beleza sagrada"[94] etc. "Então, a Ele que é causa de todas as coisas e está acima de todas as coisas, corresponde ao mesmo tempo não ter nenhum nome e, por outro lado, ter todos os nomes de todas as coisas." Porque "[...] Ele antecipou

94. ESGA XVII, 49.

tudo simples e ilimitado em si mediante o Bem perfeito de sua própria Providência que efetua tudo, ele é louvado e designado apropriadamente como fundamento de todas as coisas"[95]. Na medida em que Ele é e permanece um, em um sentido de unidade que ultrapassa todos os acessíveis por nós, ele liberta, contudo, uma multiplicidade a partir de si mesmo e, precisamente por isso, torna-se apreensível. Inclusive, o "proceder" de Deus pode ser compreendido de muitas maneiras. Apenas no segundo capítulo, o proceder no interior de Deus é tratado de forma excludente. Por meio desse processo, a essência divina se desenvolve em três pessoas. Os nomes divinos, que aqui deverão ser mencionados, apoiam-se no proceder da Divindade como um todo para o exterior nas obras da criação. Dionísio conhece uma multiplicidade em duas vias que é mediadora entre o Deus uno e a multiplicidade do mundo sensível: a [multiplicidade] dos espíritos puros criados – a "hierarquia celeste" – e a das puras "ideias" ou essências", das quais os nomes divinos são tomados. Foi mencionado, no início, que também os espíritos celestes têm um papel essencial em nosso conhecimento de Deus. Mas aqui não se trata disso, e sim daquele inter-reino impessoal. Eles são abordados nesse escrito apenas na medida em que eles, as mais elevadas de todas as criaturas, têm – com todos os seres criados – a origem de seu ser em um primeiro, o existente primordial[96] e superser[97]. Dionísio não invoca Platão, mas justamente nessa obra o platônico não pode ser subestimado. Ele considera o primeiro de todos os nomes divinos – que cabe mais adequadamente à essência divina – o do Bem: como o próprio Bem, o bom em si, que por meio do próprio ser é bom, irradia o Bem sobre todos os seres, como o sol ilumina, pelo seu ser – não com base em um pensamento ou propósito –, tudo o que, de algum modo, é receptivo à sua luz. (O Sol se relaciona, todavia, com o Bem apenas como uma cópia fraca se relaciona com seu arquétipo.) Todo existente – dos espíritos mais elevados até os seres sem razão e sem vida – deve seu ser a ele e tudo o que é deve sua ordem e conformidade a leis à sua participação no Bem e sua ambição ao Bem, pois, assim

95. ESGA XVII, 52.

96. No original alemão, "*Ur-[seienden]*".

97. No original alemão, "*Überseienden*".

como, no âmbito do visível, tudo aspira à luz, todo existente aspira ao Bem, cada um em sua forma peculiar. Aos espíritos superiores, porém, é especialmente adequado refulgir o Bem divino de volta, dirigindo-o aos que lhe são subordinados. Então, o Bem está acima de todo o existente como o doador do ser e, como o fornecedor do ser, ao mesmo tempo é o doador da forma, por meio do qual o amorfo é formado.

De modo ainda mais claro, talvez, o sentido platônico dessas explicações seja expresso na elucidação do "Belo". O Bem, como tal, também é chamado ["]o Belo["] ou ["]a Beleza["].

> Na unidade, a causa que abrange a tudo não se separa destes dois - Belo e Beleza - ao passo que, nos existentes, aquilo que participa da beleza é chamado ["]Belo["], ao passo que ["]Beleza["] é aquilo de que todas as coisas belas participam. A Beleza supraessencial será chamada ["]Beleza["] como aquilo que compartilha, com todas as suas coisas, uma beleza correspondente a elas, que origina toda proporção e todo brilho nelas e, chamando e voltando tudo para si, tal como a luz [(...).] Porém, o que é chamado ["]Belo["] como o plenamente belo e superbelo, como o sempre e da mesma maneira belo, que nunca se origina e nem desaparece, nunca aumenta e tampouco diminui, não é parcialmente belo e parcialmente feio, tampouco às vezes belo, às vezes não; não é belo em relação a esse e feio em relação àquele, não aqui de um modo, lá de outro; não é belo para esse, porém não belo para aquele, mas [é chamado "Belo"] como o Belo em si e em consonância consigo mesmo, existente sempre e uniformemente belo, que pressupõe em si, em superabundância e de antemão, a beleza originária de tudo o que é belo. Na natureza simples e sobrenatural de tudo que é belo, toda beleza e tudo o que é belo simplesmente subsiste com antecedência. Com base nesse Belo, todas as coisas são belas, pois ele é o fundamento do ser de todas; por meio dele, toda consonância, toda amizade e toda comunidade de existentes subsiste, uma vez que ele guia tudo a si pelo amor e unifica tudo nessa aspiração. Ele é aquilo que põe tudo em movimento, e a meta em prol da qual tudo surge. Por isso mesmo,

> o Belo e o Bom são o mesmo: aquilo a que tudo aspira e aquilo de que tudo participa [(ESGA XVII, 65-66)][98].

Contudo, aquilo que não deixa o Bem permanecer em si, mas que o move e efetua em excesso é o amor. Pois o amor é "extático" e torna o amante em propriedade do amado, como diz Paulo: "Já não sou eu que vivo, é Cristo que vive em mim"[99]. E, então, deve-se também ousar dizer que o Autor de todas as coisas ficou fora de si na exuberância de sua bondade amorosa: Ele parte de si mesmo, sem sair de si mesmo e, com sua Providência, cuida de todo existente. Porém, Ele não é chamado apenas o amor, mas também amado, pois Ele produz, nas criaturas, o amor a si mesmo. Com o amor, Ele move a si mesmo; como amado, Ele move as criaturas rumo a si mesmo. Nisso, revela-se o amor divino como sem início e sem fim, um ciclo eterno, que gira apenas pelo Bem, a partir do Bem, no Bem e rumo ao Bem.

98. Novamente, notam-se distinções entre essa passagem e a da tradução apresentada por Stein posteriormente.

99. Gl 2,20.

SEGUNDA PARTE

TRADUÇÃO DOS ESCRITOS DO DIONÍSIO AREOPAGITA POR EDITH STEIN

I
SOBRE OS NOMES DIVINOS

Do Padre Dionísio ao colega sacerdote Timóteo[100]*[.]*

I.I Objetivo do livro e o que é transmitido acerca dos nomes divinos

I 1 - Agora, ó abençoado, após os *Fundamentos teológicos*, dirijo-me à explicação dos nomes divinos. Porém, ainda que nós devamos ter diante de nós a lei sagrada da Palavra de Deus, com a qual nós buscamos mostrar a verdade daquilo que é dito sobre Deus, não com palavras convincentes de sabedoria humana, mas como prova da força que insuflou no espírito dos teólogos e que nos liga, de modo indizível e desconhecido, com coisas indizíveis e desconhecidas, em uma unificação que excede toda força e toda capacidade de nosso pensar dedutivo ou compreender intelectual. Portanto, em geral não se deve ousar dizer ou pensar algo sobre a Divindade supra-autônoma e oculta, que não seja revelado a nós por Deus nas Sagradas Escrituras, pois à incognoscibilidade de sua sobrenatureza - que está acima de toda razão <*λόγος*>,

100. No texto de Edith Stein, nesta página está escrita a referência latina e a grega do texto: "*Opera S. Dionysii Areopagitae cum Scholiis S. Maximi et Paraphrasi Pachymerae a Balthasare Corderio Soc. Jesu Doct. Theol. latine interpretata et notis theologicis illustrata. Antwerpen. 1634. - Τοῦ ἐν Ἅγιοις Διονυσίου Ἀρεοπαγίτου περὶ Θείων Ὀνομάτων - Sancti Dionysii Areopagitae de Divinis Nominibus*". De maneira fictícia, a obra é dedicada a Timóteo, bispo de Éfeso que viveu no primeiro século d.C.

todo intelecto <*νοῦς*> e toda essência <*οὐσία*>[101] –, a ela própria, nós devemos atribuir o ser sobrenatural: na medida em que nós devemos aspirar à luz inacessível, na medida em que o raio das palavras divinas se abaixa a nós, quando nós nos contemos com a devida prudência e veneração. De fato, se nos é permitido acreditar na plenamente sábia e verdadeira doutrina de Deus, então o divino se revela e é intuído proporcionalmente à medida do alcance de compreensão dos espíritos individuais, uma vez que a suprema bondade de Deus, em salutar justiça, convém às coisas medidas sua imensidão, pois ela é inapreensível, de forma verdadeiramente divina. Assim como o espiritual não se torna tangível e nem visível pelo que atinge os sentidos, e o simples e não figurado não se torna em esculturas, a ausência de forma do intocável e disforme não se torna no formado em figuras corpóreas. No mesmo sentido, a infinitude supraessencial está acima de todos os seres, e a unidade supraespiritual[102] está acima de todos os espíritos; o um suprarracional[103] está imperscrutável para todo o pesquisar da razão, e o Bem está acima de cada palavra, indizível por qualquer palavra: a Unidade que efetua toda unidade; a Essência supraessencial; o Entendimento incompreensível; a Palavra impronunciável, a Indizibilidade, Impensabilidade e Inominabilidade que não é nada de existente <nada daquilo que é, *μηδὲν τῶν ὄντων*>: que é a causa do ser para todas as coisas; porém ele mesmo não é ser; pois está fora de todo existente, como ele mesmo poderia testemunhar sobre si mesmo de modo decisivo, fundado em conhecimento.

I 2 – Sobre essa Divindade, como dito, supraessencial e oculta, não é autorizado ousar dizer ou sequer pensar, exceto aquilo que nos é proclamado sobre Deus nas Sagradas Escrituras: pois como ela mesma nos comunicou de maneira bondosa sobre si própria nas Sagradas Escrituras, o conhecimento e visão[104] daquilo que ela é,

---

101. Os termos gregos, sempre que usados aqui, são respeitando a opção de Stein de apresentá-los na grafia grega.

102. Na tradução de Stein para o alemão, "*übergeistige*". Os neologismos usados por Stein mostram um esforço criativo, da parte dela, de traduzir também os neologismos do próprio Dionísio Areopagita.

103. Na tradução de Stein para o alemão, "*übervernünftige*".

104. Na tradução de Stein para o alemão, "*Erschauung*". É digno de nota que, nes-

inacessível a todo ser, pois ela é supraessencial e erguida acima de tudo. Pode-se encontrar, também, muitos teólogos que a louvam não apenas porque ela é invisível e inapreensível, mas também porque ela não pode ser investigada e detectada, pois não há traço que poderia conduzir a sua infinitude totalmente oculta. Contudo, também sobre aquilo que é, nada é sem participação no Bem, pois cada raio supraessencial que permanece inerente a ele faz brilhar em cada coisa a iluminação da benevolência apropriada a ela, e ele permite aos intelectos santificados visão interior, comunidade e afinidade adequadas a eles – esses intelectos, na medida em que eles podem, movem-se a ele, na medida em que não arrogam apenas a algo mais elevado, e não deslizam nas profundezas por uma tendência errada. Ao contrário, eles se elevam, contemplando, permanentemente e sem desviar os olhos, o raio que lhes ilumina e, com um amor concedido a eles correspondendo às iluminações, em santa veneração, elevando-se com prudência e piedosa veneração.

I 3 – Portanto, se seguirmos a balança divina, que estipula todas as classes sagradas das ordens celestiais, nós honramos, com piedosa veneração, aquele mistério da Divindade suprema, que ultrapassa todo o compreender e cada ser, que não admite investigação, [e ultrapassa] sua inefabilidade com decoroso silenciar. Estendamos nossa mão ao seu brilho que reluz a nós das Sagradas

---

ta passagem de sua tradução, Stein usa um conceito da tradição fenomenológica que indica "visão", lembrando-se que "visão" e "intuição" (Anschauung) são muito próximos no alemão. A respeito, afirma Cabral: "De acordo com Husserl, todo ato de consciência possibilita intuir objetividades, pois a intuição é o meio de acesso direto aos objetos, contudo cada qual possui seus níveis próprios de clareza. Em nota ao §3 de Ideias I, o tradutor Márcio Suzuki ressalta que, do ponto de vista linguístico, Husserl se utiliza do parentesco lexical de 'visão' (*Erschauung*) e 'intuição' (*Anschauung*) para justificar a coincidência entre ambos os atos. [...] A percepção sensível, enquanto percepção doadora originária, possui, em certo aspecto, primazia frente aos outros modos de intuição, visto que somente ela apresenta o dado em carne e osso, ou seja, possibilita a presença do objeto efetivamente; ao contrário, ver-se-á que a intuição de essência, produzida a partir de qualquer tipo de intuição individual, constitui a intuição doadora originária, porque permite ver a índole do objeto com tudo aquilo que lhe constitui essencialmente. Neste sentido, a intuição de essência deverá ser o ato privilegiado no âmbito fenomenológico de investigações". Cf. CABRAL, Michelle Silvestre. Crítica husserliana ao objetivismo evidenciada através da noção fenomenológica de atitude (Einstellung). *Kínesis*, vol. 3, n. 5, p. 309-325, julho 2011. Disponível em: https://doi.org/10.36311/1984-8900.2011.v3n05.4408. Acesso em: 20 ago. 2024.

Escrituras; por meio de sua luz, então, nós somos animados às canções sagradas, que resplandecem a nós sobrenaturalmente e, por meio dos cânticos divinos, nós somos treinados à contemplação da luz divina, da qual nos tornamos cientes por meio desses cânticos, na medida em que corresponde à nossa capacidade de compreensão, e em louvor à benevolente fonte primeva de toda iluminação, na medida em que ela mesma se pronuncia sobre si própria nas Sagradas Escrituras. Por exemplo, que Ele é causa, base primordial, essência e vida de todas as coisas, chamado de volta e ressureição daqueles que se desgarram dele, regeneração e remodelar daqueles que apagaram a imagem divina em si mesmos, luz dos iluminados, fundamento sólido para os que são movidos em um oscilar profano, segurança para os que estão de pé, luz dos iluminados (condução para os que ambicionam a ele), completude que concede fundamento de perfeição ao perfeito, o operar divino no que é divino, a simplicidade no que se tornou simples, a unidade do que se tornou um, o fundamento originário, a base primordial supraessencial [e] supraoriginária[105] de cada fundamento do ser e comunicação daquele mistério oculto, na medida em que ela é apropriada. Dito de modo mais simples: a vida do vivente, a essência do existente, fundamento primordial e causa devido ao seu bem, pelo qual Ele produz todas as coisas, com o que elas são e contêm, com o que elas não perecem.

I 4 – Nós aprendemos isso das Sagradas Escrituras; e tu descobrirás que, por assim dizer, quase toda a sagrada glorificação de Deus pelos teólogos, para nos indicar Deus e para louvá-lo, formaram nomes correspondentes ao divino que procedem do Bem divino. Então, nós vemos que, em quase todo ensaio teológico, a Divindade é louvada como mônada ou unidade <*μόναϛ, ἕναϛ*> devido à simplicidade e unidade de sua indivisibilidade sobrenatural, por meio da qual nós somos como um por meio de uma força criadora de unidade e, mediante ligação sobrenatural de nossas diferenças fragmentadas, somos conduzidos a uma unidade divina e a uma unificação que reproduz Deus; como Trindade, porém, devido à revelação em três pessoas de sua potência sobrenatural,

---

105. Na tradução de Stein para o alemão, "*überwesentlich-überursprüngliche Urgrund*".

é fonte da qual toda paternidade no céu e na terra se origina e tem seu nome; como causa das coisas, pois todo bem, mediante sua essencialidade <*οὐσιοποιός*> faz perseverar o ser; como sábio e belo, pois todas as coisas, quando sua natureza é conservada intacta, são plenas da harmonia divina e beleza sagrada; por amor humano magnífico, pois ele se comunicou a nós, na verdade, totalmente em uma de suas pessoas, na medida em que ele acolheu em si a baixeza extremamente humana e a chamou para si, a partir do que Jesus, apesar de sua simplicidade, foi constituído de modo indizível, o Eterno acolheu um início temporal e desceu ao interior de nossa natureza, que ultrapassa sobrenaturalmente toda ordem do todo da natureza, mas em duração imutável e imiscível de suas propriedades.

Isso e o que mais nossos santos mestres nos entregaram em mensagens ocultas, por iluminações divinas em consonância com as Sagradas Escrituras, também foi acolhido por nós: com isso, porém, ocultam, de maneira correspondente à nossa capacidade de compreensão, a afabilidade divina em certos véus sagrados de palavras e comunicações hierárquicas, [ocultam] em signos sensíveis de coisas espirituais, na essência real do supraessencial, circunscrevem coisas sem forma e sem figura com formas e figuras, e eles tornam a simplicidade sobrenatural em algo múltiplo, dando forma a ele mediante a diversidade de signos compartilhados. Se, contudo, nós somos incorruptíveis e imortais e alcançamos uma sorte bem-aventurada, semelhante à de Cristo, então nós seremos, como está escrito, sempre em Deus, preenchidos pelo olhar totalmente sagrado da revelação visível do próprio Deus, cujo brilho luminoso nos ofusca, tal como os apóstolos durante a transfiguração divina. Nós nos tornamos unidos à inspiração divina parcial, própria a um espírito que está livre de sofridas impressões sensíveis e da matéria, mediante o brilho desconhecido e bem-aventurado de raios luminosos, em iluminação mais divina dos espíritos supracelestiais[106]. Então, como dizem as verdadeiras Sagradas Escrituras, nós seremos iguais aos anjos e filhos de Deus, se nós nos tornarmos filhos da ressureição. Ora, mas na medida em que podemos, nós precisamos de indícios para captar o divino; por intermédio deles, nós somos conduzidos àquele simples e unitário sentido ver-

---

106. Na tradução de Stein para o alemão, "*überhimmlischen*".

dadeiro do espetáculo espiritual, de modo correspondente à nossa capacidade de compreensão; e, após toda a compreensão possível das coisas divinas, nós permitimos que nossa atividade intelectual repouse e nos lançamos naquele raio supraessencial, na medida em que é correto, no qual todos os limites de todos os conhecimentos existiram anteriormente, de maneira impronunciável. Nós não podemos nem o apreender com nosso espírito, nem o expressar com palavras, tampouco vê-lo com olhos, pois ele está elevado acima de tudo e é desconhecido de modo preeminente, pois ele antecipou, em si, todas as delimitações de todos os conhecimentos e poderes essenciais e está elevado no trono, acima de todos os espíritos celestiais, com poder inapreensível. Uma vez que, certamente, todos os conhecimentos do existente valem para os existentes e têm, neles, seu limite, Ele, que está elevado acima de todo ser real <*οὐσία*>, também está retirado de todo conhecimento.

I 5 - Porém, se Ele excede toda palavra e todo conhecer, e está acima de todo espírito e fora de todo ser, uma vez que Ele engloba e abrange todas as coisas em si e as antecipa, certamente, também Ele é além da compreensão por qualquer um, pois Ele não é acessível a ser algum - uma vez que não há representação nenhuma dele, nenhuma opinião, nenhum nome para Ele, nenhuma palavra, nenhum contato, nenhum conhecimento. Como, então, nós podemos ousar um ensaio sobre os nomes divinos após o que foi dito - que a Divindade, como está acima de todo ser, também está elevada acima de todo nome e de toda designação? Porém, como eu disse, na medida em que eu explico as imagens teológicas, nós podemos explicar aquele Um, Desconhecido, Supraessencial, Bom por si mesmo, O é[107] <*sic*!>, a Trindade, como eu disse, que é igual a Deus e igual ao Bem, que nem se exprime por palavras, tampouco é alcançado por pensamentos: de fato, também são indizíveis e desconhecidas as uniões das forças divinas com aquele Bem mais

107. Na tradução de Stein para o alemão, "*Das Ist*", sendo que o verbo "ser" foi substantivado na conjugação em terceira pessoa do singular, em um recurso incomum que a própria Stein marca, em seguida, com um "*sic*!" em sua intervenção no texto do Dionísio Areopagita para marcar como o artifício linguístico do Dionísio por ela traduzido foi incomum.

que desconhecido e supraluminoso[108], que são atribuídas aos anjos, pode-se chamar, agora, infusões ou iniciações, e apenas próprias àqueles que se iniciaram nelas - próximo ao conhecimento dos anjos e junto dos anjos. Espíritos divinos, portanto, que são unidos a Deus em imitação dos anjos - na medida em que é aceitável - (mediante completo ato de deixar repousar toda atividade espiritual, vale dizer, nos espíritos tornados afins a Deus há tal união com a luz suprema de Deus), louvam-no da maneira mais adequada pela previsão de todas as coisas, uma vez que elas, por causa de sua unificação bem-aventurada com Deus além de toda natureza são, no processo, verdadeiramente iluminadas[. Isso é o caso], pois Deus é causa de todas as coisas, mas nada é causa dele próprio - mas, ao invés, ele está elevado acima de toda supraessencialidade. Essa supraessencialidade de Deus acima de tudo o que é, esse superbem[109] acima de todos os bens, não deve ser louvado nem como razão, nem como poder, nem como espírito, tampouco como ser ou vida real, caso não se aspire à Verdade que está acima de toda verdade: antes, deve-se louvá-lo como elevado acima de toda conduta, de todo movimento, de toda vida, representação, opinião, de todos os nomes, de toda palavra, de todo pensar, entender, ser, constituição de ser, fundamento, união, meta, imensurabilidade, em suma, acima de tudo o que apenas é. Todavia, como fonte primordial de todos os bens, ele é, por seu mero ser, fonte primordial de todas as coisas, a Providência divina que opera com bondade deve ser louvada em virtude de tudo o que é causado, pois tudo é por causa da fonte primordial e considerando-a, e ela é anterior a tudo, e nela tudo tem existência e nexo; e seu ser produz e faz tudo, pois ela é, em tudo aspira a ela[:] o intelectual e racional conscientemente; abaixo, vem a aspiração sensível e, o restante, com movimento vital ou com emoção costumeira.

I 6 - Como os teólogos sabem, eles louvam a Deus tanto como o desprovido de nome quanto em decorrência de seus nomes. Como o desprovido de nome, quando eles dizem que Deus os repreendeu em uma das visões místicas com fenômenos divinos simbólicos, quando disseram: ["]Qual é o seu nome?["] E como ele queria

---

108. Na tradução de Stein para o alemão, "überleuchtenden".

109. Na tradução de Stein para o alemão, "*Übergüte*".

desviá-los de todo conhecimento que designa a Deus, ele disse: ["] Por que me perguntais meu nome?["] E esse nome é ["]maravilhoso["]. Ou, porventura, não é verdadeiramente maravilhoso, que o nome que está acima de todos os nomes, que é sem nome, que está elevado acima de todo nome designado nesse mundo ou no mundo futuro? Porém, eles apresentam Deus como dotado de muitos nomes, quando eles mostram Ele próprio dizendo: ["]Eu sou aquele que sou, vida, luz, Deus, verdade["] e, quando os próprios teólogos louvam a Deus, o autor de todas as coisas, com muitos nomes em função de seu ato de efetuar tudo: Bom, Belo, Sábio, Amado, Deus dos Deuses, Senhor dos senhores, o Santo dos Santos, o Eterno, o Existente, o Autor dos tempos, Doador da Vida, a Sabedoria, o Espírito, a Palavra, O que discerne, O presente em todos os valores de toda ciência, O poder, O poderoso, Rei dos reis, Mais antigo dos dias, O que não envelhece e é imutável, a Cura, a Justiça, a Santificação, a Salvação, O superior a tudo em grandeza e Brisa suave. Ora, porém eles também dizem que ele está nos espíritos, nas almas e nos corpos, no céu e na terra, em tudo ao mesmo tempo como Mesmo, no mundo, em torno do mundo, sobre o mundo, supracelestial[110], supraessencial, Sol, Estrela, Lua, Fogo, Água, Vento, Orvalho, Nuvem, Pedra, Rocha, tudo o que é, e nada daquilo que é.

I 7 - Desse modo, portanto, a Ele, que é causa de todas as coisas e está acima de todas as coisas, corresponde ao mesmo tempo não ter nenhum nome e, por outro lado, ter todos os nomes de todas as coisas, de modo que, no sentido estrito, Ele tem a soberania do universo das coisas, e tudo é em com referência a Ele, e tudo é dependente dele como causa, fundamento do ser e meta. Ele, como as Sagradas Escrituras dizem, é tudo em todos e, na verdade, é amado como criador, iniciador e consumador de tudo, e preservado em seu lar, ele também se volta a si próprio - e isso com força unificada <ἡνωμένως>, intransponível, elevado acima de tudo: pois Ele não é apenas a causa de toda relação, toda vida e toda perfeição, de modo que Ele não é chamado o Bem acima de todos os outros nomes apenas por causa desta ou daquela providência; mas Ele antecipou tudo simples e ilimitado em si mediante o Bem perfeito de sua própria

110. Na tradução de Stein para o alemão, "*überhimmlisch*".

Providência que efetua tudo, Ele é louvado e designado apropriadamente como fundamento de todas as coisas.

I 8 - Ora, os teólogos mencionam esses nomes divinos não apenas em louvor, sendo deduzidos da Providência universal ou particular, ou daquilo que é pertinente à Providência, mas também de certas visões divinas, que são iluminadas sobretudo nos templos sagrados ou, noutro lugar, foram iluminadas pelos mestres dos mistérios ou pelos profetas; devido a múltiplas causas e poderes, eles chamam o Bem divino, que supera aquele Bem e número, e atribuem a ele formas e figuras humanas, ou a do fogo, ou do âmbar; e eles louvam seus olhos e ouvidos, cabelo, semblante, mãos, ombros, asas, costas e pés; elas afiguram, em torno dele, coroas, tronos, cálices, crateras gregas e outras coisas, sobre o que nós falaremos na Teologia Simbólica, o tanto que for possível. Nós queremos reunir tudo, no que diz respeito a esse ensaio, a partir das Sagradas Escrituras e utilizar o que é dito como diretriz; e, em seguida, nós vamos olhar de maneira penetrante ao desenvolvimento dos nomes divinos; e o que a lei divina sempre prescreve na Teologia como um todo: a partir da grafias divinas <ϑεωρίας> - para dizê-lo corretamente -, nós queremos contemplar com espírito divino, e nós queremos ouvir as sagradas interpretações dos nomes divinos, colocar o Santo dos Santos diante dos olhos, como as Sagradas Escrituras nos entregam; nós queremos proteger os nomes, contudo, da risada e da galhofa dos não iniciados. Antes, se há tais pessoas, nós queremos chamá-los de volta da guerra que eles travam contra Deus.

Agora isso, bom Timóteo, é o que você deve observar segundo a mais sagrada instrução e não revelar as coisas divinas aos impuros ou levá-las a eles. A mim, porém, que Deus queira conceder a pluralidade de nomes (que é efeito do Bem) da Divindade que não pode ser nomeada, para louvar de maneira correspondente à dignidade de Deus, e que ele queira retirar a palavra da verdade de minha boca.

I.II Sobre a Teologia unificada e diferenciada, e o que é unificação e diferenciação divina

II 1 - As Sagradas Escrituras louvam o Bem em si mesmo, visto que elas determinaram toda a essência divina e elucidaram o que ela propriamente é. Afinal, o que mais se aprende da santa Teologia, quando ela afirma que o próprio Deus se designou com as palavras: [“]O que você me pergunta sobre o Bem? Ninguém além de Deus é bom?[”]. Ora, também está em outras passagens que foram minuciosamente indicadas por nós o seguinte: que todos os nomes divinos, convenientes a Deus, não são louvados pelas Sagradas Escrituras apenas em parte, mas na Divindade em seu todo, perfeito e inteiro, e que as Sagradas Escrituras indicam tudo o que é indiviso, ilimitado, sem observação de algo diferente em relação ao todo da Divindade totalmente perfeita e consumada. Como nós mencionamos nos *Fundamentos teológicos*, se alguém quisesse observar que isso não é dito sobre o todo da Divindade, então essa pessoa blasfema e ousa separar a Unidade acima de toda unidade; pois também a Palavra Eterna, que é boa por natureza, diz: [“]Eu sou bom[”][111], e um profeta, entusiasmado por Deus, louva o espírito como o bom[112]. E, além disso: como aquele que não quer admitir que aquela Palavra: [“]Eu sou aquele que sou[”][113] foi dita pela Divindade como um todo, mas diz respeito apenas a uma parte demarcada, compreenderia a outra Palavra: [“]Eu sou [...] aquele que é, que era e que vem, o Todo-poderoso[”][114]; e também: [“]*Tu, porém, permaneces o mesmo*[”][115], e aquela [Palavra]: o espírito da verdade, que é, que parte do pai? E quando você recusa que o todo da Divindade é vivo, como, então, pode aquela Palavra sagrada ser verdadeira: [“]Quando vier o Paráclito, que eu vos enviarei da parte do Pai, o Espírito da verdade, que procede do Pai, ele dará testemunho de mim[”][116]; e aquela: [“]O espírito é que dá a vi-

111. Mt 20,15.
112. Ne 9,20.
113. Ex 3,14.
114. Ap 1,8.
115. Hb 1,12 (grifos do autor).
116. Jo 15,26.

da?["][117] Uma vez que o todo da Divindade também tem a soberania sobre o mundo inteiro, não deve ser declarado a respeito de Deus, do criado por Deus ou do Filho, como eu creio, uma vez que, frequentemente nas Sagradas Escrituras, o Pai e o Filho são louvados como Senhor[118]; mas também o espírito é soberano[119]. ["]Beleza["] e ["]sabedoria["] também são proferidas a respeito da Divindade, bem como ["]luz["], ["]causa["] e ["]o divinizante["] e, no que geralmente diz respeito à Divindade como um todo, as Sagradas Escrituras empregam no louvor a Deus como um todo. Resumidamente, quando elas dizem que ["]tudo é a partir de Deus["]; diferenciadamente, quando elas dizem que tudo é feito por ele e mediante ele, e, nele, tudo tem permanência e conexão, e quando dizem: ["]enviarás vosso espírito, e ele será criado["]. E, como se poderia dizer de modo resumido, diz a própria palavra divina: ["]Eu e o Pai somos um e o que o pai sempre possui, é meu, e tudo o que é meu é vosso, e tudo o que é vosso, é meu["]. E, novamente, Ele atribui tudo o que é próprio a Ele e ao Pai, ao Espírito Santo, em comunidade e em união: os efeitos de Deus, a veneração, a causa efervescente que nunca fracassa e a divisão dos dons proporcional aos bens. E, creio eu, nenhum daqueles que pesquisaram as Sagradas Escrituras com conceitos inconfundíveis negará que tudo feito por Deus é, no sentido pleno que é adequado à Divindade, é próprio da Divindade como um todo. Ora, como isso foi demonstrado por nós no escrito anterior[120] apenas de maneira breve e parcial, mas, em outro lugar, foi provado de modo satisfatório a partir das Sagradas Escrituras e exposto de maneira distinta, nós devemos crer que todo nome completo de Deus, cuja explicação enfrentaremos, é referente à Divindade como um todo.

II 2 - Contudo, se alguém objetar que nós introduzimos, de modo oposto à diferenciação que cabe à Divindade, uma mistura, então acreditamos que ele, de fato, jamais poderia demonstrar a verdade dessa objeção, pois, se houvesse alguém que fizesse oposição

---

117. Jo 6,63.

118. 1Cor 1,30.

119. 2Cor 3,17.

120. Isto é, nos *Fundamentos teológicos*.

às Sagradas Escrituras, então ele também estaria bem distante de nossa Filosofia; e se ele não tem relação alguma com a sabedoria das Sagradas Escrituras, como poderíamos fazer para conduzi-lo ao conhecimento teológico? Se ele desconsidera a verdade das Sagradas Escrituras, então também nós, confiando nessa diretriz e nessa luz, avançamos rumo a forças para a defesa, sem evitar, e dizemos que a Teologia ensina consideravelmente no sentido unitário, e outras coisas em sentido diferenciador; e não é correto dividir o unitário, tampouco mesclar o diferente, e nós devemos seguir <as Sagradas Escrituras> fazendo todo o esforço para visarmos ao alto, ao esplendor divino. Afinal, a partir delas, nós obtemos explicações divinas como um princípio condutor da verdade se, nisso, nós lutamos para preservar o que nos foi deixado sem acréscimo, subtração ou distorção. De nosso lado, nós permanecemos perseverando no cuidado das Sagradas Escrituras e somos fortalecidos por elas, preservando aqueles que as preservam.

II 3 - Ora, os nomes unitários para o todo da Divindade são, como nós provamos nos *Fundamentos teológicos*, em pormenor a partir das Sagradas Escrituras: o Superbom, sobredivino, supraessencial, supervivo, supersábio[121], e o que mais de destaque é próprio do excesso. Para esse efeito, conta tudo o que é causal: o bom, belo, existente, doador de vida, sábio e o que sempre pertence aos seus dons que convêm ao Bem, segundo os quais a causa de todo bem é denominada. Todavia, são diferentes os nomes supraessenciais e a realidade do Pai, Filho e Espirito Santo; neles, não se apresenta relação mútua alguma de comunidade. Ademais, é diferente e separada a perfeita, correspondente a nós e imutável essência de Jesus, e o que sempre pertence aos mistérios de seu amor ao ser humano que lhe dizem respeito.

II 4 - Eu acredito, contudo, que é bom explicar, de maneira ainda mais resumida, aquela sabedoria elevada e completa da unidade e diferenciação divinas, com o que toda essa doutrina fica totalmente clara a nós e se deixa de fora aquele brilho e aquela escuridão, antes ficando a doutrina nitidamente dividida e límpida, determinando-se, na ordem correta, as características segundo poderes.

121. Na tradução de Stein para o alemão, "*Überweise*".

Porém, os mestres sagrados de nossa tradição teológica (como eu disse em outro lugar) chamam traços unitários aqueles traços essenciais <*ὑπεριδρύσεις, collocationes*> ocultos e nunca sobressalientes do permanecer supraindizível e superincognoscível, ao passo que eles chamam diferenciações os processos e aparições da Divindade. E algumas delas se chamam, seguindo as Sagradas Escrituras, peculiares à chamada unidade, ao passo que outras, próprias à diferenciação, tanto ligantes quando separadoras: por exemplo, ligantes em decorrência da unidade ou da supraessencialidade e, junto da Trindade unitária, [são usados os nomes] o ser supraessencial, a Divindade supradivina; o Bem acima de todos os bens; a ipseidade de toda a peculiaridade[122] de tudo daquele que está acima de tudo. A unidade acima de toda a unidade; o impronunciável; o de muitos nomes; o que conhece tudo; a afirmação de tudo; a anulação de tudo; aquilo que está além de toda afirmação e anulação, o ato de parar e permanecer recíproco um no outro[123] (se é permitido falar assim) que pertence à unidade das pessoas, o totalmente unido e, em parte alguma, mesclado, como emissões de luz de uma lâmpada (para me servir de exemplos sensíveis e confiáveis) que estão em uma casa: eles são totalmente um no outro, não mesclados e subsistem completamente distintos um do outro, reciprocamente, unidos em um na diferenciação e diferenciados na união. E agora nós vemos, em uma casa em que há muitas lâmpadas, todas as emissões de luz convergirem em uma luz e emitirem um brilho inseparável e indiviso; e ninguém, eu creio, pode distinguir a luz de uma lâmpada da luz de outra no ar que contém em si toda a luz e ver uma luz separada da outra, pois todas se tornaram uma, ainda que de modo não mesclado. Sim, se alguém retira uma lâmpada da casa, toda a luz daquela sairia, mas ela não levaria consigo nada da outra luz e nem deixaria algo de si com a própria; pois, como eu disse, a outra luz permanece uma perfeita união de todas com todas, embora, de modo algum, haja uma mistura em qualquer parte; e, ainda assim, a luz esteve em algo corpóreo (mais precisa-

122. Na tradução de Stein para o alemão, ela transforma a expressão "*eigen sein*" ("ser próprio de", "ser peculiar") em um substantivo: "*Eigensein*" (mais literalmente, "ser-próprio").

123. Na tradução de Stein para o alemão, "*das wechselseitige Ineinanderverweilen und -stehen*".

mente, no ar), e foi condicionada por fogo material. Portanto, nós chamamos essa união supraessencial de algo bem mais sublime não apenas que aquela ocorrida no mundo corpóreo, mas também que a união entre almas e espíritos; ela ocorre de maneira não mesclada e sobrenatural, pois eles participam, totalmente juntos, daquela luz divina e supracelestial em um participar apropriado a eles, mediante uma união superior a todas.

II 5 - Porém, também existe uma diferença nos nomes divinos supraessenciais, pois não só são afirmados (como eu disse) conforme precisamente essa união de cada uma das pessoas unitárias, de modo não mesclado e não fundido, mas também - uma vez que elas de modo algum são referidas reciprocamente uma à outra - conforme o que é apropriado àquela criação divina supraessencial. Então, o Pai é a única fonte da Divindade supraessencial, de modo que o Filho não é o Pai, e o Pai não é o Filho, mas o louvor devido a cada uma das pessoas divinas é, claramente, preservado. Ora, isso é o unitário e o diferenciado na unidade e essencialidade indizíveis. Porém, se também a separação divina é um partir da unidade divina, como é conveniente a Deus, se essa é tornada múltipla de modo supraunitário[124] pelo Bem de Deus, então essas comunicações incompreensíveis - como a doação do ser, vivificação, atribuição de sabedoria e outros dons do Bem que tudo efetua - são unidas na diferenciação divina: aqueles dons de acordo com os quais aquilo que é dado sem participação é louvado por causa daquilo que tem participação e no que ele participa. E isso é vinculante e um para o todo da Divindade, vale dizer, o participar em um daqueles que participam nele, de modo que nenhum participa em uma parte: assim como o centro de um círculo participa de todas as linhas retas que estão dispersas em um círculo e assim como muitas marcas de um sinete participam do sinete original e, em cada marca do sinete, o sinete é um e o mesmo e não participa, em nenhuma forma, apenas em uma parte. Todavia, a imediatidade do divino supera esses exemplos, sendo esse a causa de todas as coisas, pois, com ele, não há contato algum e nem outra comunidade da mescla com aquilo que participa.

---

124. Na tradução de Stein para o alemão, "*übereinheitliche*".

II 6 - Todavia, dizer-se-á que o sinete não é um e o mesmo em todas as formas marcadas. Porém, a culpa disso não é do sinete (pois este se comunica totalmente e como o mesmo a cada uma das formas), mas da diversidade de participantes, que torna as reproduções não afins a uma, total e mesma forma originária: quando, por exemplo, os documentos são macios e fáceis de marcar, de peso leve, sem forma, não resistentes ou duros, ou fluidos e impermanentes, então eles receberão uma forma clara, nítida e permanente; porém, faltando algo da constituição adequada descrita, então, em consequência disso, a forma será menos distinta e cunhada e resultará em algo diferente, o que provém da menor adequação ao participar. Ora, em nossa renovação pelo Bem divino, cujo dever se diferencia da Divindade, pois, por causa de nós, o Verbo acima de todo ser foi acolhido por nossa natureza verdadeira e intacta e fez e sofreu o que é único à Sua obra humana divina. Por que isso não é de modo algum comum (entre ele, o) Pai e o Espírito, exceto quando se fala sobre a comunidade do conselho bom e amigável ao ser humano e, no que diz respeito a todas as obras surpreendentes e inefáveis que o Imutável completou em sua existência entre nós, na medida em que Ele é Deus e Palavra de Deus. Então, nós queremos tentar nos conectar com as coisas divinas em nosso discurso e nos separar delas, na medida em que elas próprias são unidas ou separadas.

II 7 - Porém, as causas dessas unificações e separações correspondentes a Deus, tanto quanto nós encontramos nas Sagradas Escrituras, foram explicadas por nós nos *Fundamentos teológicos* de modo separado, na medida em que nos foi possível. Em parte, [isso foi feito] na medida em que somos nós que as empregamos separadamente e de modo sobreposto e, portanto, empregamos as imagens esclarecedoras ao puro e quieto espírito. Em parte, foi feito nos elevando ao âmbito místico, em função da comunicação divina, além da atividade intelectual natural. Pois todo o divino, também aquilo que aparece a nós, é cognoscível apenas pelo participar. Porém, no que diz respeito à sua própria situação <ἵδρυσις>, ela ultrapassa todo intelecto, toda essência e todo conhecimento. Quando nós, por exemplo, chamamos o ocultamento supraessencial ["]Deus["] ou ["]Vida["] ou ["]Essência["] ou ["]Luz["] ou ["]Verbo["], então nós não reconhecemos nada além do Poder doador de sabedoria, divinizante, criador de essências, fornecedor de vida. Nós o encontramos, porém, na dissolução de todas as atividades espirituais, quando nós não intuímos nenhum efeito divino, nenhuma vida ou essência, que seria claramente afim àquela causa, que está acima de tudo em cada virtude. Novamente, porém, nós aprendemos das Sagradas Escrituras que o Pai é a Divindade e fonte primordial, ao passo que Jesus e o Espírito Santo, se nos é permitido dizer, são os rebentos nascidos divinos da Divindade criadora do divino e, como flores, ou luzes sobrenaturais: porém, de qual modo isso ocorre é algo que não podemos nem falar, nem compreender.

II 8 - Contudo, até esse momento, nós fomos guiados por nosso poder do agir espiritual, ou seja, toda a Paternidade e Filhidade divinas foram presenteadas pelo que está acima da soberania da paternidade e da filhidade, bem como dos poderes supracelestiais, pelo que os espíritos divinos também são chamados Deuses e Filhos e Pais de Deuses; ao mesmo tempo, naturalmente, tal paternidade e filhidade são cumpridas de maneira espiritual, isto é: incorpórea, imaterial, espiritualmente cognoscível e o Pai e o Filho se elevam preeminentemente acima de toda Paternidade e Filhidade divinas. Afinal, não existe semelhança precisa entre o causado e a causa; antes, o causado tem em si imagens da causa, na medida em que é possível; as causas, porém, estão elevadas acima do causado e têm seu lugar acima dele, como corresponde à originalidade de seu ser. Para utilizar exemplos confiáveis: fala-se que alegrias e dores fazem com que se sinta alegria e dor, mas elas próprias não sentem nem alegria, nem dor; e se o fogo aquece e queima, não se afirma que ele próprio seja aquecido ou queimado. E se alguém quisesse dizer que a própria vida vive, ou que a própria luz é iluminada, logo, segundo minha opinião, isso seria inteiramente incorreto, se essa pessoa não dissesse no outro sentido segundo o qual, na causa, aquilo que é causado é intrínseco e transbordante.

II 9 - Certamente, mesmo o que é mais revelado a partir da Teologia como um todo, a imagem divina de Jesus feita à nossa natureza, é impronunciável por qualquer palavra e inapreensível para qualquer intelecto, até mesmo para o mais supremo dos mais antigos anjos. De fato, nós experienciamos, pela via mística, que

Ele acolheu a essência humana; mas nós não sabemos como Ele se formou a partir do sangue da Virgem, senão pela lei da natureza, como ele andou com os pés secos, com matéria corpórea e peso material, sobre a matéria úmida e fluida e promoveu outras coisas que indicam que a natureza de Jesus era sobrenatural. Porém, nós já falamos a respeito disso o suficiente em outro lugar, e nosso glorioso mestre, em seus *Elementos de Teologia,* louvou de modo inteiramente sobrenatural como ele, em parte, recebeu dos santos teólogos, em parte, a partir de si mesmo, como pesquisador meticuloso das Sagradas Escrituras durante muito tempo e exercício, tendo obtido o olhar abrangente. Em parte, também lhe foi revelado conhecimento pela inspiração divina, pela qual ele não só aprendeu sobre o divino, mas também foi impactado por ele. Pelo fato de que ele teve o divino compartilhado com ele, caso se possa assim dizer, ele creu por completo por essa união mística, naquilo que não se consegue aprender. Para continuar com a compreensão abundante e bem-aventurada desse espírito esplêndido em breve - ele diz o seguinte acerca de Jesus nos *Princípios básicos teológicos* por ele agrupados:

II 10 - Palavras do santo Hieroteu[125], dos *Princípios básicos teológicos*

A causa de todas as coisas e que a tudo satisfaz é a divindade de Jesus, que salva todas as coisas em consonância com o todo; ela não é nem todo, nem parte, mas é todo e parte, pois ela compreende em abundância tudo em si, todo e parte, e com precedência. Ela é perfeita no imperfeito, como a causa originária da perfeição e, contudo, é imperfeita no perfeito, como além de tudo o que é perfeito; a forma efetuadora de forma no disforme, como causa originária da forma, disforme na forma, visto que acima de todas as formas; a essência que se sustenta, sem mescla alguma com outras essências, e que se eleva acima de todas as essências, de modo supraessencial; que delimita todos os fundamentos do ser e toda ordem, e que está elevada acima de todos os fundamentos do ser e toda ordem. Ela é a medida das coisas, o tempo <*αἰών*> além do tempo e antes do tempo: plena no vazio; repleta no pleno; Ela é impronunciável e indizível, acima de todo intelecto, de toda vida,

125. Bispo de Atenas, viveu no século I d.C.

de todo ser. De modo sobrenatural, Ela possui uma sobrenatureza e ele ultrapassa a essência da maneira supraessencial. Uma vez que Ela se rebaixa à nossa natureza por amor ao gênero humano, e acolhe verdadeiramente em si nossa essência e Ela, o mais elevado Deus, é chamado homem (certamente, ele é, em sua misericórdia, dito por nós acima de todo intelecto e de toda palavra). Com isso, Ela ultrapassa a natureza e a essência, pois Ela não apenas nos une sem qualquer modificação de seu ser ou mescla da natureza, mas, em sua abundância extrema, não sofre de um esvaziamento impronunciável, mas também, de algo novo sobre tudo o que é novo, porque Ela estava interessado no que pertence à nossa natureza, na ordem e na essência da natureza, participando além da medida da essência e de tudo o que é nosso de modo excelente e superior a nós.

II 11 - Porém, basta disso. Agora, sigamos com a condução de nossos pensamentos, na medida em que nós diferenciamos entre os nomes comuns e unitários do divino, na medida em que nós conseguimos explicá-lo. E, para explicar tudo mais claramente e sucessivamente, nós mencionamos a diferenciação divina, como dito, de processão espiritual de Deus. Certamente, se Ele confere participação abundante a todas as coisas boas, então Ele é unido no ser diferente, mas Ele se amplia na unidade e é, a partir de um, múltiplo, sem se distanciar da unidade: pois Deus é o existente supraexistente, Ele oferece o ser a todo existente e conduz toda essência ao ser; e afirma-se que Ele se torna múltiplo porque Ele é um, pois Ele produz a multiplicidade do ser a partir de si próprio. Todavia, Ele não permanece nada menos do que o mesmo, o uno na multiplicidade, unido no produzir e perfeito na diferenciação, uma vez que Ele não só está elevado supraessencialmente sobre toda essência, mas também é elevado pela produção de todo existente como que por meio do transbordar inalterado de suas comunicações que nunca falham. De fato, enquanto Ele próprio é um e cada parte e todo, cada unidade e multiplicidade participam em si, conservando o um, então Ele também é, no sentido supraessencial, um, pois Ele nem é parte de uma quantidade, nem um todo a partir das partes: E, então, Ele nem é um, nem Ele participa no um, ou tem unidade; mas, bem longe disso, Ele é, de outro modo, um, acima de tudo o que, nas coisas, é um, multiplicidade indivisa, abundância impreenchível, que produz todo Um e Muito, perfeitos e abrangidos em si. Por outro lado, se, por sua idolatria divina, houvesse uma força correspondente, haveria uma pluralidade de deuses, aparecendo com uma divisão e multiplicação de um único Deus e seria assim chamado; contudo, ele próprio não é, por isso, menos que o Deus primordial e único Deus supraessencial, supradivino[126], indiviso na divisão, unido em si e não mesclado com o múltiplo e o muito. Como nosso e vosso mestre examinou de modo sobrenatural o guia comum para a iluminação divina, ele, que é poderoso ao considerar o Divino e a única Luz do Mundo, escreveu em suas cartas, sobre o que é realizado pelo Espírito de Deus:

> Pois, se também há aqueles que são chamados [“]deuses[”] nos céus e na terra (certamente, há vários deuses e vários senhores), não obstante, há apenas um Deus Pai para nós, a partir do qual tudo é, e nós somos nele; e apenas um Senhor Jesus Cristo, pelo qual tudo é, e nós somos por ele, pois, nas coisas divinas, o unitário ignora o múltiplo, precede-o e não é menos unido pelo que não se empenha para fora de si e pela divisão incomparável do um. Portanto, nós queremos louvar, na medida do possível, essas diferenciações comuns e unificadas, ou processões convenientes ao Bem do todo da Divindade em virtude dos nomes divinos, tal como são explicados nas Sagradas Escrituras, pois, como foi dito, em primeiro lugar nelas consta que todo nome de Deus que efetua o bem, não importa a qual Pessoa Divina ele foi atribuído, é acolhido sem diferença por toda a divina Trindade.

I.III Sobre a força da oração, sobre o bem-aventurado Hieroteu, o temor a Deus e o estudo teológico

III 1 – Em primeiro lugar, nós queremos, tanto quanto parece bom, considerar os Nomes que toda processão de Deus revela, mas, antes, queremos invocar a excelente Trindade, que produz todo o Bem, que explica todo o governo benévolo de sua Providência. Certamente, em princípio se deve deixar levar rumo à origem do

126. Na tradução de Stein para o alemão, “*übergöttliche*”.

Bem mediante preces e, então, aproximar-se cada vez mais dela, para se informar sobre os dons mais primorosos que nela se encontram. Afinal, ela própria está em tudo, mas nem tudo é nela. Quando nós suplicamos por ela com o espírito preparado, pedindo pela unificação com o sagrado, sereno e divino, nesse caso, nós estamos nela, uma vez que ela própria não está em um lugar, pois, nesse caso, não estaria em outros lugares e teria que se deslocar de um a outro. De fato, quando se afirma que ela está em todas as coisas, ela permanece por trás de sua própria infinitude que abrange a tudo e se projeta acima de tudo. Portanto, nós queremos nos preparar, mediante orações, para uma ascensão mais sublime rumo aos benévolos e divinos raios: então, como se nós fôssemos uma corrente luminosa, que descesse do mais alto dos céus até nós, seríamos permanentemente puxados com as mãos alternadas e estendidas. Então, pareceria como se nós fossemos puxados para ela; todavia, na verdade nós não a puxamos para baixo (pois ela já estaria em cima e em baixo), mas, ao contrário, nós somos levantados rumo ao brilho mais sublime de seus raios luminosos. Ou, se nós estivéssemos a bordo de um barco e segurássemos uma corda que nos fosse atirada de um penhasco para nos acudir, nós não puxaríamos o penhasco para nós, mas, na verdade, subiríamos a nós mesmos e ao barco rumo ao penhasco. Novamente: se alguém que está a bordo de um barco se impulsiona de encontro a um penhasco ou ao mar, ele não troca de lugar com o penhasco firme e imóvel, mas é empurrado por ele; e quanto mais intensamente ele se impele contra o penhasco, mais longe será distanciado por ele. Portanto, nós devemos iniciar, antes de tudo, na Teologia com oração, não para atrair o poder presente em todo lugar e em lugar algum a nós, mas para nos entregarmos por intermédio da celebração e da invocação de Deus, unindo-nos a ele.

III 2 – Aqui, talvez não seja descabido dar satisfação sobre por que – embora tenhamos meticulosamente reunido os *Elementos de Teologia* de nosso magnífico mestre Hieroteu[127], como se esses não

127. A obra filosófica chamada *Elementos de teologia* é de Proclo (412 d.C.-485 d.C.), filósofo neoplatônico que, provavelmente, foi mestre do Dionísio Areopagita. O uso do nome "Hieroteu", como de tantos interlocutores do Areopagita, é de cunho ficcional.

fossem o suficiente – nós escrevemos outros tratados teológicos e, também, esse em suas mãos. Certamente, se aquele quis editar todos os tratados teológicos consecutivamente e, em arrazoado parcial, passar pelo montante de toda a Teologia, então nós não nos atreveríamos jamais ao delírio ou à insensatez de opinar que nós poderíamos penetrar mais claramente ou de modo mais divino nas questões teológicas. De fato, eu não teria perdido tempo em repetir as mesmas coisas. Eu teria feito injustiça a meu amigo e mestre ao me apropriar de seu extraordinário saber e demonstração em que ele, após São Paulo, iniciou-me. Porém, como ele explicou o Divino em Verdade e à maneira dos Antigos, ele nos legou uma série de definições abrangentes, e eu recebo, junto com meus companheiros que ensinam aos ainda menos iniciados, a incumbência de explicar, com linguagem mais adequada a nós e analisar cada argumentação sumária e combinada em que o poder intelectual de um homem tão significativo brilha especialmente. Sim, também tu já avisaste muitas vezes e nos apresentaste esse livro como extremamente sublime. Por isso, nós também o indicamos como um mestre para espíritos completos e maduros e como um segundo tipo de Sagradas Escrituras, que aproxima homens entusiasmados pelo divino das Sagradas Escrituras; porém, nós queremos explicar as coisas divinas para pessoas como nós, segundo nossa capacidade de compreensão. Porém, se as refeições sólidas são perfeitas, que perfeição seria capaz de nutrir também outros com tais refeições? Justamente, porém, nós dizemos que o poder amadurecido da idade é necessário para a consideração espiritual das Sagradas Escrituras e para a formação mais requintada; para pequenos iniciados e para pessoas a se iniciarem, porém, o saber e a instrução por palavras introdutórias são adequados. No entanto, nós também observamos isso com todo o zelo, nada daquilo que foi expresso por aquele mestre divino a nós com clareza comove em qualquer lugar e não só se repete uma vez. Afinal, mesmo em nossa compreensão preenchida pelo espírito divino (como também nós, tu sabes, e ele e muitos de nossos irmãos santos chegaram a contemplar aquele Corpo que deu o princípio à vida e que acolheu Deus – mas também estavam lá Jacó, o irmão do Senhor, e Pedro (e) aquela mais antiga linhagem de conhecedores de Deus –, e como decidido por todos os dirigentes, segundo suas capacidades de louvar, próximo ao divino, o Bem infinitamente capaz, que triunfa soberanamente sobre a fraqueza), ele, como sabes, excede todos os que cantam louvores após os conhecedores de Deus, totalmente elevado acima deles, recebendo inteiramente para si mesmo a comunidade com aquele louvado por ele; finalmente, cantores de louvor são detidos de tudo o que ele ouviu e enxergou, desconhecido e do conhecido para alguém preenchido pelo espírito divino. Para que, porém, eu te relato o que ali foi dito acerca de Deus? Certamente, eu me lembro, se não me falha a memória, que eu frequentemente ouvi de ti parte daquelas canções divinas de louvor; foi tão importante para você, não apenas para buscar o divino de modo fugaz.

III 3 – Porém, nós deixamos esse elemento misterioso, que não devemos comunicar às massas, mas que é inteiramente conhecido por ti. Uma vez que já foi o tempo de tornar nossa fé conhecida ao maior número possível de pessoas, tendo a levado a tantos quanto foi possível receber nossa doutrina sagrada, pois ele ultrapassou, nesse cargo, muitos mestres santos tanto pela vasta experiência <*χρόνου τριβῆ*> quanto pela pureza de espírito, agudez das demonstrações e outros meios de instrução teórica, de modo que eu nunca ousaria contemplar tão amplo Sol. Nós tanto somos conscientes disso quanto sabemos que, de modo algum, nós conhecemos suficientemente o que é cognoscível sobre Deus ou podemos proferir o que é dizível sobre o conhecimento de Deus. Ora, uma vez que nós permanecemos muito atrás da verdade teológica do conhecimento dos homens divinos, nós chegamos, a partir do maior temor a Deus, à concepção de que nós não ousaríamos ouvir ou falar algo sobre a Filosofia divina, caso não tivéssemos examinado que o conhecimento das coisas divinas, na medida em que podemos alcançá-lo, não deve se tornar descuidado. E, disso, somos convencidos não só pela exigência natural dos intelectos que sempre são estimulados à contemplação de coisas divinas, tanto quanto é justo, mas também pela organização primorosa da própria lei divina: de um lado, ela nos proíbe que sejamos demasiado curiosos para investigar o que é muito elevado para nós, o que ultrapassa nosso mérito e nossa faculdade de compreensão; de outro lado, ela nos comanda a aprender insistentemente, compartilhando com os outros o que nos é permitido e preservado. Dessa forma, nós não fomos impedidos nem por esforço, nem por incerteza da exploração permitida de questões divinas, de modo a deixar sem apoio aqueles que, segundo suas capacidades, são incapazes de contemplar algo mais elevado que nós mesmos. E, então, nós decidimos escrever, sem nos atribuirmos apresentar algo novo, mas apenas analisar e explicar, por um tratamento mais preciso, partes individuais do que Hieroteu disse, em suma e em verdade.

I.IV. O Bem, a Luz, o Belo, o Amor, o Fervor; o mal não é nem um ser, nem a partir do ser, tampouco pertencente ao ser

I.IV 1 – Deus como o Bem que comunica a si mesmo

Ora, agora nós procedemos aos nomes: o Bem, que os teólogos separaram de tudo da Divindade, para atribuir à Divindade acima de todas as coisas, pois eles, como eu creio, chamam o próprio ser primordial divino [“]Bem[”]. E visto que, mediante o ser, o Bem é o bem existente em si mesmo, portanto propagam-se bens a todo existente. De fato, assim como nosso Sol não ilumina em função de um pensamento ou intenção, mas puramente pelo seu ser aquilo que, de algum modo, é receptivo à sua luz, também o próprio Bem (que está erguido acima do Sol, como um arquétipo acima de uma frágil cópia) jorra de forma análoga <*ἀναλόγως*> sobre todo existente, com os raios da totalidade de seus bens. Por meio dele, todos os seres, poderes e atividades intelectualmente cognoscíveis e conhecedores vêm a existir; por intermédio dele, eles são e têm a vida eterna e imperecível, livres de toda corrupção e da morte, da matéria e da geração, de toda descontinuidade e de todo fluxo mantido cá e acolá; e eles são reconhecidos como incorpóreos e imateriais e conhecem, como espíritos, de maneira sobrenatural, sendo iluminados acerca do sentido dos existentes e deixando, por sua vez, a seus próximos o que lhes é próprio transbordar. Também sua permanência é devido ao Bem: sendo esse o caso, eles recebem seu firme suporte e coesão, a custódia e a morada do Bem, dele dependem e recebem o ser e o bem-estar. Sendo formados, na medida do possível, de acordo com o Bem, eles têm a forma do

Bem e dão àquilo que está sob eles, como a lei divina prescreve, participação nos dons que transbordaram a eles a partir do Bem.

I.IV 2 – Os anjos

Esse sendo o caso, procedem suas ordens sobrenaturais, as conexões destas umas com as outras, seu entrelaçamento recíproco, suas separações imiscíveis, seus poderes, que conduzem das inferiores às superiores, a providência das superiores pelas inferiores, a conservação destas por uma daquelas, seus círculos imutáveis em torno deles próprios, seu invariavelmente consistente, supremo clamor pelo Bem e por tudo mais que nós mencionamos em nosso ensaio sobre as propriedades e ordens dos anjos; certamente, também no que diz respeito à *Hierarquia celeste*, as purificações adequadas aos anjos, as iluminações sobrenaturais e a consumação de toda a perfeição angelical se originam do Bem que causa tudo e faz tudo jorrar; a partir do qual eles também são presenteados com a forma do Bem e <o dom,> em si faz o Bem oculto fulgurar e ser mensagem, como anunciante do silêncio divino e como luzes brilhantes que pressagiam ocultamento no santuário.

Segundo aqueles espíritos sagrados e venerados, porém, também as almas e todos os bens das almas são, pelos bens, acima de todos os bens: que eles são dotados de espírito, que eles têm uma vida fundamentada em si mesma, o próprio ser e a capacidade de aspirar a uma vida angelical, uma vez que esses espíritos, como bons guias, conduzem ao mais elevado de todos os bens e, como eles ganharam participação nas iluminações que fluem desse Bem de acordo com sua capacidade de compreender, [participando] no dom que tem a forma do Bem, na medida em que compete à sua capacidade nele participar, e o que nós indicamos em outro lugar, no ensaio sobre a alma. – Além disso, quando nós devemos falar também sobre as almas irracionais ou sobre seres vivos que, ou atravessam o ar, ou andam sobre a terra, ou rastejam no solo, ou vivem na água ou são anfíbios, ou ainda, que vivem ocultos abaixo da terra e em grutas, ou até mesmo o que simplesmente tem uma alma sensitiva ou uma vida [sensitiva], tudo isso é animado e vivificado pelo mesmo Bem. De acordo, também todas as plantas têm sua vida de nutrição e de movimento[128]. Finalmente, também cada alma - e existente sem vida é por intermédio desse Bem e obtém, dele, seu estar por conta própria[129].

I.IV 3

Porém, se o Bem está acima de todo existente (como, na verdade, é o caso), então ele também forma o disforme, e apenas nele está o excesso não essencial de essência, a abundância sem vida de vida, a abundância de sabedoria desprovida de intelecto; e o que sempre está no Bem pertence à extraordinária formação do disforme. E se é permitido dizer o seguinte, até mesmo o não existente aspira ao Bem, que está acima de todo existente, empenhando-se de certo modo em prol do próprio ser no Bem, que é realmente supraessencial por meio do apartar-se de tudo.

I.IV 4 - Causa dos céus e dos movimentos celestes

Contudo, o que nos escapou entre deslizes, o Bem também é causa para os inícios e delimitações do céu, do mesmo modo daquelas substâncias imelhoráveis e incompatíveis, inteiramente imutáveis, e os movimentos silenciosos - se é permitido assim dizer - da poderosa abóbada celeste, assim como das ordens das estrelas, a beleza destas, suas luzes, posições e os variados cursos vagantes de muitas estrelas, assim como as duas luminescências que são chamadas grandes nas Sagradas Escrituras, circulação e retorno ao seu ponto de partida, pelo que nós limitamos dias e noites, contamos os meses e anos que o movimento circular do tempo e daquilo que está no tempo delimita, conta, organiza e contém. Todavia, o que se pode dizer acerca do próprio raio de Sol? A luz parte do Bem e esta é cópia do Bem. Por isso, o Bem é louvado pelo nome de "Luz", como o arquétipo que aparece na cópia. Mais precisamente, assim como o Bem da Divindade que está acima de tudo, passando do ser mais elevado

---

128. Na física aristotélica, influente também em pensadores neoplatônicos, o crescimento das plantas é uma forma de movimento.

129. Na tradução de Stein, "*Aufsichgestelltsein*", como um neologismo. A expressão separada, "*Auf sich gestellt sein*", transmite as ideias de autonomia, de estar por conta própria, de autossubsistência.

e maduro até o máximo, sobrepujando, porém, a todos, de modo que nem o mais elevado alcance sua primazia, nem o mais profundo ultrapasse seu volume, antes, [o Bem] ilumina tudo que é possível iluminar e cria, vivifica, contém, conclui tudo, é a extensão do ser, o tempo, número e ordem, volume, causa e meta – então, também ilumina a cópia visível do Bem divino, essa grandeza, plenamente radiante e Sol sempre luminoso. Como um eco bastante frágil do Bem, tudo o que nele pode participar e tem uma luz superpropagadora[130] que se distribui sobre todo o mundo visível, tanto o de cima como o de baixo, por meio dos brilhos de seus raios: e se algo não participa nisso, não é culpa da fraqueza ou do baixo alcance de sua força luminosa, mas, antes, da própria falta de prontidão na própria coisa para participar na luz, pois ela não está adequada para isso. E, de fato, tanta coisa se comporta assim que o raio de Sol passa por ela e ilumina o que está próximo; e não há nada visível que o Sol não possa alcançar com a força poderosa de seus raios. Certamente, ele também contribui para a geração dos corpos sensíveis, despertando-os para a vida, nutre-os, fomenta o seu crescimento, conclui-os, purifica-os e lhes renova; e a luz é extensão e número de anos e dias e nosso tempo inteiro, pois essa é a luz da qual o divino Moisés fala (não obstante ela ainda não tivesse sido formada), que define a primeira tríade de nossos dias. E, assim como o Bem dirige tudo para si, e é o primeiro a agrupar[131] o desagregado, como Divindade protounitária[132] que cria a unidade e, tal como tudo ambiciona ao Bem como a origem, coesão e meta; e assim como o Bem, segundo as palavras das Sagradas Escrituras, das quais tudo obtém a existência e, tal como tudo é produzido a partir da causa mais perfeita, da qual tudo recebe existência e nexo, como que em um solo que suporta e abrange tudo, da mesma forma, aquilo a que tudo se volta como sua meta e pelo que tudo se empenha. O intelectual e o dotado de razão, pelo conhecimento; o sensível, sensivelmente e o que não tem sentidos; com o movimento inato do empenho pela vida; o inanimado, apenas

130. Na tradução de Stein para o alemão, "*über-ausgebreitetes*".

131. Na tradução de Stein para o alemão, em forma feminina: "*die erste Zusammenführerin*", sendo o termo cunhado a partir do verbo "*zusammenführen*", que pode significar "centralizar", "juntar", "reunir", "agrupar".

132. Na tradução de Stein para o alemão, "*ur-einheitliche*".

existente por uma propensão ao simples participar no ser. Da mesma forma, a luz reúne o modelo luminoso e dirige para si todo existente que é visível, móvel, acessível à luz e aquecível; por isso, Hélio (o Sol) tem seu nome: devido ao fato de que ele faz todos os vínculos (ἀολλῆ) e agrupa o disperso. E tudo o que é dotado de sentido se empenha para ver, mover, iluminar e ser aquecido, sobretudo para ser vinculado à luz. Eu não digo, por exemplo, como na doutrina dos Antigos, segundo a qual o Sol é Deus e criador do cosmos, que rege esse mundo sensível no sentido autêntico, mas, antes, que o que se mostra invisível em Deus, torna-se visível, desde a criação do mundo, por aquilo que é criado; [torna-se, também] descortinado como que apreensível intelectualmente, também em seu poder e divindade.

I.IV 5 – O nome divino Luz

Sobre isso, porém, fala-se na *Teologia simbólica*. Agora, porém, nós devemos elogiar e falar sobre o nome luminoso espiritual do Bem. O Bem é chamado ["]luz espiritual["] porque ele preenche todo espírito supracelestial com luz espiritual. Porém, ela expulsa toda ignorância e todo erro da alma em que ela está, e faz com que todas as almas participem da luz sagrada, purifica seus olhos espirituais do escuro em que eles estão encobertos em função da ignorância, elevando-os e abrindo-os, aqueles olhos que estavam cobertos com o grande peso da escuridão: em primeiro lugar, dá-lhes apenas brilho moderado; porém, se em seguida, por assim dizer, eles exigem a luz e, em seguida, os olhos exigem mais luz, então a luz espiritual comunica-se com eles em grau mais elevado e lhes fornece luz mais abundante, pois eles a amaram muito, e ela os conduz sempre mais alto, correspondendo à sua própria relação com a restauração.

I.IV 6 – Luz espiritual

Então, a luz espiritual será o Bem que está acima de toda luz, conhecida como fonte dos raios e vazamento de luz que transborda em todos os espíritos sobre o mundo, em torno do mundo e no mundo, iluminando a partir da própria plenitude, renovando todas as forças espirituais, contendo tudo em si, na medida em que se estende sobre tudo, excede tudo, pois ela se sobressai em relação a tudo; ela simplesmente tem a soberania sobre toda força luminosa como protoluz e concentra em si toda luz, tem a luz antecipadamente e a tem em excesso. Tudo o que tem intelecto e razão é acumulado por ela e é ligado por ela à unidade. Afinal, assim como a ignorância separa os errados, a presença da luz espiritual junta os iluminados e os leva a cabo, voltando-os para o existente de fato, destacando-o das suas várias opiniões e suas múltiplas intuições ou, para dizer mais corretamente, puxa-os de suas ilusões rumo a um verdadeiro, puro e simples conhecimento, preenchendo-os com a única Luz efetuadora de unidade.

I.IV 7 – Deus como o Belo e a Beleza

Precisamente esse Bem é, também, louvado pelos teólogos como o Belo e a Beleza, e como Amor e o Amado, e o que mais há de nomes divinos adequados para o Belo criador e [sua] plenitude de dons cheia de graça. <*ὡραιότης* = boa estação do ano>. Belo e Beleza, todavia, não se diferenciam na unidade da causa que a tudo abrange; mais especificamente, nos existentes nós dividimos entre aquilo em que algo participa e aquilo que participa; nós chamamos ["]belo["] o que participa na Beleza, ao passo que ["]Beleza["] é a participação na causa que torna tudo belo. O Belo supraessencial, porém, é chamado ["]beleza["] em função daquela Beleza que Ele comunica a todas as coisas na maneira correspondente a elas e que, como o que causa toda proporção e todo brilho, visto que ele volta todas as coisas ao tipo de luz próprio das comunicações que conferem beleza a seus raios originários, e como aquilo que chama todas as coisas para si <*καλοῦν*, pelo que ele também é chamado *κάλλος*, isto é, Beleza> e o que acumula todas as coisas, em sua totalidade, em si. Ele é chamado Belo, porém, como o plenamente belo e o superbelo, como o sempre no mesmo aspecto e, da mesma forma, belo, que não é gerado e nem corrompido, nem se aumenta, nem se diminui, não é em parte belo e em parte feio, não é parcialmente belo e parcialmente feio, tampouco às vezes belo, às vezes não; não é belo em relação a esse e feio em relação àquele, não aqui de um modo, lá de outro; não é belo para esse, porém não é belo para aquele, mas [é chamado "Belo"] como o Belo em si e em consonância consigo mesmo, existente sempre e uniformemente belo, que pressupõe em si, em superabundância e de antemão, a beleza originária de tudo o que é belo. Na natureza simples e sobrenatural de tudo que é belo, toda beleza e tudo o que é belo simplesmente subsiste com antecedência. Com base justamente nesse Belo, todas as coisas são belas, pois cada individual é belo correspondendo a ele de seu próprio modo; por meio do Belo, toda consonância, toda amizade e toda comunidade de existentes subsiste, e pelo Belo tudo é unificado; e o fundamento originário do ser de todas as coisas é o Belo como a causa eficiente e o movente e aquilo que mantém tudo unido à própria beleza mediante o amor. Por isso mesmo, o Belo e o Bom são o mesmo: aquilo a que tudo aspira e aquilo de que tudo participa; e como meta de todas as coisas e aquilo, na condição de causa final, pelo que tudo se empenha (uma vez que tudo surge pelo Belo), e como arquétipo de tudo, pois tudo é delimitado a partir dele; por esse motivo, o Belo e o Bom são o mesmo, uma vez que tudo aspira ao Belo e ao Bom, conforme essas causas. E não existe nada entre os existentes que não participe no Bom e no Belo. A razão também se aventura a dizer que mesmo o não ser participa no Belo e no Bom, pois, certamente, o Bem e Belo são o mesmo, se em Deus louvados supraessencialmente pela negação de tudo. Esse bom e belo é, de maneira singular, causa de muitos bons e belos. Dele, provém todo ser do existente posto a partir de si mesmo, toda ligação e separação, identidades e diferenças, igualdades e desigualdades, comunidades de oposições e imiscividade do unido, a Providência do altíssimo, o recíproco participar do semelhante, o apontar do que está nas profundezas, aquilo que conserva a si mesmo e permanecer imutável e certeza de todas as coisas. E, por outro lado, aquele participar correspondente de tudo em tudo, a pertinência, a amizade não misturada e a harmonia do universo, as misturas nesse universo e as ligações indissolúveis de todas as coisas, as sucessões incessáveis das coisas geradas, todo o permanecer e mover-se dos espíritos, das almas e dos corpos: pois permanecer e movimento, para todas as coisas, é o que está além de todo permanecer e de todo movimento, que cada um determina em sua essência <*λόγος*> e que move todos conforme o movimento peculiar a si próprio.

I.IV 8 – Tríplices movimentos dos espíritos celestes

Também acerca dos espíritos celestiais, fala-se que estão em movimento, em forma circular, na medida em que são unidos pelos raios sem princípio e sem fim do Belo e do Bom; justamente enquanto eles partem para o cuidado pelo mais inferior e consumam tudo corretamente; em forma de espiral, na medida em que, no cuidado pelo mais inferior, eles perseveram imutáveis, na mesma condição, sempre circulando ao redor do Bom e do Belo, a causa dessa condição.

I.IV 9 – Movimentos semelhantes de nossos espíritos

O movimento circular da alma é sua contemplação rumo a si mesma, partindo das coisas externas e da combinação uniforme de suas forças espirituais que ela, por assim dizer, prendeu em um círculo e deu um movimento livre de toda errância, retornando-as a si mesma em primeiro lugar, antes das muitas coisas externas, agrupando-as em si mesma; então, quando o movimento já se tornou uniforme, ele une essas forças com suas forças unificadas de modo unitário e, só então, conduz elas ao Belo e ao Bom, que está além de todo existente, o um e mesmo, sem princípio nem fim. Ao contrário, a alma se move em forma de espiral quando ela tem suas capacidades de compreensão iluminadas de modo correspondente ao conhecimento divino, não de modo intelectual e unitário, mas no pensar gradativo, e como em atividades mistas e alternadas. Ela se move de maneira retilínea, porém, quando ela não retorna por si mesma e sustentada por um movimento espiritual unitário (pois esse é, como dito, o movimento circular), mas ela progride no ambiente, desde as coisas externas, como imagens coloridas e multifacetadas, até a visão mais simples e mais homogênea.

I.IV 10 – Tudo é e será sustentado pelo Belo e pelo Bem

O Bem e o Belo são causa, coesão e limite desses três movimentos, assim como do sensível no universo, e bem antes de seu surgir e permanecer, assim como de seu estabelecer-se firmemente. Por esse motivo, todo permanecer e todo movimento é a partir dele e nele, em ascensão rumo a ele e por causa dele. A partir dele e por meio dele, todo ser é posto em si mesmo, e é dada toda vida e todos os espíritos e todas as almas[, a] pequenez e igualdade, grandeza, toda medida e a relação entre todas as coisas, a harmonia e consolidação das coisas, todas as partes e todos, todo um e todos os muitos, as ligações entre as partes, as unidades a partir dos múltiplos, as consumações das totalidades, o "assim constituído", e "tanto", o "tão grande", o ilimitado, as combinações e diferenciações, toda ilimitação, todo limite, todas as definições, as ordens, os méritos, os elementos, as formas, todo autônomo, toda força, toda atividade, toda conduta, toda impressão sensível, todo pensar e compreender, todo repouso, todo conhecimento, em suma, todo existente é voltado ao Belo e ao Bem, no Belo e no Bem, a partir do Belo e do Bem. O que sempre é e permanece, é e acontece graças ao Bem e Belo; tudo olha para ele, é composto e movido por ele. Por causa dele, por meio dele e nele, todo fundamento arquetípico do ser, toda causa final, eficiente, formal e material, em suma, todo seu fundamento de ser, toda coesão, todo limite – tudo o que é, é a partir do Belo e do Bem, e tudo o que não é, está supraessencialmente no Belo e no Bem, e é base primordial de todas as coisas, e meta supraoriginária e superperfeita[133]; pois, como dizem as Sagradas Escrituras, é "dele, por ele e para ele são todas as coisas"[134].

Para tudo, portanto, o Belo e Bom é desejável e amável, e é amado por todos; por meio dele e por causa dele, o mais baixo se volta amando o mais elevado; o que pertence à mesma ordem ama o que é afim a ele e se comunica com ele; e o mais elevado encontra precauções para o mais baixo; cada individual conserva a si mesmo, com amor; e em função do empenho pelo Belo e pelo Bem, <<ele>>[135] faz e quer tudo o que sempre faz e quer. O discurso verdadeiramente falado também é proclamado livremente, pois o próprio Autor de todas as coisas, pela exorbitância de seu amor, ama a tudo, faz tudo, completa tudo, mantém tudo junto, aponta tudo para si. E o amor di-

133. Na tradução de Stein para o alemão, "*übervollkommenes*".

134. Rm 11,36.

135. Na tradução de Stein, há duas chaves no acréscimo feito por ela.

vino é o bem do Bem, pelo Bem. Isso é fato, pois o próprio amor que efetua o Bem nos existentes está dado de antemão em abundância no Bem e não deixa o Bem permanecer em si, mas o move ao operar conforme sua exuberância que gera tudo.

I.IV 11 – O nome Amor

E ninguém crê que eu louve o nome "amor" em oposição às Sagradas Escrituras, pois, na minha opinião, é irracional e perverso não se ater à força da intenção condutora, mas nas palavras. E esse não é o modo daquele que deseja conhecer o Divino, mas de pessoas que assimilam os meros sons apenas superficialmente, sem querer saber o que, então, tal discurso significa e como ele poderia ser interpretado por meio de outras palavras, equivalentes e explicativas; elas se prendem apenas a letras e caracteres incompreensíveis, a sílabas e palavras desconhecidas que não penetram na parte espiritual de suas almas, mas apenas zumbem fora de seus lábios e ouvidos, como se não fosse permitido expressar o número 4 por 2 ["]2["], ou a linha mais curta pela linha reta, ou o país de origem pela pátria atual, ou qualquer outra coisa por intermédio de outra – o que, na maior parte das vezes, o próprio discurso significa. Deve-se saber, certamente, como é adequado, na razão saudável, que nós queiramos utilizar letras, sílabas, palavras, caracteres e expressões verbais ligadas à percepção sensível – e, vale dizer, de modo que os sentidos, com a percepção sensível, sejam dispensáveis quando nossa alma se eleva, com nossa atividade intelectual, àquilo que é intelectualmente cognoscível; e, de modo semelhante, também os poderes intelectuais serão supérfluos, quando a alma se torna divinal e é sacudida por uma união incognoscível, em um cego elevar-se aos raios da luz inacessível. Porém, se o espírito se esforça por se elevar, através das coisas sensíveis, ao olhar intelectual, então as transcendências mais claras das percepções sensíveis são as mais excelentes, como palavras totalmente precisas e intuições claras; pois como aquilo que é dado aos sentidos não é claro de modo algum, os sentidos não podem, de modo algum, representar as coisas sensíveis ao intelecto de modo correto. Com isso, porém, não parece que eu queria modificar as Sagradas Escrituras, na medida em que eu digo isso, que aqueles que suspeitam do nome “Amor” queiram ouvir. Elas dizem: [“]Não a abandones, e ela te guardará; ama-a, e ela te protegerá[”][136], e o que mais ainda é louvado na Teologia sobre o amor.

I.IV 12 – ἔρωϚ e ἀγάπη <amor e apreço>

A alguns de nossos escritores sagrados, o nome amor <ἔρωϚ> parece mais divino que o nome apreço <ἀγάπη>, pois o santo Inácio escreve: “Meu amor é crucificado”. E, na introdução às Sagradas Escrituras, você encontrará que alguém diz: [“]Eu me tornei um amante de sua beleza[”]. Portanto, não temamos o nome “Amor”; e nenhum palavreado sobre esse nome nos impressionará ou assustará. Parece-me que os teólogos respeitaram igualmente os nomes ἔρωϚ e ἀγάπη, mas que eles preferiam, para o Divino, evitar o nome amor por causa dos terríveis preconceitos desses homens. Vale dizer, enquanto, certamente, não só nós, mas também as Sagradas Escrituras louvarem em Deus, de modo apropriado, o verdadeiro amor, a multidão não apreende esse elemento unitário que o nome divino “amor” indica, mas como é próprio dela, ela o afunda ao amor dividido e corpóreo, que não é amor verdadeiro, mas uma cópia ou, antes, um resíduo do verdadeiro amor; pois para a multidão, aquele caráter excepcional do divino é inacessível a um amor. Por isso, para a massa, parece um nome muito mais difícil, quando atribuído à sabedoria divina; com isso, o povo é conduzido ao conhecimento do verdadeiro amor, elevado e liberto daquilo que é doloroso a ele, e, em um caso no qual, frequentemente, as pessoas que se atêm à terra poderiam pensar em algo perverso, nós veneramos um nome que se apresenta apropriado. Alguém disse: [“]Seu apreço me soa como o apreço de mulheres[”], pois os santos teólogos aplicam os nomes “amor” e “apreço” conforme as sentenças divinas, de tal modo que eles têm a mesma força que aqueles [nomes] que pertencem corretamente ao Divino. E esse nome é de uma certa força que opera unidade, agrupa e mescla com excelência, na medida correta, que permanece diante do Belo e do Bem por meio do Belo e do Bem, e que é dotado pelo Belo e pelo Bem mediante o Belo e o Bem, que o homogêneo

136. Pv 4,6-8.

unido mediante a coesão recíproca move o superior a prover pelo mais baixo e dá ao mais baixo um lugar próximo ao superior pela devoção amorosa.

I.IV 13 – O amor é extático

Pois o amor é extático <= traz o que é exterior a si>: ele não deixa o amante ser seu próprio, mas o torna propriedade do amado. Isso é indicado pelo mais elevado, que é distinto pelo cuidado pelo inferior, e o congênito que se torna distinto do outro pela conexão, e o inferior por meio de uma devoção amorosa pelo mais elevado. Por esse motivo, diz também o grande Paulo, arrebatado pelo amor divino e abençoado com a força extática, com palavras divinas: ["]Eu vivo – não mais eu, mas Cristo vive em mim["]; como um verdadeiro amante, que saiu de si em Deus, como ele disse, e não mais vive sua vida, mas a [vida] intensamente amada do amado. Também se pode ousar dizer isso sobre a verdade: mesmo o Autor de todas as coisas fica fora de si pelo amor belo e bom por todas as coisas, devido à suprema abundância de seu Bem amoroso, em sua Providência por todo existente e [é] como que encantado pelo bem e pelo amor e apreço; e o que é sublime e elevado sobre tudo se permite descer à condição do que está em todo <ser>, conforme o poder supraessencial que parte de si sem sair de si próprio. Por isso, chamam-lhe aqueles que compreendem o Divino, de zeloso, pois ele mostra grande e benevolente amor pelos existentes e instiga a um clamor zeloso rumo a si; e quando demonstra a si próprio como zeloso, pois aquele animado pelo clamor é digno do zelo por ele; e ele se realiza no zelo por aqueles de quem sua Providência cuida. Em suma – o amado e o amor são totalmente propriedade do Belo e do Bem, e eles estão diante do Belo e do Bem, e eles são e se tornam pelo Belo e pelo Bem.

I.IV 14 – Deus como Amante e Amado

Agora, o que propriamente os teólogos querem dizer, quando eles chamam Deus ora amor e apreço, ora amado e estimado? Pois Ele é Autor dele <do amor> e, por assim dizer, produtor e criador; mas Ele próprio é isso <amado e apreciado>. Nesse caso, ele se move, naquele caso, ele está em movimento. Ele conduz e move a si próprio e rumo a si mesmo. Então, os teólogos o chamam estimado e amado, assim como o Belo e o Bem; o amor e apreço, porém, como a força motriz que atrai tudo para que suba rumo a Ele, que é o próprio Belo e Bem por si próprio e, por assim dizer, a revelação de si próprio mediante si próprio, e como a saída da unificação preeminente a partir de si mesma e o amante, simples, movente por si próprio, movimento efetuado por si próprio, que permanece diante do Bem e transborda do Bem aos existentes e, novamente, retorna ao Bem. Nisso, o amor divino se prova, de modo preeminente, como sem princípio e sem fim, como em movimento circular contínuo que se vira, em orientação incontornável pelo amor do Bem, a partir do Bem, no Bem e para o Bem, em consideração ao Bem, constantemente para a frente, permanecendo e retornando. A isso, também nosso renomado líder foi instruído pelo santo inspirado por Deus em suas canções de amor; não é inapropriado mencioná-las aqui e, com isso, encerrar nosso discurso sobre o amor com um ornamento.

I.IV 15 – Das canções de amor do Santo Hieroteu

Eu compreendo o amor - de Deus ou dos anjos, espiritual, anímico ou natural - como um poder unificador e de mescla, que move o mais elevado a tomar providências pelo mais baixo, [move] o coordenado à participação recíproca e, finalmente, o inferior a se voltar para o mais forte e superior.

I.IV 16 – Continuação

Como nós derivamos, de um amor, muitos tipos de amor, em seguida enumeramos a progressão dos conhecimentos e poderes dos tipos de amor que são intramundanos e supramundanos, pelo que, conforme a meta do discurso, sinalizam-se as ordens e classes dos tipos de amor apreensíveis intelectual e espiritualmente; entre eles, estão os tipos de amor por si mesmos espirituais e divinos, que são subordinados ao tipo de amor verdadeiramente belo e que são louvados por nós da maneira apropriada a eles. Ora, todavia nós queremos aspirar novamente mais para o alto, na medida em que todos nós somos agrupados e juntos, passando da multiplicidade ao uno e condensado, que é a mãe de todos os demais; em primeiro lugar, nós queremos concentrar todos os seus poderes do amor em dois; eles reinam sobre tudo e superam aquela causa incompreendida de todo amor, que está elevada sobre tudo que é buscada pelo conjunto do amor de todos os existentes, que corresponde a cada um.

I.IV 17 – Continuação de Hieroteu

Ora, então, na medida em que nós agrupamos todos esses amores em um, nós queremos dizer que o amor é um poder simples, que move a si mesmo para uma mistura unificadora, do Bem até a mais extrínseca das coisas e, de lá, de novo e sucessivamente através de tudo, a partir de si mesmo até o Bem, soltando-se de si próprio, mediante si próprio e em si próprio – retornando, sempre da mesma forma, a si mesmo.

I.IV 18 – Objeção, sobre por que os demônios não aspiram ao Bem e ao Belo

Agora, contudo, alguém poderia dizer: se o Belo e Bom são amados, estimados e desejados por tudo, (até o não ser se esforça, como foi dito, rumo a ele, e nisso ele tenta ser de qualquer maneira; e é isso o que confere forma ao disforme e, em relação a isso, também o não ser é chamado de modo supraexistente e é) – por que a multidão de espíritos maus não clama pelo Belo e Bom, mas é voltada para a matéria e abandonou a identidade que é própria dos anjos pela busca desses rumo ao Bem[?] E por que a causa de todos os males se tornou em algo diferente, para si e para tudo de que se diz estar indo mal? Como é possível, porém, que o gênero dos espíritos malignos que, embora proceda totalmente do Bem, não tenha nada da espécie do Bem neles? Ou como o bem que procede do Bem se transformou? E o que é aquilo que o tornou mal, e o que em geral é o mal? A partir de qual fundamento do ser ele recebeu o ser e em quais existentes ele é? E como é possível que o bem possa tê-lo produzido? Como Ele o poderia, se Ele o quisesse? E, se o mal se origina de outra causa, então haveria outra causa para os existentes, além do Bem? E, uma vez que existe uma Providência – como poderia o mal em geral surgir, ou não ser erradicado? E como pode algum entre os existentes querer o mal pelo Bem?

I.IV 19 – O mal não procede do Bem

Então, talvez alguém fale que [o mal] está na ignorância. Porém, nós pediremos a essa pessoa que olhe atentamente à verdade das coisas e não tema nos dizer, em primeiro lugar: o mal não vem do Bem, e se ele se origina do Bem, então ele não é mal, pois não é da natureza do fogo esfriar, e tampouco é da índole do Bem produzir o mal. Contudo, se tudo o que é se origina do Bem (pois a natureza do Bem é produzir e conservar, mas a do mal é degenerar e dissolver), então nenhum existente se origina do mal, e o próprio mal não seria nada, se ele fosse mal por si mesmo. Porém, não sendo esse o caso, então o mal não seria inteiramente mau, mas ele participa no Bem, na medida em que chega a existir. E, se aquilo que é aspira ao Belo e Bom, o que ele efetua é, por si mesmo, o que parece bom e faz o bem. E, se toda intenção das coisas possui o Bem como origem e meta (pois nada faz o que faz considerando a natureza do mal), como, então, pode haver o mal no domínio dos existentes verdadeiros ou, ainda, como o mal pode sequer existir sem tal aspiração pelo Bem? Se, de fato, todo existente se origina do Bem e o Bem está acima de todo existente, então o não existente é um existente no próprio Bem. Contudo, o mal simplesmente não existe; ou ele não é totalmente mal, nem totalmente não existente; pois nada é o pura e simplesmente não existente, além de que foi dito que há de modo supraexistente no Bem.

O Bem, portanto, é anterior e supera tudo o que há em geral e o que não há. O mal, contudo, não pertence nem ao que é, tampouco ao que não é, mas está ainda mais longe do Bem como o não existente, como algo de outro modo e menos existente. Ora, de onde vem o mal, dir-se-á? Se, de fato, não há mal, então virtude e vício são o mesmo, o mesmo valendo para uma virtude parcial e uma virtude plena; e o que se opõe à virtude não é o mal. Ora, conformidade e desconformidade, justiça e injustiça são oposições. E eu não falo considerando o justo e o injusto, ou o conforme e desconforme, mas, antes, a diferença do virtuoso em relação ao oposto que emerge externamente, de modo que se diferenciam, muito antes já na alma, os vícios das virtudes, e as paixões se opõem à razão; por isso, deve-se conceder necessariamente que o mal se opõe ao Bem, uma vez que o Bem não é oposto a si próprio, mas, partindo de um fundamento do ser e de uma causa, deleitando-se com a comunidade, a unidade e a amizade. Também o menor bem não se opõe ao maior, pois o menor calor ou frio também não se opõe ao mais quente ou ao mais frio. Portanto, entre os existentes verdadeiros, também há o mal, e ele é um ser, permanecendo em oposição ao Bem, entrando em conflito com ele. E, se há uma corrupção dos existentes, então o mal não é derivado dos existentes, mas ele próprio é um existente e contribui para a gênese dos existentes. Frequentemente, a decadência de um não é o surgimento de outro? E, então, o mal contribuiria para a abundância do universo e cooperaria, por meio de si mesmo, para que o universo não seja incompleto.

I.IV 20 – O Mal como tal não é útil para nada

A reta razão, contudo, responderia a isso: o mal, por si, não efetua nenhum existente real e geração alguma, a ele é próprio apenas degradar e obliterar a continuidade dos existentes *<τῶν ὄντων ὑπόστασιν>*. Contudo, se alguém diz que ele efetua surgimento, e que a corrupção de um origina outro, então é conforme à razão retorquir que não é o corromper que origina, mas que a corrupção e o mal somente corrompem e degradam, ao passo que o surgimento e o existente real são gerados pelo Bem; e o mal é, por si mesmo, apenas corrupção, mas ele contribui para a geração por intermédio do Bem, pois, na medida em que é mal, ele não é nem existente, e tampouco efetua os existentes; porém, por meio do Bem, ele é existente e bom e efetua bens. Antes: nada, sob o mesmo aspecto, é bom e ruim, e o mesmo poder também não significa, em relação à mesma coisa, corrupção e geração, tampouco poder a partir de si mesmo ou corrupção a partir de si mesmo; o mal em si não é nem existente, nem tem bem, tampouco ele possui poder para gerar ou efetuar existentes ou bens; porém, se o bem é completamente inerente a qualquer coisa, então ele a faz perfeita, pura e quintessencialmente boa. Contudo, o que participa menos no Bem é imperfeitamente bom e impuro, pois lhe falta bem. Entretanto, o mal não é de modo algum, nem bom, nem efetuador do Bem; mas o que se aproxima mais ou menos do Bem será bom em certa medida *<ἀναλογῶς>*, pois o Bem que permeia completamente todas as coisas não se estende apenas ao todo dos seres bons em seu ambiente mais próximo, mas ao mais exterior; ele está presente por completo naqueles; já nestes, em grau menor, menor ainda nos menores, de acordo com a capacidade de acolhimento de cada existente. Entre os existentes, contudo, alguns participam completamente do Bem, enquanto em outros ele falta em maior ou menor proporção; em alguns, o Bem só está presente em uma quantia menor; em alguns, apenas o último eco do Bem. Certamente, se o bem dos seres individuais não fosse compatível a suas capacidades de apreensão, então os [bens] mais elevados e divinos pertenceriam à ordem dos mais baixos [existentes]. Porém, como poderiam todos participar da mesma forma do Bem, uma vez que, de modo algum, todos eles se apresentam equipados para uma participação completa no Bem? Ora, porém a grandeza preeminente do poder do Bem é tal que também aquilo que não possui parte alguma nele, de fato, até mesmo a privação dele fortalece a participação nele. Contudo, se nos for permitido falar a verdade de maneira franca, então também aquilo que luta contra o Bem luta por meio do seu poder, seu ser e sua capacidade de lutar; ou, para dizer mais resumidamente: tudo o que é, na medida em que é, é bom e a partir do Bem, na medida em que, porém, falta ao existente o bem, ele não é nem bom, nem é. Certamente, em outras propriedades, como no calor ou no frio, o que é aquecido pode subsistir, quando o calor o abandona, e muito do que é não participa na vida e no espírito. E também o próprio Deus é excluído dos existentes reais <*οὐσία*> e é de maneira supraessencial <*ὑπερουσίως*>. E, simplesmente em todos os outros, agora, pode-se ter uma constituição duradoura <*habitus, ἕξις*> ou essa pode nunca ter sido presente diante dos existentes e, ao mesmo tempo, essa participa no Bem em função de um frágil eco de unificação e de amizade. E a alma participa no Bem puramente pelo fato de que está em movimento e, por isso, exige que o que parece mal seja executado e canalizado pelo que dá o semblante do bom. E mesmo aquele que aspira a uma vida totalmente má participa no Bem, na medida em que exige, afinal de contas, a vida – e, de fato, uma vida que lhe parece boa – e, precisamente por essa aspiração à vida, visa a uma vida muito boa. Todavia, quando se anula inteiramente o Bem, então não resta mais nenhum existente real, nem vida, nem aspiração, tampouco movimento ou qualquer outra coisa. Portanto, quando algo surge por causa de uma corrupção, isso não é operado pelo poder do mal, mas pela presença de um bem mitigado. Então, a doença é um colapso da constituição natural, mas não do todo; pois em um colapso da constituição inteira, tampouco a doença permaneceria. A doença, contudo, permanece e está presente na medida em que um existente real está disponível para ela e em um mínimo de ordem natural; com isso, ela tem ser. Porém, o que não tem participação alguma nos existentes, isso não é nem existente, nem não existente; o misto, em contraste, está nos existentes devido ao Bem e, nessa medida, ele é no existente e um existente, na medida em que ele participa do Bem. Ou ainda: todo existente é mais e menos de acordo com sua participação no Bem. Porém, o que é em parte, em parte não é, ele não é na medida em que decai do sempre-existente[137]; mas na medida em que participa no ser, na medida em que é e, nesse ínterim, ele conserva seu ser e não ser. O mal, porém, que em toda consideração é decaído do Bem, não pertence nem ao Bem maior, nem ao menor. Porém, o que é em parte bom, em parte mal, esse, de fato, entra em conflito com qualquer bem, mas não com o Bem total e, então, é preservado mediante certa participação no Bem, e o próprio Bem fornece o fundamento de ser para a privação de si próprio por intermédio da participação nele: pois, se todo bem desaparece, então, nem o Bem em geral existiria, nem uma mescla, tampouco o próprio mal. Se o mal é um bem incompleto, então, na completa ausência do Bem, tanto o Bem perfeito quanto os bens imperfeitos faltariam; e, só então, quando ele for mal para certas coisas, o mal seria e viria a aparecer, permanecendo em oposição ao bem e separado dele. Certamente, é impossível que essas coisas entrem em conflito com elas mesmas, considerando o mencionado acima. O mal, portanto, é não existente.

I.IV 21 – O mal não está no existente real

Porém, o mal também não está no existente real. De fato, se todo existente se origina do Bem, e o Bem está em todas as coisas, abrangendo a todas elas, então o mal ou não está entre os existentes, ou está no Bem; ora, no Bem ele não está (pois o frio não está no fogo), e aquilo que até o mal compensa, não pode ser tornado mal. Porém, se é assim, como o mal pode estar no Bem? De fato,

137. Na tradução de Stein para o alemão, "*Immerseienden*".

se aquele é originado por este, isso é absurdo e impossível; pois, como a verdade das Escrituras testemunha: [“]Assim, pois, toda árvore boa dá fruto bom e a árvore doente dá fruto ruim. Não pode a árvore boa dar fruto ruim nem a árvore doente dar fruto bom[138][”]; nem o contrário. Se o mal não se origina daí, então ele deve partir de um outro fundamento de ser e de outra causa, uma vez que ou o mal parte do Bem; ou o Bem, do mal; ou, se isso for impossível, tanto o Bem quanto o mal derivam de um outro fundamento do ser e de uma outra causa. A base primordial de todo existente não é uma díade, mas a unidade é o fundamento de ser de toda díade. Ora, porém é ilógico que de um e do mesmo fundamento de ser procedam duas coisas inteiramente opostas, e que o mesmo fundamento do ser ou seja simples ou seja um e esteja em contradição e conflito consigo mesmo. Contudo, também dois fundamentos opostos dos existentes não podem lutar um contra o outro, visto que são imanentes aos seres e, reciprocamente, um ao outro; pois o próprio Deus, se aquilo existisse, não seria intocado e sem objeção, se houvesse algo que lhe importunasse; então, tudo seria desordenado e sempre em conflito. Ora, porém o Bem comunica com todos os existentes a amizade e é louvado, pelos santos teólogos, como a própria Paz e como doador de paz. Por isso, tudo o que é bom está em amizade e harmonia um com o outro, pois o que é bom partiu de uma vida e é, também, ordenado pelo Bem, estando as coisas boas em paz e em concordância umas com as outras, e afins umas às outras. Logo, o mal não está em Deus, e o mal não é realizado por Deus. Porém, o mal também não é a partir de Deus; pois ou Ele não seria bom, não efetuando o Bem e nem produzindo Bem algum, ou o faria em certo momento e algum [bem], ou não em outro momento, e não todo [o bem]. Nisso, seriam afetadas a transformação e conversão e, também, o mais divino de tudo, a Causa. Porém, se em Deus o Bem é o que subsiste em si, então Deus, se Ele se desprende do Bem, às vezes seria, e às vezes não seria. Se Ele participa do Bem apenas, então ele participaria de outro e ora participaria, ora não do Bem. Logo, o mal não é nem a partir de Deus, nem em Deus, nem simplesmente, e nem em tempo algum.

138. Mt 7,17-19.

I.IV 22 – Também nos anjos, o mal não está

Porém, o mal também não está nos anjos. Certamente, se o bom anjo anuncia o Bem de Deus, e se aquele é anunciador por causa de uma participação em segundo grau, então o anjo – pois aquilo que é proclamado em primeiro lugar é apropriado à causa – é um reflexo de Deus, uma revelação da luz oculta, um puro espelho, totalmente claro, intacto, imaculado, sem mancha, que (caso se possa assim dizer) acolhe toda a beleza da Divindade originariamente boa em si e – claro, apenas na medida do possível – permite que, em si, o Bem brilhe sobre aquele silêncio plenamente oculto; e, portanto, o mal não está nos anjos; mas, na medida em que os pecadores atormentam, eles são maus. No mesmo sentido, os disciplinadores são maus aos ausentes, assim como os sacerdotes que distanciam os profanos dos mistérios divinos. Ora, mas não é mau ser castigado, e sim merecer a sentença. Assim como também não é um mal expulsar alguém merecidamente do templo, mas [é mau] se tornar manchado de culpa, e profano, e inadequado para os puros.

I.IV 23 – Também os demônios não são naturalmente maus

Porém, também os maus espíritos não são maus por natureza. Pois, se eles fossem maus por natureza, então eles nem se originariam do Bem, nem pertenceriam ao existente em si, tampouco poderiam, ainda, ter se tornado em algo a partir do Bem, por modificações, caso eles tivessem sido sempre maus por natureza. Então, eles são maus em si, ou por outros? Se por si, então eles fundamentalmente se aniquilariam; se por outros, como ou o que eles põem por terra: o ser, ou uma capacidade, ou uma atividade? Se o ser, então em primeiro lugar não devido à natureza, pois o que é por natureza não pode sucumbir, ele não consegue a subjugar, mas apenas o que está sujeito à corrupção. Então, isso não é de todo e inteiramente mau; certamente, nenhum dos existentes decai, na medida em que é ser e natureza, mas somente por uma privação na ordem natural, a lei da consonância e da harmonia é enfraquecida, enquanto deveria persistir. O mal, contudo, não é perfeito; de fato, se ele fosse perfeito, então ele também removeria a corrupção e seu fundamento de ser, e tal decadência também seria seu próprio colapso; e, então, algo do tipo não seria ruim, mas carente do bem; pois o que não tem parte alguma no Bem, também não participa no Ser; e o mesmo ocorre com a corrupção da atividade e da capacidade. Além disso, como os espíritos maus poderiam ser maus, se eles partiram de Deus? O Bem produz apenas o bem e o traz à existência. Talvez alguém diga, contudo, que esses espíritos não são chamados maus na medida em que existem (pois eles se originam do Bem e receberam uma boa essência), mas na medida em que eles não são, pois eles se mostram muito frágeis (como dizem as Sagradas Escrituras)[139] para conservar seu primeiro ser. Com que base, então, diga-me, nós chamamos os espíritos maus [de espíritos] tornados maus, na medida em que eles cessaram de conservar bens divinos como posse interior <ἕξις> e atuante <ἐνέργεια>? Porém, se os espíritos maus fossem bons por natureza, então eles teriam sido sempre maus; o mal, contudo, não tem ser persistente. Agora, se eles sempre se comportam dessa mesma forma, eles não são maus, pois o seguinte: sempre se comportar igual a si mesmo é próprio do Bem. Porém, se eles não são sempre maus, então eles não se mostram maus por natureza, mas mediante uma falha nos dons angelicais. Desse modo, eles também não são totalmente sem participação no Bem, na medida em que são, vivem e conhecem e na medida em que, no geral, ainda há um impulso de clamor neles; mas eles são chamados maus porque eles são falhos em seu operar conforme a natureza. O desvio, portanto, para o mal e para os que o divulgam, é o que se mostra adequado a eles: a falta de preparo, a imperfeição e a impotência; a fraqueza da capacidade de preservar de modo completo o que lhes é inerente, a privação de forças, a fuga e o desvio. O que mais existe de ruim nos demônios? Fúria irracional, desejo insano, imaginação presunçosa. Porém, se isso existe nos demônios, não é em todos, tampouco inteiramente, pois, em qualquer um dos seres vivos, isso não significa uma condição, mas sim sua falta, o declínio do ser vivo e o mal; a posse da condição [vital] preserva a natureza do ser vivo que é própria a ele, e efetiva seu ser. O gênero dos maus espíritos, portanto, não é o mal, na medida em que corresponde à sua natureza, mas apenas na medida em que não o faz. E não é o mesmo bem que foi conservado neles, totalmente invertido em seu oposto, mas eles próprios caíram da totalidade do Bem que lhes

139. Sl 78,38-39.

preservou. Nós também não dizemos, sobre os dons angelicais que eles receberam, que jamais foram convertidos em seu fundamento, mas eles também ainda são claramente visíveis e intocados, não obstante eles próprios não os vejam por inteiro, pois eles perderam a capacidade de ver o Bem. Portanto, na medida em que eles são, eles são a partir do Bem, são bons e se esforçam pelo Belo e pelo Bem, uma vez que eles anseiam pelo ser, pela vida e pelo conhecimento dos existentes: contudo, eles são chamados maus em função da privação de, da fuga do, e da renúncia ao bem que lhes é adequado; e eles são maus conforme àquilo que não é; e na medida em que o não existente busca, ele busca o mal.

I.IV 24 – Se [há] o mal nas almas, e o que ele é

Quem chamaria as almas de más? Se alguém quiser fazê-lo porque as almas auxiliam o mal por benevolência e cura, então isso não é mal, mas bom, e torna o mal bom. Todavia, se nós quisermos dizer que as almas são más, por que elas seriam más? Apenas pela privação de bons feitos e atividades, e porque elas se desviam por sua fraqueza, e não como meta. Nós também dizemos que o ar que nos cerca se obscurece pela privação e ausência de luz; mas a luz permanece sempre luz e ilumina também as trevas. Então, o mal não é um existente nem nos maus espíritos, tampouco em nós, mas [é] como uma privação e um erro na perfeição do bem que lhes é próprio.

I.IV 25 – Também nos animais não há o mal

Também nos animais irracionais, o mal não é. Certamente, observa-se a fúria e o desejo e o restante que se chama mau, mas, segundo a natureza deles, eles não são simplesmente maus, pois, sem força e orgulho, o leão não seria mais leão; e se o cachorro acariciasse a todos, ele não seria mais cachorro, pois é próprio do cachorro vigiar, aceitando os membros da casa e expulsando os estranhos. Então, não é ruim se a natureza permanece intocada, mas sua decadência e fraqueza é ruim, assim como o colapso das habilidades, atividades e poderes naturais. Contudo, se tudo obtém a completude pelo devir no tempo, então a incompletude, sob esse aspecto, não diz respeito ao todo da natureza.

I.IV 26 – No todo da natureza, o mal não se encontra

Porém, também no todo da natureza, o mal não está. Certamente, se todas as leis da natureza <φυσικοὶ λόγοι> procedem do todo da natureza, então nada é oposto a ela. Todavia, a natureza nos indivíduos é conforme à natureza em uns; em outros, não. Nestes, há algo outro contra a natureza, e o que é natural para uns, para outros é contra a natureza. A maldade da natureza, entretanto, é aquilo que é contra a natureza, a privação daquilo que pertence à natureza. Então, a natureza não é ruim, mas o mal para a natureza é a incapacidade de cumprir aquilo que pertence à sua natureza.

I.IV 27 – Também no corpo não está o mal

O mal não está nos corpos. Feiura e doença, certamente, são uma falha da forma e uma privação de ordem; porém, um corpo nesse aspecto não é mau, mas menos belo; pois, se a dissolução da beleza, forma e ordem se tornasse acabada, então o próprio corpo sucumbiria. Porém, o fato de que o corpo não é causa da maldade para a alma é elucidado pela possibilidade de que, também sem corpo, a maldade possa existir, como nos espíritos maus: então, tanto para os espíritos quanto para as almas e corpos, o mal é a fraqueza na posse do bem que lhes é próprio e a recusa dele.

I.IV 28 – O mal também não está na matéria

Também essa palavra trivializada não é correta: que o mal esteja na matéria como tal. O fato é que ela também tem participação na ordem, beleza e forma. Porém, se separada delas, a matéria em si é sem propriedades e sem forma, como a matéria efetuaria algo, se ela não é capaz de sustentar algo a partir de si mesma? Além disso: como a matéria deveria ser o mal? Se ela não é nunca e em lugar algum, ela também não é nem boa, nem má. Porém, caso ela seja um existente em algum lugar, e todo o existente se origina do Bem, então também ela remeteria ao Bem, e ou o Bem engendraria o mal, ou o mal seria, uma vez que originado do Bem, bom e, a não ser que o mal origine o Bem, e, portanto, o Bem, como remetendo ao mal, seja mau. Ou, finalmente, há dois fundamentos do ser e os dois são originados de um altíssimo diferenciado de ambos. Todavia, se a matéria é indicada como necessária para a completude do cosmos, como a matéria pode ser má? Mas o mal é algo totalmente distinto do necessário. Como pode, no entanto, o Bem surgir a partir do mal: e como pode o mal ser necessário ao Bem? O mal, de fato, foge da natureza do Bem. Mas como é possível que a matéria gere e nutra a natureza, se ela é má? O mal como mal não gera e não nutre, não efetiva e não preserva. Porém, quando eles dizem que ela [isto é, a matéria] não gera a maldade nas almas, mas que as instiga à maldade, como pode isso ser verdadeiro? A maioria deles a separou do Bem. Contudo, como isso seria possível, se eles tornaram a matéria inteiramente inclinada ao mal? Por essa razão, o mal nas almas não procede da matéria, mas de um movimento desordenado e errante. Afirma-se, porém, que ele segue inteiramente da matéria, e essa matéria vagante seria necessária para aquele que não consegue adquirir nenhum solo firme em si mesmo – como pode o mal ser necessário, ou o necessário ser mal?

I.IV 29 – Também a privação <privatio, στέρησις> não é, em si, má

Porém, nós não queremos dizer que a privação contradiz o Bem pelo próprio poder: pois uma privação de todos os lados é impotente por completo, mas uma [privação] parcial não tem poder na medida em que é privação, mas na medida em que não é, sob esse aspecto, privação. De fato, se ela for uma privação parcial do Bem, então ela ainda não é má; mas se ela o for, então também a natureza do mal desaparece.

I.IV 30 – O que é e de onde vem o Bem e o mal

Afirmando resumidamente: o bem surge de uma causa comum, ao passo que o mal tem muitas causas parciais. Deus reconhece o mal como bom, e, nele, as causas do mal são poderes efetivos do Bem. Porém, se o mal é eterno e criador, se ele é capaz de algo, e é e opera, de onde ele obtém isso? Do Bem? Ou ele obtém o Bem a partir do mal, ou ambos partem de outra causa? Tudo o que é conforme à natureza surge de uma causa determinada: porém, se o mal não tem causa e nem determinidade, ele não é conforme à natureza; pois nem há algo na realidade natural que seja contra a natureza, tampouco existe na arte algo que seja captado pelo conceito de ausência de arte <*sic*!>. Por exemplo, e se a alma fosse causa do mal, como o fogo é causa do aquecimento, e preenchesse tudo o que se aproxima dela com maldade? Ou e se a natureza da alma fosse boa, mas a alma se comportasse, em suas atividades, ora deste modo, ora daquele? Se, porém, por sua própria natureza o seu ser for mal, de onde ela [(a alma)] obtém, então, seu ser? Seria da causa boa, que produz todo existente? Porém, se for o caso, como ela pode, segundo sua essência, ser má? Certamente, tudo o que se origina dela é bom. Contudo, se por meio de suas atividades, então também isso não é imutável; além disso, de onde vieram suas virtudes, se ela não acolheu a forma do Bem? Então, a respeito disso, resta apenas o fato de que o mal é uma fraqueza e uma deterioração do Bem.

I.IV 31 – O Bem tem uma causa; o mal, várias

A causa do Bem é uma. Se o mal é oposto ao Bem, então para o mal há muitas causas, mas o mal não é efetuado por fundamentos de ser e poderes, e sim por ausência de poder e fraqueza, além de uma mistura inadequada de coisas desiguais. O mal não é nem imóvel, nem se comporta sempre da mesma forma, mas ele é sem limites e indeterminado, e se move em outros, vale dizer, no ilimitado. E, também para cada todo mal, o Bem é base primordial e objetivo: pois, pelo Bem, tudo é como que oposto ao Bem: pois nós também agimos assim por desejo do Bem (certamente, ninguém tem o mal em vistas naquilo que faz); por isso, também o mal não tem ser autossuficiente algum, mas uma cópia do ser autossuficiente, pois ele surge (acontece) pela vontade do Bem, e não por seu próprio querer.

I.IV 32 – O mal é acidental <**κατὰ συμβεβηκός**>

Ao mal, portanto, atribui-se um ser acidental, devido à vontade de outro, e não a partir do seu próprio fundamento de ser; por esse motivo, parece ser justo, quando ele ocorre, pois ele ocorre pela vontade do Bem, mas na verdade ele não é bom, pois nós tomamos por bom o que não é bom. Foi indicado que outra coisa é desejada como tendo ocorrido. Então, o mal é separado dos caminhos; separado da intenção, da natureza, da causa, do primeiro fundamento do ser, da meta, da determinação, da vontade, do ser fundado em si mesmo. Logo, o mal é privação, erro, fraqueza, inadequação, desvio, negligência da meta, da beleza, da vida, do espírito, da razão, da perfeição, da argumentação, da causa; ele é ilimitado, infrutífero, indolente, inativo, desordenado, desigual, ilimitado, obscuro, sem essência, ele próprio não é existente de modo algum. Então, como o mal seria capaz de algo por mistura com o Bem em geral? Pois o que não tem participação alguma no Bem, nem é algo, nem pode algo. De fato, se o Bem é o existente e o digno de empenho, o cheio de poder e eficaz, como algo seria capaz de se opor ao Bem, caso lhe faltasse essência, vontade, poder e atividade? O que é mal não é nem tudo para todos, tampouco sempre o mesmo em relação ao mesmo. Para o espírito mau, é ruim se desviar do bom tipo de espírito [assim como] para a alma, da razão; para o corpo, da natureza.

I.IV 33 – Como o mal é conciliável com a Providência?

Como sequer pode existir o mal, se existe uma Providência? O mal não é nem um existente, nem está nos existentes autossuficientes. Não há nada existente que não seja compreendido pela Providência. O mal, certamente, não é existente algum, se ele é sem mescla com o Bem. Porém, se não há nenhum existente sem participação no Bem, mas o mal é uma privação do Bem, então, uma vez que o não existente é totalmente privado do Bem, a Providência divina está em todas as coisas e o não existente escapa da Providência divina. Mas a Providência também faz, daqueles que se tornaram maus, benignos para seu próprio uso, ou para usos privados ou mesmo gerais, e cuida de cada existente de maneira adequada. Por esse motivo, de modo algum nós aprovamos o vaidoso falatório da multidão, quando ela diz que a Providência divina deveria nos instigar, também contra nossa vontade, à virtude; visto que não é distintivo da Providência ferir a natureza. Por esse motivo, ela retém, como Providência, uma natureza que é dotada de movimento livre de tal modo que corresponde a esse dom, e toma conta de tudo e todos, de maneira adequada a tudo e a todos e, na medida em que a natureza é receptiva a todas as coisas <*sic*!> guiadas por ela, os dons da Providência omniabrangente e diversa são doados de modo apropriado a cada um.

I.IV 34 – O mal não é nem ser, tampouco capacidade, mas fraqueza

O mal, portanto, não é nem existente, nem algo naquilo que tem ser autossuficiente. Certamente, de modo algum há o mal como mal, ou o vir a ser do mal parte de um poder, mas da fraqueza. E, mesmo para os maus espíritos, o ser se origina do Bem e é um bem; todavia, o mal, que vem a ser por causa da deterioração do bem que lhe é próprio, diz respeito a uma transformação de sua identidade e de sua posse à fraqueza da completude que pertence a eles como anjos. Contudo, eles se empenham pelo Bem, na medida em que eles aspiram a ser, vida e conhecer; e na medida em que eles não aspiram ao Bem, eles aspiram ao não ser; todavia, isso não é empenho algum, mas uma privação do empenho verdadeiro.

I.IV 35 – Há erro no conhecer

As Sagradas Escrituras chamam desencontrados[140] no conhecimento aqueles que negam o conhecimento descoberto do Bem ou a consumação do Bem, e os que conhecem o querer, mas não fazem; os que ouviram, mas são fracos na fé e em fazer o bem. Certamente, alguns não querem se entender a partir do ato de fazer o bem, mas a partir da perversidade ou da fraqueza da vontade. E, em geral, como nós frequentemente dissemos, o mal é fraqueza ou incapacidade - seja no saber, seja no conhecimento claro, seja na fé, seja no empenho pelo Bem ou pela aquisição do Bem. Ora, talvez alguém diga que a fraqueza não acarreta castigo, mas, ao contrário, perdão. Isso seria correto, se a possibilidade não fosse exigida para isso: mas, se a capacidade segue do Bem, pois ela - segundo as Sag[radas] Escrituras - tudo que lhe é doado, é de modo apropriado, então a degradação do bem que se possui devido ao Bem, e a perversão e fuga não merecem elogio algum. Todavia, isso é tratado de maneira satisfatória por nós no tratado sobre o Justo e o Tribunal Divino; nesse tratado santo, a Verdade das Sagradas Escrituras, os arrazoados sofistas que imputam a Deus injustiça e mentira são destruídos como inteiramente profanos e tolos. Mas agora, nós, na medida em que somos capazes, louvamos suficien-

140. Os 4,6.

temente o Bem como verdadeiramente admirável, como Princípio e Fim de todas as coisas, como abrangendo todo existente, como o que confere forma ao não existente, como causa de todo o Bem, como não causa do mal, como Providência e Bem completo, como transcendendo todo o existente e não existente, como o que torna bom o mal e a falta de si mesmo, como o aspirado por tudo, amante de tudo e protetor de tudo, e que mais foi previamente demonstrado como a palavra da Verdade, como eu creio.

I.V. Sobre o ser e os arquétipos

I.V 1 – Deus não pode ser explicado, como Ele é em si Mesmo

Agora, nós devemos passar ao nome divino Verdadeiramente Existente do verdadeiramente existente. Porém, nós gostaríamos apenas de recordá-lo, tal como exigido pela meta da investigação: não explicar a essência supraessencial, na medida em que ela é supraessencial (pois esta é inexprimível e incognoscível, completamente inapresentável e a ultrapassando até mesmo a unificação <pelo espírito>), mas louvar o proceder criador de existentes da causa divinamente efetiva do ser de cada existente. Certamente, o nome divino "O Bem" já explica todo proceder do Autor de todo o Bem e se estende ao existente e ao não existente e ultrapassa o existente e o não existente. O nome "O existente", porém, se estende além de todo o existente e está acima de todo existente. O nome "Vida" se estende a todo vivente e ultrapassa todo vivente. O nome "Sabedoria" se estende a tudo o que é apreensível intelectualmente, ao que é dotado de razão e de sentidos, e ultrapassa tudo isso.

I. V 2 – Deus deverá ser louvado de acordo com as obras da Providência ou os eventos

O tratado deseja louvar esse nome divino, portanto, que revela a Providência; ele não promete desvelar o Bem supraessencial da Divindade supraessencial, sua essência, sua vida e sua sabedoria, uma vez que ela cobre de segredo o Bem acima de todos os bens, a Divindade, a Essência, a Sabedoria e a Vida, como dizem as Sagradas Escrituras: mas você louva a Providência que se tornou revelada, que efetua todo o Bem, o Bem preeminente e Causa de todo Bem; e louva o Existente, a Vida e a Sabedoria como causa fundada no ser, criadora de vida, doadora de sabedoria de tudo o que possui ser e vida, espírito, [tudo o que é] dotado de razão e de sentidos mediante participação. Você não diz que o Bem, Existente, Vida e Sabedoria são diferentes e muitas causas; e que divindades diferentes efetuam o um e o outro, superior e inferior, mas todas as boas processões pertencem ao único Deus, assim como os nomes divinos louvados por nós; e [não diz que] é um que revela o todo da Providência do único Deus, mas outro oculta mais ou menos do todo dos efeitos parciais da Providência.

I. V 3 - O que participar em Deus em maior grau, está mais próximo dele

Contudo, talvez alguém diga: uma vez que o Existente é mais abrangente do que a Vida; e a Vida, do que a Sabedoria, por que o vivente está mais elevado do que aquilo que tem meramente ser, e o dotado de sentidos está mais elevado do que o vivente, o dotado de razão está acima daquele e os espíritos, por sua vez, sobre os dotados de razão? Por que eles estão na esfera de Deus e se aproximam mais dele? Ora, mas foi adequado que aquilo que com a maior participação nos dons de Deus tivesse a precedência sobre outros e lhes ultrapassasse. Isso seria, então, até mesmo correto, caso se quisesse observar que os espíritos são sem ser e vida: como, porém, os espíritos divinos têm um ser superior a todos os demais existentes e uma vida mais excelente do que tudo o mais que vive, e como eles possuem discernimento e cognição além de todo conhecimento sensível e obtido por pensar contínuo, eles estão mais próximos do Bem quanto mais exuberantemente eles participam dele, e recebem presentes mais ricos e melhores dele. Assim como os seres dotados de razão também ultrapassam os seres sensíveis, quanto mais amplo for sua participação na razão, e, de modo correspondente, os seres sensíveis [ultrapassam] os meros seres vivos. E eu creio ser verdade que todo ser, quanto mais participa no Um, nos dons do infinitamente rico Deus, mais próximo e mais divino ele é do que as coisas que ele deixa para trás de si.

I. V 4 – *Deus é tudo em todos, de modo sobrepujante*

Ora, como nós falamos antes, louvemos o Bem como o Verdadeiramente Existente, que afirma todo existente no Ser. O Existente é supraessente[141] <*ὑπερούσιος*>, acima de todo ser possível, a causa do afirmado sobre si mesmo, o Criador do existente, da posse, do ser autossuficiente <*ὑπόστασις*>, do real fundamentado em si mesmo <*οὐσία*>, da natureza; da origem e da medida das eternidades; o doador de ser para o tempo; o espaço do ser <*αἰών*> do existente, o tempo do nascente, o ser de tudo aquilo que está de qualquer modo, o vir a ser de tudo aquilo que estará de qualquer maneira. A partir do Existente, surge o espaço do ser <*αἰών*> do existente, o existente fundado em si mesmo, o existente, o tempo, o devir e o nascente; o existente, naquilo que está fundado em si mesmo, o disponível de qualquer modo, o afirmado sobre si mesmo. É o caso, pois Deus não é um existente de qualquer forma, mas o antecipador e abrangente simples e ilimitado de todo o ser em si; por esse motivo, ele também se chama o Rei dos Tempos <*αἰώνων*> como aquele no qual e pelo qual todo ser e existente e duração é. Ele próprio nem é, nem será, não se tornou e não se tornará[142], certamente, não é; mas Ele próprio constitui o ser para todo existente; e não apenas o existente, mas o ser de todo existente se origina do Existente, que é anterior a todo tempo <*προαιωνίως ὄντως*>; pois Ele é o Tempo dos tempos, <*αἰὼν τῶν αἰώνων*>, que é anterior a todos os tempos.

I. V 5 – *De Deus procede a eternidade, o tempo e tudo*

Nós gostaríamos de dizer, elevando-nos acima de nós, pois para tudo o que tem ser autossuficiente, e para o espaço do ser, o ser vem daquilo anterior a todo existente. Todo espaço do ser e todo tempo é a partir dele, pois O que é anterior a todo existente é base primordial e causa de todo espaço do ser e todo tempo e tudo

---

141. Na tradução de Stein para o alemão, "*überseiend*".

142. Na tradução de Stein, há uma repetição de "*wird nicht*", expressão cujo complemento será "*werden*" (virá a ser, tornar-se-á), logo adiante no mesmo período. Provavelmente, trata-se de um lapso de escrita.

aquilo que sempre é; e tudo participa nele, e nada lhe abandona; e Ele próprio é anterior a tudo, e tudo tem nele permanência e coesão; absolutamente. Se algo é de algum modo, então é naquele que é anteriormente, é nele reconhecido e preservado. E, antes de toda participação nele, o ser é indicado; pois o Ser em si próprio é mais antigo que o ser vivente a partir de si[143] e [que] o ser a partir de seu indicar[144] e [que] o ser divino a partir de si[145]. Todo existente que participa de qualquer modo, tem, em primeiro lugar, participação no Ser: antes, mesmo todo o existente, em que o existente (real) participa, participa no Ser em si próprio; e não há nenhum existente para o qual o Ser em si não seria o verdadeiro ser e espaço do ser <*οὐσία καὶ αἰών*>. Como, na verdade, mais originário que todo o restante, então Deus é louvado como o Existente devido àquele dom que é mais antigo que os demais; como agora o ser anteriormente[146] e o superser têm vantagem sobre o ser, e em excesso, então o Ser em si, eu digo, pôs todo ser em existência e pôs tudo o que é de qualquer maneira em existência, mediante o próprio Ser. Ora, mas todo fundamento do ser <*ἀρχαί*> participa no ser e são <*sic*!> e são[147] fundamentos do ser e, em primeiro lugar, são eles [próprios] e, em seguida, eles são fundamentos do ser. E caso se aceite como fundamento de ser do vivente, na medida em que ele vive, a Vida em si; e para o semelhante, na medida em que ele é semelhante, a Semelhança em si; para o combinado, na medida em que ele é combinado, a Combinação em si; para o ordenado, na medida em que ele é ordenado, a Ordem em si. E então, para tudo o que participa neste, ou naquele, ou em ambos, ou em muitos, também será isso ou aquilo, ambos ou muitos daquilo de que participa, e se descobrirá que o "em si", em que algo participa, participa, em primeiro lugar, no ser e persevera, em primeiro lugar, por intermédio do ser. Somente após isso, é fundamento de ser deste e

143. Na tradução de Stein para o alemão, "*Aus-sich-lebendig-Sein*".

144. Na tradução de Stein para o alemão, "*Aus-sich-weise-Sein*".

145. Na tradução de Stein para o alemão, "*Aus-sich-gottähnlich-Sein*".

146. Na tradução de Stein para o alemão, "*das Zuvor-Sein*".

147. Na tradução de Stein, ocorre uma repetição, novamente. Neste caso, o que se repete é "*und sind*" ("e são") após o <*sic*!>. Neste caso, porém, manteremos a repetição devido à advertência da própria Edith Stein com o uso de "*sic*".

daquele, e pelo participar no ser, ele tem existência e é algo em que algo participa. Contudo, quando se é por participação no ser, tanto mais é o caso quanto mais se participa nesse fundamento do ser.

I. V 6 – O próprio ser e tudo é unificado a partir de Deus e em Deus

Ora, uma vez que o Bem fundado em si próprio se revelou como primeiro dom do próprio ser acima de todos os bens, é concedido a ele, com razão, o [nome] de Mais Antigo e Primeiro, no qual há um participar. A partir dele e nele, o próprio Ser é, os fundamentos do ser dos existentes e de tudo o que é e, de algum modo, sustenta-se no ser são; e o não mesclado, vinculado e o individual são. Afinal, todo número consiste, uniformemente desde já, em uma unidade, e a unidade, de antemão, tem cada número individualmente em si; e todo número é unificado na unidade; e quanto mais ele se distancia da unidade, mais dividido e múltiplo ele é. No centro, todas as linhas do círculo são unificadas por um vínculo; e o ponto contém todas as linhas retas em si, e com ele um ponto de partida do qual todas elas partem e no qual todas elas são inteiramente unidas; à curta distância dele, elas são menos divididas; na maior distância, mais [divididas]; em suma: quanto mais próximas as linhas retas estão do centro, mais elas são uma com ele e uma com as outras; e quanto mais longe elas estão do centro, mais longe elas estão também umas das outras.

I. V 7 – Em Deus como o Princípio de todas as coisas, também tudo o que é oposto é unificado

Porém, igualmente no todo da natureza, que abrange todas as coisas, os fundamentos do ser <*λόγοι*> não mesclados de cada natureza são unificados e, na alma, todos os poderes que provêm para todas as partes do corpo são unidos de modo uniforme. Portanto, não é irrazoável, na ascensão de cópias fracas ao arquétipo de todas elas, considerar tudo com um olhar sobrenatural a causa de todas as coisas e os opostos como uniformes e unificados; pois ele é o fundamento do ser de todo existente, do qual se origina tanto o próprio ser quanto tudo o que, de qualquer maneira, é: todo fundamento do ser, todo limite, toda vida, toda imortalidade, toda sabedoria, toda ordem, toda consonância, todo poder, toda proteção, todo fundamento, todo perseverar, todo compreender, todo apreender, toda percepção sensível, todo ter, todo permanecer, todo movimento, toda união, toda mistura, toda amizade, toda dissensão, toda diferença, toda determinação conceitual e tudo o que sempre é existente mediante o ser: sua marca existe em todo existente.

I. V 8 – De Deus, todos os espíritos celestes, todas as almas e todas as coisas recebem seus graus do ser

Precisamente dessa causa de todas as coisas derivam todas as essências intelectuais e apreensíveis intelectualmente dos anjos divinos e das almas humanas, e todas as naturezas do mundo inteiro, e tudo o mais que tem sua existência, e o que – como se diz – tem apenas um ser mental. E também aqueles poderes plenamente sagrados, mais arcaicos, verdadeiramente existentes, que têm seu lugar, por assim dizer, no átrio da Trindade supraessencial têm, nela e dela, tanto o ser quanto também a semelhança a Deus. E, então, os inferiores obtêm, após eles, os níveis inferiores do ser e de semelhança a Deus, e, [por sua vez], os últimos [obtêm] os últimos níveis de ser e de semelhança a Deus. No âmbito dos anjos, trata-se do último nível, em relação a nós, todavia, é um nível celestial. Também as almas e todos os outros existentes têm, da mesma forma, seu ser e seu bem-estar: eles são e são bem, na medida em que eles obtêm o seu ser e seu bem-estar daquele que é anteriormente, e são <*sic*!> e são inteiramente nele; a partir dele, eles recebem seu princípio, nele eles são preservados, e eles aspiram a Ele. E, aos primogênitos do ser <*πρεσβεῖα τοῦ εἶναι*>, Ele atribui aquela essência suprema, que as Sagradas Escrituras chamam perenes <*αἰωνίας*>; o próprio ser de todas as coisas nunca é perdido; mas esse próprio ser vem daquele que é anteriormente; e o ser é peculiar a Ele, não Ele é peculiar ao ser; e o ser é nele, e não Ele é no ser; Ele é esse espaço do ser <*αχιών*>, fundamento do ser e medida, pois Ele é o fundamento de ser criador do existente, meio e meta de todo existente anterior, de todo existente, da medida do ser e de todas as coisas. E, por esses motivos, nas Sagradas Escrituras o Verdadeiramente anterior ao existente é posto de diversas formas em consideração ao conhecimento total de todo existente e, nele, no sentido excelente, é testemunhado como o "existente", o "é", o "será", o "tornou-se", "será" e "virá a ser". Porque o Afirmado por tudo, para aquele que compreende, significa nome adequado a Deus, pois Ele é, conforme todo pensar, o Supraexistente e a Causa de tudo o que é existente, de todas as formas. Pois Ele ainda não é, mas não então, e não de uma maneira, mas tampouco de outra; antes, Ele é tudo como Autor de tudo, e contém, unifica e pressupõe em si todos os fundamentos do ser, todas as condições do ser <*συμπράγματα*>. E Ele está acima de tudo, uma vez que ele super-é[148], sobretudo, acima de todo supraessencial. Por esse motivo, tudo foi dito ao mesmo tempo sobre Ele e, porém, Ele não é Nada de tudo: figura de tudo <*πάνσχημος*>; com a forma de tudo <πανείδεος>, Ele apresenta antecipadamente, sem forma e beleza, princípio, meio e fim, todos os existentes de modo não mesclado e separadamente em si e permite que irradiem, por todo o Ser em pureza, conforme a Causa única, unificadora em abundância. De fato, se nosso Sol renova, nutre, preserva, completa, diferencia, une, reaquece, torna frutíferas, melhora, transmuta, fortifica, produz, desperta e revigora a essência e as propriedades de todas as coisas sensíveis - independentemente de quão grandes sejam o número e a diversidade delas, enquanto esse é apenas um e o único, e distribui sua luz de uma maneira -; e se cada uma das coisas, de seu próprio modo, tem sua parte de um e do mesmo Sol, e o único Sol é a causa de muitas coisas que nele participam, antecipando-as uniformemente em si, então ainda mais é o caso para a Causa do Sol e de todas as coisas, uma vez que todos os arquétipos de todas as coisas subsistem antecipadamente conforme um nexo unitário, supraessencial; de fato, eles produzem a essência em um ato de partir da essência <*κατὰ τὴν ἀπὸ οὐσίας ἔκβασιν*>. Contudo, nós dizemos, os arquétipos são os princípios do ser <*λόγοι*> antecipadores de essências, preexistentes unidos em Deus, que a Teologia chama predeterminações e atividades boas e divinas da vontade, que delimitam as coisas e as produzem; segundo elas, o Supraexistente delineia e produz todo existente.

---

148. Na tradução de Stein para o alemão, "*über-ist*".

I. V 9 – Deus abrange tudo com sua simples perfeição

Se, porém, o filósofo Clemente[149] afirma que o mais originário no âmbito do existente é chamado, em relação a algo, ["]arquétipo["], então seu discurso não encerra os nomes mais peculiares, completos e simples. Porém, se nós também concedemos isso como correto, então devemos nos recordar dos pensamentos da Teologia <= Sagradas Escrituras>, que afirma: não te foram ditas as coisas com que investigar, mas há coisas com as quais nós somos conduzidos pelo conhecimento iniciador (analógico) rumo ao conhecimento da Causa de todas as coisas, na medida em que somos capazes disso. Por isso, todo existente deve ser atribuído a essa Causa de acordo com uma unidade que ultrapasse tudo. Afinal, uma vez que a Causa criadora dos existentes procede do Bem e parte dele, perpassa tudo e preenche tudo a partir de si com o ser e se deleita em todos os existentes, ela tem tudo antecipadamente em si conforme uma qualidade de simplicidade, recusando toda duplicidade. Assim, ela abrange tudo em sua infinitude supersimples[150], e tudo tem participação de modo especial nela, assim como muitos ouvidos participam, como um, em um e no mesmo som.

I. V 10 – Deus como o Princípio e Fim de todas as coisas

Princípio e Fim (base primordial e meta) de todo existente, portanto, também é o Anterior ao existente. Princípio como Autor, fim como o "pelo que" e como o limite de todo existente, a ausência de limites de toda ilimitação e delimitação, transcendente em relação à sua polaridade. Pois no Um, como frequentemente foi dito, Ele precede todo existente e afirma a existência de todos, presente em tudo e em todo lugar, em consideração ao um e ao mesmo; e em relação a isso, tudo; Ele sai de tudo, mas permanece em si, firme e se movendo e, todavia, nem firme, nem se movendo; sem princípio, fim e meio; Ele nem está em um existente, nem é de existentes. E nem vem a Ele totalmente algo do eterno, nem do temporalmente existente, mas do tempo e da eternidade, e Ele é separado do que é

---

149. Tito Flávio Clemente, senador romano eleito Cônsul em 95 d.C. que era discípulo do gnóstico Simão Mago e, posteriormente, converteu-se ao cristianismo.

150. Na tradução de Stein para o alemão, "*übereinfachen*".

no tempo e na eternidade. A própria eternidade e o existente, a medida do existente e o que é medido por ela são por intermédio dele e são causados por ele. Sobre isso, porém, nós falamos de maneira mais adequada em outro lugar.

I.VI. A Vida

I.VI 1 – Deus é a Vida, da qual toda a vida procede

Ora, agora nós devemos louvar a Vida Eterna, da qual se originam a vida em si e toda vida. E a partir dela, o ser vivente é disseminado tudo o que, de qualquer modo, participa na vida. A vida dos anjos imortais e sua imortalidade, e o aspecto indestrutível da mobilidade nunca cessante dos anjos é a partir dela e, por ela, tem composição, motivo pelo qual ela também é chamada sempre-vivente e imortal; e, de outro modo, os não imortais [são chamados assim] porque eles não têm a vida imortal e eterna por si próprios, mas pela Causa doadora de vida e que engendra e preserva toda vida. E, como nós falamos sobre os existentes, havendo o espaço do ser (*αἰών*) para o ser em si, então aqui, novamente, a vida divina vivifica e efetua a própria vida; e toda vida e todo movimento vital existe a partir da Vida acima de toda vida e de toda origem de toda e qualquer vida. Dele, todas as almas – uma vez que são imortais – têm a vida, e todos os animais e plantas também, uma vez que a condição de vivente desses é um eco distante da Vida. Se continuarmos pensando nisso, então é idêntico às Sagradas Escrituras; e tudo o que volta a Ele, cuja fraqueza é devida à perda de participação nele, revive.

I. VI 2 – A Vida Divina doa a todo ser vivo a vida adequada a ele

E, em primeiro lugar, é dado à Vida em si o ser-vida e a cada vida, que é apropriada a sua natureza: à vida dos seres celestes, a imortalidade imaterial, divina, imutável, o movimento perpétuo sem qualquer desvio e virada; sim, mesmo até a vida demoníaca a vida se estende em um seu Bem transbordante; e também o fato de que a vida é e persevera, não havendo nenhuma outra causa. Também existem para as pessoas, não obstante elas sejam compostas [de corpo e espírito], uma vida que é próxima daquela que os anjos alcançam. E mesmo após nosso próprio desvio, seu Bem se volta novamente para nós, chama-nos de volta e - o que é ainda mais divino - nos promete que nós, com toda a nossa natureza (quero dizer a alma e o corpo vinculado a ela) seremos conduzidos à vida imortal e mais perfeita: um assunto que pareceu totalmente contra a natureza para os Antigos, mas que a mim, a ti e à verdade parece algo divino e sobrenatural. Eu digo ["]sobre a natureza["] a respeito daquilo que se sobressai a nós, não a [natureza] onipotente da Vida Divina. Essa, como causa de toda vida e, particularmente, da Divina, não é vida alguma possível contra a natureza ou acima da natureza. É por isso que os discursos opostos do insensato Simão[151] são muito distantes da multidão divina e de sua santa alma: de fato, estava oculto a ele (eu creio, ainda que ele parecesse sábio) que uma pessoa de espírito sadio não deveria se apoiar no exame dos sentidos em oposição à Causa invisível de todo existente. E deve ser dito a ele que isso significa discursar contra a natureza; pois nada se opõe a ela.

I. VI 3 – A partir da Vida Divina, tudo é vivificado e cuidado

E, por essa <Vida Divina>, todos os animais e plantas são vivificados e elaborados. E, se ela é chamada a vida espiritual ou a racional, sensível, ou capaz de nutrição e crescimento, ou qualquer tipo, ou a origem ou a essência da vida - a partir dela, tem-se vida e força vital, que está acima de toda vida, e nela existe previamente como causa, pois a vida supravivente e protovivente é a causa de toda vida, criadora e completadora da vida e fundadora da diferença da vida e louvável em função de toda vida, devido à fecundidade que produz toda a vida de múltiplas formas; por isso, ela é contemplada como dotada de todas as formas e louvada como não precisando de nada - antes, como Abundância de vida, o Vivente a partir de si próprio, o Criador da vida além de toda a vida, o Supravivente ou, como a Vida impronunciável, ou outra maneira que se queira louvar de modo humano.

---

151. Trata-se de Simão, o Mago, um dos gnósticos mais famosos. Esse personagem bíblico disputou com Pedro em At 8,9-24.

I.VII. Sabedoria, Intelecto <νοῦς>, Razão <λόγος>, Verdade, Fé

I.VII 1 – A sabedoria de Deus como criadora de toda sabedoria e acima de toda sabedoria

Ora, então, se nos é favorável louvar a Vida verdadeira e eterna também como sábia e como a própria Sabedoria, de fato, como criadora de toda a sabedoria, elevada acima de toda a sabedoria e de todo entendimento, pois Deus não é apenas repleto de sabedoria, e para sua compreensão não há número algum, mas ele se sobressai sobre toda razão, todo entendimento, toda sabedoria. Isso é reconhecido de forma natural pelo homem verdadeiramente divino, filho comum nosso e de nossos mestres, e ele afirma a respeito: [“]O que é loucura de Deus, é mais sábio que os homens[”][152]. Não apenas porque todo o pensamento humano é um perambular em comparação à firmeza e à persistência do saber divino, totalmente pleno, mas, também, porque os teólogos nutrem as expressões negativas (privativas) no sentido oposto. Então, as Sagradas Escrituras chamam a luz mais luminosa [“]invisível[”], e elas indicam o altamente louvado e dotado de muitos nomes como impronunciável e inominável; o que está presente em tudo de que se pode descobrir algo, elas chamam [“]incompreensível[”] e [“]inescrutável[”]. Nesse sentido, portanto, também é dito pelo divino Apóstolo[153] que ele louva a loucura de Deus, na medida em que ele atribui, sob esse aspecto, o que parece contraditório e ilógico à Verdade impronunciável e elevada acima de toda razão. Porém (como eu já disse em outro lugar): se nós apreendermos, de algum modo, o que está acima de nós e nos atermos às impressões sensíveis confiadas a nós, e agruparmos o divino com coisas de nosso mundo, nós cairemos em erro, na medida em que nós perseguimos, subsequentemente, o divino e a palavra impronunciável no que aparece sensivelmente. Nós devemos saber que nosso espírito tem o poder de conhecer espiritualmente e, consequentemente, de intuir o espiritual, mas que aquela unificação pela qual ele é ligado com aquilo que está acima

152. Trata-se de São Paulo. Cf. 1Cor 1,25.

153. Isto é, São Paulo. Cf. 1Cor 1,18-25.

dele ultrapassa a natureza do espírito. Posteriormente, o divino não é cognoscível de nosso modo, mas apenas na medida em que nos desprendemos da nossa inteireza e nos tornamos totalmente Deus, pois é melhor para nós pertencermos a Deus do que a nós mesmos. Então, certamente os dons divinos podem ser conferidos àqueles que se tornaram Deus. Essa sabedoria irracional, não intelectual e louca, agora, será louvada por nós em abundância e nós queremos dizer que ela é causa de todo entendimento, toda razão, toda sabedoria e toda compreensão. Todo conselho é próprio dela, e dela procede todo conhecimento e compreensão, nela todos os tesouros da sabedoria e da ciência estão ocultos.

I. VII 2 – A partir da sabedoria divina, os anjos têm seu ser espiritual

Dela, os poderes intelectualmente apreensíveis e espiritualmente abrangentes dos espíritos angelicais têm seu conhecimento simples e abençoado; pois eles não compilam o saber divino no que é dividido ou em decorrência do dividido, oriundo de impressões sensíveis ou de reflexões pormenorizadas, e eles não se atêm a algo universal, mas eles conhecem totalmente livres da matéria e da multiplicidade, de maneira espiritual, imaterial e uniforme. E eles possuem o poder e a atividade espiritual que apreende pela intuição os conhecimentos divinos e que reluzem em pureza não mesclada e imaculada; eles são moldados pela sabedoria divina em indivisibilidade, imaterialidade e unidade divina, tanto quanto possível, com base no intelecto divino e supersábio e na razão (divina e supersábia). E as almas têm o dom da razão que, por desvios, circunvaga o verdadeiro conhecimento do existente e, por meio da policromada multiplicidade de figuras e da divisibilidade, ficam para trás dos espíritos unitários; porém, caso elas consigam se agrupar a partir da multiplicidade rumo à unidade, elas respeitarão como dignos os conhecimentos angelicais, na medida em que forem adequados às almas e alcançáveis por elas. Porém, ainda que alguém queira chamar as percepções sensíveis de um eco da sabedoria, essa pessoa não erraria o alvo: de fato, até mesmo o intelecto dos maus espíritos se apoia nelas, na medida em que é intelecto; porém, na medida em que ele é insensatez e não entende aquilo pelo que ele se empenha, e não tem saber nem quer ter, ele é chamado, corretamente, de queda da sabedoria. Porém, uma vez que a sabedoria divina é chamada fundamento, causa, genitora, perfeição, conservação e meta da própria sabedoria e de toda sabedoria, de todo intelecto e de toda razão e de todo conhecimento sensível, como pode Deus ser louvado como supersábio, como a sabedoria, o intelecto, a razão, o conhecimento? Como Ele conhece algo sobre o cognoscível espiritualmente, se ele não tem atividade espiritual alguma? Ou como ele conhece o sensível se Ele está elevado acima de toda sensibilidade? Entretanto, dizem as Sagradas Escrituras que Ele sabe tudo e que nada escapa ao conhecimento divino. Porém, como eu já disse frequentemente, o Divino deve ser compreendido de maneira conveniente a Deus. Afinal, não espiritualidade e a insensibilidade são atribuídas a Deus no sentido de excesso, e não de falta, tal como nós chamamos o suprarracional ["]irracional["] e o supercompleto[154] e, desde o princípio, perfeito ["]imperfeito["]. E [nós chamamos] a escuridão inapreensível e invisível de ["]luz fora do alcance["] devido à prioridade desta em relação à luz visível. Então, o Espírito Divino apreende tudo em si mediante um conhecimento extraordinário, que antecipa o conhecimento de tudo em si – à altura da Causa de todo existente –, pois ele conhece os anjos antes de seu surgimento e os gera, e conhece todo o restante, por assim dizer, desde a fonte primordial e as lança na existência. E eu creio nas Sagradas Escrituras, quando elas afirmam que Ele conhece tudo desde sua origem. Mas não é porque Ele conhece o Existente a partir dos existentes que Ele conhece o Espírito Divino, mas Ele conhece a partir de si mesmo e em si mesmo. Como Causa de todas as coisas, Ele excede todo Saber, todo Conhecimento, toda Essência e apreende tudo antecipadamente, não retomando tudo em seu próprio modo, mas em função de uma causa abrangente que sabe tudo e que abrange tudo, assim como também a Luz, seguindo a Causa, antecipa em si o conceito de escuridão, uma vez que o espírito divino não conhece esta de nenhum outro meio, senão pela luz. Portanto, se a sabedoria divina conhece a si própria, ela conhecerá tudo; o dividido de maneira

154. Na tradução de Stein para o alemão, "*Übervollendete*".

indivisa, o múltiplo unitariamente, visto que ela conhece e gera tudo por intermédio do próprio Um. Vale dizer, se Deus comunica o ser a todo existente em função de uma causa, Ele conhece tudo conforme a mesma e única Causa como existente a partir dele próprio e preexistente nele. Esse conhecimento não será obtido por Ele a partir do conhecimento conceitual de existentes, mas Ele doa o conhecimento a todos esses, tanto o conhecimento de si próprio quanto dos demais. Portanto, Deus não tem um conhecimento particular de si mesmo e outro conhecimento geral, pelo qual Ele sintetizaria todos os demais existentes. Afinal, ao mesmo tempo em que a Causa de todas as coisas conhece a si própria, é impossível que ela seja sem conhecimento dessas coisas que procedem dela e cuja causa ela é. Dessa maneira, portanto, Deus conhece o existente – não pelo conhecimento de existentes, mas pelo conhecimento de Si próprio; pois as Sagradas Escrituras testemunham, também, sobre os anjos que eles não sabem sobre o que está na Terra apenas mediante conhecimento do que incide sobre os sentidos, mas de maneira correspondente ao poder e à natureza do espírito divino.

I.VII 3 – Nós não conhecemos Deus como Ele é em si

Em seguida, cabe perguntar como nós conhecemos Deus, uma vez que Ele não é apreensível nem com os sentidos, nem com o intelecto. Além disso, Ele não se encontra entre os existentes. Nós não diríamos algo correspondente à verdade, se falássemos que nós não conhecemos Deus em virtude da natureza dele? (Afinal, o que vem a ser sua natureza é algo desconhecido e que ultrapassa toda razão e todo intelecto.) Em decorrência da ordem de todo existente como uma das ordens formadas por Ele, que tem as reproduções e símiles dos arquétipos divinos em si, elevamo-nos àquele que está acima de tudo, pelo caminho traçado de acordo com nossos poderes, desprendidos de tudo e elevados acima de tudo, rumo à Causa de todo existente. Por isso, Deus é reconhecido em tudo e separado de tudo; e Deus é conhecido pelo conhecimento e pelo desconhecimento; e em relação a compreender a Ele, espiritualmente, há o pensar por inferências, a ciência, a percepção táctil, o conhecimento sensível, a opinião, a atividade da imaginação, os nomes e todo o restante; e Ele não é nem conhecido, nem expresso por palavras, tampouco nomeado, e não é reconhecido em existente algum, tampouco em um existente; e Ele é tudo em todos e em nada; ele é conhecido em tudo de todos e em nenhum de lugar algum: e nós o dizemos, verdadeiramente e com razão sobre Deus, e Ele é louvado em virtude de todo existente, na medida em que a Ele correspondem todas as coisas, das quais Ele é Autor. E, neste mundo, o conhecimento mais divino de Deus é o que conhece pelo desconhecimento, devido a um acordo que está acima de todo entendimento, caso o entendimento abstraia de todo existente e, finalmente, deixando a si próprio para trás, unindo-se com aqueles raios de cima, por meio dos quais e nos quais ele é iluminado a respeito da insondável profundeza da Sabedoria. E, todavia, como foi dito, reconhecível em virtude de todas as coisas; pois ela é o que produz tudo e monta tudo, é a Causa da conexão indissolúvel e da Ordem de todo existente, que sempre conecta os fins das coisas mais elevadas com os princípios do que é seguinte e opera a única consonância do todo do cosmos de maneira bela.

I.VII 4 – Por que Deus é chamado Razão <λόγος>

Deus é louvado como razão nas Sagradas Escrituras, não só porque Ele é doador da razão, do entendimento e da sabedoria, mas porque Ele tem a causa de todas as coisas uniformemente antecipadas em si mesmo, isto é, sem composição; e porque Ele, como dizem as Sagradas Escrituras, atravessa tudo, até o limite de todas as coisas; e, sobretudo, pelo fato de que a razão divina está acima de toda simplicidade e, separada de tudo, está sobre tudo, conforme seu superser. Essa razão é a simples e veraz verdade existente que, como o conhecimento puro e sem erro do universo, abrange a fé divina, o único fundamento firme do crente, que a razão funda na verdade, fundando esta em si, em ipseidade imperturbável, caso ela retenha o simples conhecimento da verdade nas questões de fé. Afinal, se o conhecimento das coisas conhecidas se unifica com o conhecido, então a ignorância é, para o ignorante, a causa de constantes hesitações e contradições consigo mesmo. Aquele que acredita na verdade não se torna, segundo as Sagradas Escrituras, distante da cidade natal da verdadeira fé, onde ele tem a constância da ipseidade imóvel e imutável. Decerto, quem é unido com a verdade sabe quão boa é a posição em que se está, e pode ser repreendido pela multidão como delirante, pois é oculto a esta como convém que aquele tenha escapado do erro mediante a verdade, com a ajuda da fé verdadeira. Ele, porém, sabe que, na verdade, não é delirante (como diz a multidão), mas que ele é livre do movimento mais baixo e errante em si na multiplicidade polimorfa, por intermédio da simples verdade, que se mantém sempre fixa, da mesma forma. É por isso que líderes e mestres de nossa sabedoria divina morrem diariamente pela verdade, pela palavra e pelo ato de testemunho do fato de que o único conhecimento do Cristo é o mais simples de todos e o mais divino de todos - ou melhor, do fato de que ele é o único conhecimento simples e verdadeiro de Deus.

I.VIII. Poder, Justiça, Santo, Salvação - Disparidade

I.VIII 1 - Em que sentido Deus, que está além de todo Poder, pode ser chamado Poder

Dado que os teólogos também louvam a verdade divina e a sabedoria também como poder e justiça, e eles chamam-nas cura e salvação, queremos, na medida do possível, também elucidar esses nomes divinos. Certamente, o fato de que o protosser divino está elevado acima de todo poder e de cada poder, como sempre é ou poderia ser pensado, é algo que não é desconhecido por nenhum daqueles que se tornaram grandes no conhecimento das Sagradas Escrituras; pois em muitas passagens a doutrina sobre Deus atribui a Ele a soberania e lhe separa dos poderes celestes. Ora, como é o caso que os teólogos o louvam como poder, considerando que Ele, no entanto, está acima de todo poder? Ou como se compreender o nome ["]poder["], quando atribuído a Ele?

I. VIII 2 – Deus é chamado Poder na condição de seu Autor e como Todo-poderoso

Nós dizemos, portanto, que Deus é chamado poder, na medida em que ele excede, em si, todo poder e o tem em abundância, além de ser Autor de todo poder, produzindo tudo com poder inflexível e ilimitado, sendo Autor do próprio Ser-poder[155], tanto no universal quanto no particular. Sendo ilimitado no poder, Ele não só produz todo poder, mas tem seu ser acima de todo poder e até mesmo sobre o poder em si; e, além disso, Ele poderia produzir inúmeros poderes ilimitados; e poderes infinitos, que Ele produziria em número ilimitado, os efeitos suprainfinitos[156] do seu poder gerador de poder nunca se esgotam; indizível, incognoscível e impensável é o seu poder que a tudo ultrapassa, que torna a fraqueza poderosa mediante sua autoridade transbordante. E, até seus últimos ecos, Ele mantém tudo coeso e se aprofunda em tudo, como nós vemos no caso do que causa forte impressão nos sentidos, tal como a luz muito clara também avança até os olhos muito frágeis, e assim como o barulho violento que, dizem, também invade até o sentido auditivo que não é capaz de apreender um som. Afinal, aquilo que, de modo geral, não ouve, não é ouvido algum; e o que de modo algum enxerga, não é rosto algum.

I. VIII 3 – A onipotência de Deus aprofunda-se em tudo

Essa comunicação poderosa ilimitada de Deus penetra em todos os existentes, e existente algum é tão despido a ponto de não ter poder algum de compreender ou de conhecer, sentir ou viver mediante um pensar progressivo, ou o que corresponde a sua essência; e, se é permitido, também a capacidade de nomear o ser; de modo que ela tenha obtido a capacidade de ser do poder supraexistente.

I. VIII 4 – Dele, provêm as forças dos anjos

Dele, os corais angelicais obtêm seu poder divino. Dele, eles têm seu ser imutável e todos os seus movimentos espirituais, imortais e sempiternos, e também sua inflexibilidade e sua aspiração

---

155. Na tradução de Stein para o alemão, "*Machtseins*".

156. Na tradução de Stein para o alemão, "*überunendliche*".

pelo Bem, nunca em declínio, é recebida do Poder do infinitamente Bom. Eles devem seus dons a ele e o fato de que eles podem, e são, e sempre exigem ser e podem sempre reivindicar esse próprio Poder.

I.VIII 5 – Dele, os homens e animais têm sua força

Os dons desse poder que nunca falha também fluem aos homens, aos animais e às plantas, e a toda a natureza do cosmos; e eles fortalecem o que é unido em recíproca amizade de comunidade e o diferente em não se mesclar e subsistir de modo claramente separado, obtendo seu próprio sentido e sua determinação do ser; e eles conservam as ordens e as retas disposições do cosmos para o bem que corresponde a cada um; e o Bem imortal das unidades é conservado de modo invulnerável, e as luzes celestiais e estrelas e suas ordens são mantidas por esses dons de modo imutável. Eles fazem com que as eternidades possam ser. Eles também diferenciam, por meio de seus processos, a passagem do ciclo temporal e o encerram, mediante seu retorno. Eles criam as forças indissolúveis do fogo e do fluxo duradouro da água. Eles delimitam a dispersão do ar e fornecem à terra seu firmamento sólido sobre o nada. E [os dons desse poder] protegem seus filhos doadores de vida de modo a ficarem intactos. De fato, também a harmonia e mistura dos elementos é conservada por eles, sem mescla dos limites e sem separação. Eles mantêm o vínculo entre corpo e alma, despertam os poderes de nutrição e de despertar das plantas; eles protegem as forças essenciais do cosmos e asseguram sua insistente persistência; eles doam a força exigida à própria semelhança com o divino e garantia daquilo a que estão destinados. De modo geral, não existe nada no todo dos existentes que seja excluído da proteção onipotente e do abrigo seguro do Poder Divino, pois, o que não tem força alguma nem é algo, nem tem condição alguma.

I.VIII 6 – Em que sentido Deus não pode negar a si mesmo

Ora, diz Elimas[157], o mago: se Deus é onipotente, como pode vossa Teologia dizer que ele não poderia algo? Por esse motivo,

157. Trata-se de um mago judeu, também chamado Bar-Jesus. Ele é apresentado

ele ataca São Paulo, pois ele disse que Deus não poderia negar a si próprio. Na medida em que eu o afirmo, todavia, eu temo parecer bastante tolo, dado que eu me deparo com a tarefa risível de demolir as casas frágeis, construídas com areia, de crianças que brincam; e, como em uma meta inalcançável, eu me esforço para encontrar, mediante pesquisa mais precisa, o sentido teológico dessa passagem: a negação de si próprio é um declínio da verdade. A verdade, porém, é o existente e o declínio da verdade é o declínio do existente. Então, Deus não pode declinar da verdade e não é o não ser; como se alguém afirmasse que não consegue poder nada e que não sabe não saber, no sentido de privação. O sábio não compreende dessa forma, imitando lutadores inexperientes que, muito frequentemente, supondo que seus adversários são fracos, e fazem um espetáculo da luta contra eles, corajosamente batem no ar com ataques vazios, achando que superaram seus antagonistas, proclamando-se vitoriosos, embora ainda não tenham experimentado a força de seus oponentes. Mas nós, refletindo sobre o sentido do teólogo, fazendo o melhor uso de nossa capacidade, louvamos a Deus como superpoderoso e onipotente, como bem-aventurado e, contudo, poderoso, dado que Ele reina sobre a própria eternidade com seu poder soberano e, ali, nenhum dos existentes escapa a Ele; Ele tem tudo em abundância, e é capaz de tudo o que é possível pelo seu Poder sublime, e doa a todos os existentes tanto a possibilidade de ser quanto o ser, conforme a superabundância de seu poder transbordante, que nunca cessa de jorrar.

I.VIII 7– Por que Deus é chamado Justiça

Deus é chamado Justiça, porque Ele distribui a todos, tal como merecido, a justa medida e beleza; boa ordem e regulação; e Ele demarca todas divisões e ordens, como corresponde à verdadeira e justa determinação essencial, e Ele é, para todos, o Autor de seu próprio efetuar. Afinal, a justiça divina ordena tudo, delimita tudo e preserva tudo, sem mescla um com o outro e sem obliteração dos limites; Ele compartilha com cada existente o que é adequado a ele, como é próprio à posição de cada um. E nós podemos dizer com

---

no Novo Testamento, mais precisamente em At 13,7-11.

razão que todos aqueles que abusam da Justiça Divina, sem percebê-lo, revelam sua própria injustiça: de fato, eles dizem que a imortalidade deve ser inerente ao mortal; a perfeição, ao imperfeito; a necessidade de ser movido por outros, ao que se move por si mesmo; a ipseidade, ao mutável; o poder completo, ao fraco; igualmente, [dizem que o] ser permanente [deve ser inerente] ao temporal; imutabilidade, ao movente por natureza; eternidade, aos prazeres temporais, e que, de modo geral, tudo o que é próprio de um deve ser atribuído ao outro. Porém, deve-se saber que a Justiça Divina, sob esse aspecto, realmente é uma justiça verdadeira, pois ela confere a cada um o que lhe é adequado, de acordo com o que cabe a cada existente, preservando a natureza de cada um em sua própria ordem e poder.

I.VIII 8 – Por que Deus permite situações difíceis aos santos

Mas talvez alguém diga que não há nenhum indício de justiça se santos são deixados sem ajuda, se pessoas más lhes arruínam. Em seguida, é de se dizer: se os chamados santos amam as coisas terrestres, ambicionando a elas como aqueles que se atêm ao material, então eles são, justamente por isso, totalmente decaídos do amor divino. E eu não compreendo como se pode chamar ["] santo["] o que ofende o verdadeiramente digno de amor e o divino, na medida em que deixa esses se obscurecerem de maneira que não convém por coisas que não deveriam ser amadas ou buscadas. Porém, se o santo ama o verdadeiramente Existente, então se contentaria porque algo desejado foi concedido a ele. Então, ele não se aproximaria mais das virtudes dos anjos quando ele se empenhasse, tanto quanto possível, pelo divino e se distanciasse do apego apaixonado pelo material, exercitando-se de maneira viril em perigos que ele acolhe para si em prol do justo? Então, pode-se dizer, verdadeiramente, quer corresponde mais à justiça divina, ao poder viril de pessoas excelentes que não são enfraquecidas pela obtenção de bens materiais, deixando-as e, quando alguém busca a elas, não deixa essas pessoas sem ajuda, mas as ampara em magnífica e imperturbável firmeza, recompensando-as adequadamente por sua perseverança.

I. VIII 9 – Por que Deus é chamado Salvação

Agora, a Justiça divina também será louvada como a Salvação de todos, pois ela recebe e conserva pura a essência e a ordem de cada uma das demais, além de ser causa do puro autoinfluenciar[158] (literalmente: o autógrafo) no cosmos. Contudo, se alguém quiser louvar a Salvação, porque ela protege tudo o que proporciona a salvação do que é inferior, então nós admitiremos esse indivíduo como pronunciante de eulógia da salvação de muitas formas e pediremos a ele que posicione a primeira salvação de todas as demais, aquela que conserva tudo imutavelmente, sem queda delas próprias e sem resvalar para o pior. De modo invicto e incólume, ela mantém tudo delimitado no interior de seu próprio ser, mantém à distância toda desigualdade e toda obra estranha de todos, e as relações tão consolidadas que não são transformadas em opostos e nem podem ser transferidas. Também não seria inteiramente em contradição com a concepção da santa Teologia caso se quisesse atribuir crédito a essa Salvação, uma vez que ela liberta, em sua bondade que cura todas as coisas, todos existentes do prejuízo aos bens próprios a eles, como é próprio da natureza de cada coisa salva. É por isso que os Teólogos também a chamam Salvação[159], na medida em que ela não deixa o verdadeiramente existente recair no não ser, e, se algo de errôneo e desordenado se desvia e sofre uma redução na completude que é concedida a ele pelo bem que é próprio dela, então também ela liberta esse do sofrimento, da fraqueza e da privação, na medida em que organiza o faltante e, de modo paternal, ignora a insuficiência e se eleva a partir do mal – ou melhor, ergue-se no Bem –, reorganiza o bem desaparecido, organiza e adorna o desordenado e o desfigurado, recompõe de modo incólume e liberta de todo dano. – Agora, nós falamos a respeito da justiça, após a qual a igualdade entre todas as coisas é medida e delimitada: certamente, caso se entenda por ["]Disparidade["] a Diferença pela qual todas

---

158. Na tradução de Stein para o alemão está o neologismo "*Eigenwirkens*". O verbo "*einwirken*" significa influenciar, agir sobre, e o termo "*eigen*" é reflexivo, indica a si próprio.

159. Na tradução de Stein para o alemão, "*Erlösung*", distinto do termo mais recorrente nesse parágrafo, "*Heil*", outro termo para salvação que tem também um significado de cura, de algo medicinal.

as coisas se distinguem, então a justiça protege também estas, uma vez que ela não suporta, de modo algum, que tudo se misture com todos, mas, antes, conserva todo existente na espécie em que cada um deve ser.

I.IX. O Grande, o Pequeno; o Mesmo, o Outro; o Semelhante, o Dessemelhante; Repouso, Movimento, Igualdade

I.IX 1 – Nas Sagradas Escrituras, Deus é chamado Grande e Pequeno, o Mesmo, o Outro etc.

Porém, uma vez que ao Autor de todo existente é atribuído também grandeza e pequenez, <pois Ele> é o mesmo e um outro; <é chamado> afim e não afim, é dito repouso (permanecer) e movimento, devemos considerar, também, esses nomes divinos metafóricos, na medida em que eles são acessíveis a nós. Deus é louvado como grande nas Sagradas Escrituras, a grandeza e a pequenez são ilustradas com brisas suaves. E como o mesmo, quando as Sagradas Escrituras dizem: porém, tu és o mesmo; como outro, pois Ele é apresentado pelas mesmas Sagradas Escrituras como plurifigurado[160] e em muitas formas. [Ele é louvado] Como semelhante, pois Ele afirma a existência do semelhante e a semelhança, e como dessemelhante, porque nada é semelhante a Ele; [é louvado como] permanente, imóvel e sentado por toda a eternidade, e móvel como o que permeia tudo; e é louvado como o que mais de nomes divinos equivalentes se encontram nas Sagradas Escrituras.

I.IX 2 – Em que sentido Deus é chamado Grande

Deus é louvado como grande, porque a grandeza em si é própria dele, que comunica a toda grandeza de si, transborda e se expande acima de toda grandeza distinta dele, abrange todo lugar, ultrapassa todo número, transpõe toda ilimitação e, conforme sua abundância e grande poder e suas dispersões propulsoras que, na medida em que são comunicadas a todas as coisas em doação ilimitada, permanecem, ainda assim, inalteradas e possuem a mesma abundância, não sendo alteradas pela participação, mas, antes, transbordam de modo

---

160. Na tradução de Stein para o alemão, *"vielgestaltig"*.

ainda mais abundante. A grandeza é ilimitada, sem medida e sem número: e Ele está elevado acima de tudo em decorrência da irradiação perfeita e superextensa[161] de sua grandiosidade insondável.

I.IX 3 – Em que sentido Deus é chamado Pequeno

Todavia, Ele é chamado pequeno ou tênue, pois ele retira toda medida e toda distância, e atravessa tudo sem impedimento. Ora, mas o pequeno também é a causa elementar de todas as coisas. Certamente, descobrir-se-á que, em nenhum lugar, falta a participação na ideia de pequeno. Então, em Deus, o pequeno é aceito na medida em que Ele entra em tudo e passa desobstruído por tudo, efetuando e avançando até a separação entre alma e espírito, junta e medula, diferenciando os desejos e pensamentos do coração. Aliás, [diferencia] todo existente; pois nenhuma criatura é invisível diante de seu semblante. Esse pequeno é sem medida e sem propriedade, sem mistura <= sem redução de força>, ilimitado, intransferível, omniabrangente, inapreensível.

I.IX 4 – Em que sentido Deus é chamado o Mesmo

Porém, Ele é o Mesmo, supraexistente na eternidade, imutável, perseverante em si próprio, sempre considerando o mesmo se relacionando da mesma forma, presente em tudo de modo igual, inclusive conforme a si mesmo, sólido e honesto, nos limites mais belos de sua ipseidade supraexistente reinante, imutável, inalterável, soberano, não mesclado, imaterial, totalmente simples, sem necessidades, não multiplicável, inferior, não originado: não como ainda não gerado ou imperfeito; não tornado a partir disto ou daquilo; tampouco de modo algum existente; mas como totalmente não originado e absolutamente não gerado, sempre existente, perfeito por si próprio e o mesmo conforme a si mesmo, determinado por si mesmo em uma e a mesma forma, que é capaz daquela ipseidade. Ele também deixa afluir tudo a tudo que nele participa, e ordena <o separado> rumo à unidade, é a abundância e a causa da ipseidade, também excedendo o oposto em ipseidade, de acordo com a única causa extraordinária de toda ipseidade.

---

161. Na tradução de Stein para o alemão, "*über-ausgedehnten*".

I.IX 5 – Em que sentido Deus é chamado o Outro

<Ele é chamado> o Outro, porque Deus ajuda todas as coisas pela sua Providência e se torna tudo em todos, para preservar tudo, enquanto Ele persiste em si mesmo e em sua própria ipseidade, sem sair de si e se dedicando firmemente em um operar incessante, e com poder inalterado para a adoração daqueles que se voltam a Ele: e deve-se crer que a diferença entre as múltiplas figuras de Deus significa, a muitos olhares, algo diferente do que é dado a entender pelas diversas aparições. Quando se pensa a alma como uma figura corpórea e atribui partes àquilo que não tem parte alguma, então devemos compreender as partes atribuídas a isso em outro sentido, que seja mais próximo de sua indivisibilidade. Devemos indicar como cabeça o intelecto <*νοῦϚ, intelligentia*>, como nuca a opinião (pois ela está entre razão e desrazão), como seios as afirmações defensivas <*ϑυμόϚ, ira*>, como estômago os desejos, como pernas e pés a natureza; então, nós utilizaríamos os nomes de cada parte como símbolos para as capacidades. Logo, deve-se aclarar, em tudo o que é excelente, e com motivos muito melhores, a diferença de formas e figuras por explicações santas e místicas, de maneira apropriada a Deus. E caso se queira atribuir as próprias três dimensões dos corpos ao próprio Deus, ao inapreensível e ao disforme, então se deve chamar ["]largura["] a partida supervasta[162] de Deus rumo a todas as coisas, ["]comprimento["] o seu poder, que se prolonga sobre tudo, e ["]profundidade["] seu ocultamento e incognoscibilidade, inapreensíveis a todo existente. Com isso, porém, nós não enganamos na explicação das diversas figuras e formas e nem misturamos os nomes divinos incorpóreos com aqueles das imagens sensíveis, a respeito das quais nós falamos na *Teologia simbólica*; agora, por outro lado, de modo a não incorrermos em erro de ver a diferença divina como modificação daquele que é imutavelmente o Mesmo, mas, antes, como sua Multiplicidade na Unidade e como seu simples Proceder rumo a todas as coisas.

---

162. Na tradução de Stein para o alemão, "*über-weite*".

I.IX 6 – Em que sentido Deus é chamado Semelhante

Todavia, se alguém chama Deus [“]semelhante[”] como o mesmo e plenamente unido em si próprio e indiviso, então o nome divino “semelhante” não deve ser recusado. Contudo, os teólogos dizem que Deus, que está acima de todas as coisas, como Ele próprio não é parecido com ninguém, mas a semelhança com Deus é ofertada àqueles que se voltam a Ele e que o imitam da melhor forma possível, que está acima de toda delimitação e de todo conceito. E nisso consiste o poder da semelhança divina: toda criatura se dirige para seu Autor. Essas coisas, portanto, devem ser chamadas divinas e criadas à imagem e semelhança de Deus; porém, Deus não deve ser chamado semelhante a elas, pois nenhuma vez o ser humano é semelhante à imagem divina; certamente coisas iguais podem ser parecidas entre si, e essa semelhança entre ambas pode ser indicada, de modo que elas são parecidas uma com a outra, no que diz respeito a uma forma originária de semelhança; para a Causa e o causado, porém, de modo algum nós podemos conceder essa referência recíproca. Afinal, Deus não fornece o ser semelhante[163] apenas a este ou àquele, mas a tudo o que participa na semelhança, causa do ser semelhante e é, também, Autor da Semelhança em si; e o que sempre é semelhante em todas as coisas, o é mediante um vestígio da Semelhança Divina e conclui sua conexão.

I.IX 7– Em que sentido Deus é chamado Dessemelhante

Porém, para que é necessário falar sobre isso? A própria Teologia já louva a Ele como dessemelhante a, e incomparável a todas as coisas, como distinto de todas e – o que é de se espantar ainda mais – ela diz que nada é semelhante a Ele. E, no entanto, esse discurso não está em contradição com a Semelhança dele. Afinal, as mesmas coisas são semelhantes e dessemelhantes a Deus: semelhante conforme à imitação possível do inimitável; dessemelhante devido à diferença entre a causa e o causado, que está distante disso em medida ilimitada e incomparável.

---

163. Na tradução de Stein para o alemão, “*Ähnlichsein*”.

I.IX 8 – Em que sentido se fala de Deus como permanecendo e estando sentado

O que nós devemos dizer, todavia, a respeito do permanecer ou do sentar-se divino? O que mais, além do fato de que o próprio Deus está fixo soberanamente em si próprio e em ipseidade imóvel, firmemente unido acima de toda medida[?] Em relação ao mesmo e em torno ao mesmo, de igual maneira, Deus é imóvel e de modo algum é deslocado, e isso de modo supraexistente; afinal, Ele próprio é o Autor do Permanecer e do Sentar-se de todas as coisas, inclusive além de todo permanecer e de todo sentar-se, e, nele, tudo tem duração, porque é conservado no persistir no próprio Bem impactado por Ele.

I.IX 9 – Em que sentido se fala de movimento de Deus

Agora quando, por sua vez, os teólogos dizem que o Imóvel progride a todas as coisas e se move, isso também não deveria ser compreendido em um sentido adequado a Deus? É pio acreditar que Ele se move - não no sentido de um deslocamento, de uma transformação ou uma modificação, de uma mudança de direção ou de movimento espacial (seja retilíneo, circular, ou composto de ambos), espiritual, vital ou natural, mas na medida em que Deus faz existir todas as coisas e as preserva e toma conta de tudo de todas as formas, presta auxílio a tudo e abarca tudo, de maneira inapreensível, e isso por todas as vias e com todos os modos de atuar da Providência. Todavia, certamente também pode ser dito, acerca do Deus imóvel, haver movimentos em um sentido adequado a Deus. Por movimento retilíneo, pode-se entender a inflexibilidade e o progresso indesviável de seu obrar e o surgimento de todas as coisas a partir dele; por movimento em espiral, pode-se entender a ipseidade e o abarcar o regular e os extremos, o que é contido e contém, e a volta daquilo que parte dele para Ele.

I.IX 10 – Em que sentido Deus é chamado igual

No entanto, se alguém nas Sagradas Escrituras compreende os nomes divinos "Semelhante" e "a Justiça" como o nome "O Igual", então é o mesmo que dizer que Deus é chamado igual - não apenas porque ele não tem partes e é justamente indesviável, mas porque Ele atravessa tudo de maneira igual e efetua, como

Autor da Igualdade em si, o semelhante proceder de todas as coisas, uma mediante a outra, e o participar uniforme daquilo que participa, assim como é adequado a cada coisa e correspondendo ao seu modo de atribuir; e na medida em que Ele antecipa em si mesmo, de modo extraordinário e unitário, toda igualdade espiritual, apreensível espiritualmente, compreensível racionalmente, sensível, conforme aos sentidos, natural e intencional, de acordo com o poder que se sobressai a tudo e que efetua toda igualdade.

I.X. O Todo-poderoso, o Mais Velho dos Dias - Eternidade e tempo

I.X 1 – Por que Deus é chamado Onipotente

É hora, porém, de louvar a Deus em nosso tratado, Deus de muitos nomes como O Todo-poderoso e O Mais Velho dos Dias. Ele é chamado Todo-poderoso, pois Ele é a sede que sustenta tudo para tudo, tudo é conectado e abrangente, tudo é afirmado, fundado e contido, tudo é completo nele, de modo indissolúvel, como a partir de uma raiz capaz de tudo, que produz tudo e que se aplica a tudo como a sede onipotente de todas as coisas: Ele unifica tudo o que é sintetizado devido a uma ligação excelente e não deixa o sintetizado cair a partir de si e não o deixa perecer como o que se distancia de um lar perfeito. Todavia, a base primordial divina é chamada ["] onipotente["] porque Ele está acima de todo poder e domina tudo o que ele ordena sem mescla, e é desejável e amável para todos, e impõe um jugo livremente escolhido a tudo, e as doces dores do amor divino e onipotente e indissolúvel de sua Bondade.

I.X 2 – Por que Deus é chamado o Mais Velho dos Dias

Deus é louvado como o Mais Velho dos Dias porque Ele é a Eternidade e o Tempo para tudo, e [é] antes dos dias, das eternidades e do tempo. E, certamente, deve-se chamá-lo ["]Tempo["] e ["]Dia["] e chamar o instante correto e as eternidades de modo apropriado a Deus, como aquele que permanece imutável e imóvel e que persiste em si próprio no movimento eterno e como o Autor da eternidade, do tempo e dos dias. Por esse motivo, Ele é apresentado nas santas aparições divinas da história mística como o ancião e o jovem; o primeiro significa o Antigo e aquilo de que é o Princípio, "jovem" indica O que não envelhece. Ou ambos ensinam que Ele, desde o princípio, avança por tudo até os limites. Ou, como nosso Mestre Divino afirma em coisas divinas, ambos indicam a idade de Deus: mas, então, de modo tal que o ancião indica o Primeiro em ordem temporal, o jovem, em número, porque a unidade que está próxima Dele tem precedência sobre os números que seguem.

I.X 3 – O que são tempo e eternidade, e o que é denominado pelos dois

Também é útil, eu acredito, conhecer a natureza do tempo e da eternidade a partir das Sagradas Escrituras: afinal, o que em geral é chamado "sempiterno" <*αἰώνια*>, eterno, imarcescível, imortal, imutável e sempre permanecendo idêntico, não é completamente e ilimitadamente eterno <*ἀϊδια*>, por exemplo, quando se afirma: ["]Erguei-vos, portais antigos["][164], e coisas semelhantes. Frequentemente, o muito antigo também é caracterizado com o nome "Eternidade", e, também, a gênese do nosso tempo como um todo é chamada ["]eternidade["], na medida em que é próprio da eternidade medir o imutável e o Ser como um todo. Porém, elas chamam ["]tempo["] o que está em modificação no surgir e no desaparecer e o que, respectivamente, se comporta de outro modo: E, assim, a Doutrina de Deus <=Sagradas Escrituras> afirma que nós, que somos aqui limitados temporalmente, participaremos na eternidade, uma vez que nós chegarmos ao eterno e à eternidade imperecível e que se porta sempre de modo igual. Porém, nas Sagradas Escrituras a eternidade é também indicada como temporal e como o tempo permanente; mas nós sabemos, a partir dele, o que é chamado e explicado no sentido de algo existente conforme a Eternidade, e o que é em devir é chamado e explicado conforme o tempo. Agora, nós não devemos acreditar que aquilo que é chamado segundo a eternidade seja eterno de maneira igual a Deus, que é anterior à eternidade; antes, nós devemos inevitavelmente seguir as mais altamente veneráveis Sagradas Escrituras e compreender aquilo que está na eternidade e no tempo, de acordo

---

164. Sl 24,7-9.

com o modo conhecido por elas. No meio entre o existente e o em devir está aquilo que participa tanto na eternidade quanto no tempo. Nós devemos, todavia, louvar a Deus como eternidade e como tempo e como Autor de todo tempo e da eternidade, como o Mais Velho dos Dias, como Anterior ao Tempo e Além do Tempo e efetuador dos tempos e instantes que se alternam; e, por sua vez, [devemos louvá-lo] como preexistente à eternidade, uma vez que ele é anterior à eternidade e além da eternidade, e que sua Soberania é uma Soberania acima de todas as eternidades. Amém.

I.XI. Sobre a paz e o significado do Ser em Si e da Vida em Si e da Força em Si; e o que é chamado assim

I.XI 1 – A Paz divina e seu dom

Agora, nós queremos cantar sobre a Paz divina, efetuadora da união em canções pacíficas de amor; pois ela é aquilo que liga tudo e gera a harmonia e a conexão de todas as coisas. Por isso, também todos se empenham por ela, com o que as quantidades repartidas são reconduzidas à unidade e chega-se a um acordo nas guerras fratricidas para se voltar a morar em união de maneira pacífica no cosmos. Mediante a participação na Paz divina, também os mais originários poderes de reunião são unidos em si e uns com os outros, unindo-se também à única Paz originária do universo; e ela unifica aquilo que está sob ela, tanto em si quanto uns com os outros e com a única e perfeita base primordial e a causa da paz de todas as coisas, que chega indivisa a todos e, como com correntes que ligam o separado, delimitam, determinam e asseguram tudo e não permitem que o dividido se disperse no ilimitado e indeterminado, no desordenado e no sem lar <= sem lugar fixo>. Além disso, não permitem que o dividido, deixado por Deus, saia da própria unidade e se misture, sem separação. Então, o que propriamente é essa paz divina e o silenciar divino – o santo Justus chama esse sair para fora de si[165] reconhecível ["]tranquilidade silenciosa["] e ["]imobilidade["] –, não é permitido ou possível a nenhum existente <criado> falar ou pensar a respeito; <e tampouco sobre> como

165. Na tradução de Stein para o alemão, "*Aus-sich-Herausgehen*".

Deus repousa e se silencia, como Ele é em si e no interior de si, como Ele - totalmente e além de toda medida - é um e não se esvai em si e, reproduz a si próprio, abandonando a própria unidade, partindo rumo a tudo e, porém, permanecendo totalmente em seu íntimo, apesar do excesso de sua União que transcende tudo. Isso, portanto, é impronunciável e incognoscível; todavia, nós queremos nos estender rumo à própria <paz> como aquilo que está no alto, acima de todos, na medida em que é possível para os seres humanos e, particularmente, para nós, que restamos aqui, tão longe atrás de muitas boas pessoas.

I.XI 2 – Como Deus organiza tudo pacificamente

E, em primeiro lugar, nós devemos afirmar que Ele é o Autor da Paz em si, tanto da paz geral quanto de cada paz individual, e Ele mistura todas as coisas entre si em uma união que não anula a separação; e nessa união consiste o unido sem separação e distância, porém cada particular permanece puro em seu próprio tipo, de modo algum maculado pela mescla com o oposto, não enfraquecido sob nenhum aspecto devido ao cuidado e à pureza com a qual essa união ocorre. Agora, nós queremos considerar a única e simples natureza da união pacífica que une todas as coisas com ela própria e cada coisa em si e umas com as outras; ela preserva tudo em um vínculo que não anula a especificidade e agrega tudo sem mistura. Por meio dela, os espíritos divinos se unem aos seus próprios conhecimentos e ao que eles conhecem, e ascendem, novamente, ao contato incognoscível com aquilo que ultrapassa o intelecto. Por ela, as almas conectam seus variados conceitos e os organizam em uma pureza espiritual, e de modo adequado a eles, de maneira ordenada, por intermédio do conhecimento espiritual imaterial e indiviso rumo à união que excede o conhecimento. Por meio dela, a conexão indissolúvel entre todas as coisas perdura conforme sua harmonia divina e é juntada a uma consonância perfeita e a um sentido unânime, reunida sem mescla, coerente sem separação. A totalidade da paz perfeita perpassa todos os existentes por meio de seu poder unificador totalmente simples e não mesclado, que conecta tudo e associa o mais extraordinário pelo intermediário, de modo que seja agrupado conforme a amizade fundada na natureza.

E ela oferece participação nela mesma até os limites mais extraordinários do universo e vincula tudo mediante a unidade, ipseidade, unificação, junção e, naturalmente, sob defesa da paz divina imperturbada; ela mostra tudo em Um e atravessa tudo sem ir para fora de sua própria ipseidade; pois ela avança rumo a tudo, conserva tudo de uma maneira adequada ao modo como participa nela, transborda em abundância de seu poder procriador e permanece, pela demasia de sua união, inteiramente unida pelo seu todo vital.

I.XI 3 – Como a paz, entre tantas coisas, e tão opostas, é mantida

Como, porém, pergunta-se, tudo se empenha pela paz? A maioria das coisas se alegra, certamente, com sua diferença e separação e não quer jamais estar fora de si. Quando aquele que fala assim compreende, por diferença e separação, a peculiaridade de cada existente, então não o contestaremos de modo algum, mas, antes, observaremos que precisamente isso é a exigência pela paz. Afinal, todas as coisas amam estar em paz com elas mesmas, estar unidas, imóveis e ilesas. E a paz mais perfeita preserva uma peculiaridade não mista de cada uma; mediante sua providência que confere paz, ela mantém tudo em si própria e um com o outro, sem alvoroço e confusão, fixando – em seu poder firme e indesviável – todas as coisas em sua própria paz e em sua imobilidade.

I.XI 4 – Como a paz é encontrada no que está sempre em movimento

Quando tudo o que é movido não quer repousar, mas sempre se move no próprio movimento, então também esse empenho pertence à Paz divina do universo, que contém tudo inabalado em si própria e que conserva sem abalos a peculiaridade e [conserva] imóvel a vida motriz de tudo o que é movido. Com isso, as coisas movidas estão em paz uma com a outra e executam, sempre de modo igual, sua paz.

I.XI 5 – Sem paz, nada nas coisas tem duração

Contudo, se alguém tacha a diferença como uma queda para fora da Paz e observa que a paz não é amável para todas as coisas, então é melhor responder a essa pessoa que não há existente algum que seja totalmente sem união: vale dizer, o que é totalmente volúvel, ilimitado, sem lugar e determinidade não é nem um existente, tampouco pertence aos existentes. Se alguém afirma que quem tem prazer com contendas e rebeldia, mudanças e perturbações é inimigo da paz e dos bens da paz, também esse alguém está sob o encanto de uma ânsia por certas imagens obscuras da paz, pois ele está atormentado por múltiplas paixões e busca acalmá-las sem entender como, acreditando estar em paz pela satisfação de prazeres transitórios e sofrendo perturbação quando esses prazeres, pelos quais ele se deixa dominar, escapam dele. O que se deve dizer, então, a respeito do amor pela humanidade doador da paz do Cristo, que nos ensina a não ir mais à guerra, nem contra nós mesmos, tampouco contra o próximo ou contra os anjos; antes, nós devemos dar a eles o melhor apoio possível <para alcançar> o Divino, correspondendo à Providência de Jesus, que opera tudo em todos e concede a Paz impronunciável, predeterminada desde a eternidade e nos reconcilia com ela em espírito e, por ela própria e nela própria, reconcilia-nos com o próprio Pai.

O suficiente foi dito sobre esses dons sobrenaturais nos *Fundamentos teológicos*, em que as Sagradas Escrituras nos forneceram evidências do sopro divino.

I.XI 6 – Em que sentido Deus é chamado a própria Vida e o Autor da Vida em si etc.

Como tu me perguntaste, em uma carta, o que eu chamo o próprio Ser; a própria Vida; a própria Sabedoria, tu estás em confusão sobre em que sentido eu ora chamo Deus a própria Vida, ora o Autor da Vida em si. Então, eu tomo por necessário, santo homem de Deus, libertá-lo – tão bem quanto eu o consiga – dessa dificuldade. Em primeiro lugar, eu devo repetir o que já foi dito mil vezes: não é contradição chamar Deus o Poder em si e a Vida em si e, ao mesmo tempo, o Autor da Vida em si, da Paz em si, do Poder em si, pois Deus é chamado assim devido ao Existente e, em particular, em função do Primeiro Existente, uma vez que ele é o Autor de todo Existente; porém, ele contém aqueles nomes porque ele está acima de todo existente e primeiro existente, supraexistente – supraessencialmente. Tu perguntas, entretanto: [“]O que, então, nós chamaremos o próprio Ser e a própria Vida e o que nós, de outro modo, estimamos como incondicionadamente e originariamente existente e como, em primeiro lugar, criado por Deus[?”]. Nós respondemos: Isso não é uma questão complicada, mas é sem dificuldades e tem uma solução simples. Certamente, nós não dizemos que o Ser em si, a Causa do ser de todas as coisas, seja um ser divino ou angelical (apenas o Ser supraessencial em si, a base primordial, o autônomo-real <*οὐσία*> também é a causa do ser de todo existente e o Ser em si), e tampouco dizemos que haja uma divindade que gera a vida próxima da vida supradivina como causa de todo vivente e da Vida em si; resumindo: <Nós não aceitamos> nenhuma essência <*οὐσία*> primeira, criadora com ser autônomo, do qual alguns disseram contrassensos, de modo irrefletido, tratar-se de deuses e de criadores de existentes; para falar conforme à verdade e de maneira adequada a essas coisas, nem os que falaram dessa forma, tampouco os pais deles, compreenderam esse assunto: antes, nós dizemos que o próprio Ser e a própria Vida e a própria Divindade são originariamente, divinamente e eficientemente a única base primordial supraoriginária e supraexistente e a Causa de todas as coisas. No sentido do participar, porém, nós as chamamos [“]Poderes da Providência concedida por Deus[”], que não participa. Tais poderes são a Doação do ser em si; a Vivificação em si; a Divinização em si; nelas, o existente participa em cada uma de modo adequado a ele e, dessa forma, ele é e se chama existente, vivaz e divino; e o mesmo com todos os demais. É por isso que o Bem também é chamado Autor do Primeiro Existente; então, do todo <existente>; depois, do parcial; após esses, do que participa no Todo; e, após esses, o que participa em partes. Porém, para que nós precisamos falar a esse respeito? Bom, alguns de nossos divinos mestres também chamam o Bem em si [“]Suporte[”] <*ὑποστάτην*> e nomeiam a Divindade [“]Superbem e Supradivino[”], e eles dizem que ele é o dom que procede de Deus, o que torna bom e o que torna divino. E <eles chamam> a própria Beleza [“]o derramamento que cria a beleza["] e <falam sobre> beleza geral e sobre beleza parcial, sobre o belo como um todo e sobre o parcialmente belo; no mesmo sentido, é dito e será dito isso sobre várias outras coisas. Isso mostra que a Providência e a Bondade, em que o existente participa, parte de Deus - que não participa em nada - e transborda em abundante emanação; que é, no sentido preciso, o Autor de todo existente e, ao mesmo tempo, está acima de todos, e é o supraexistente e sobrenatural sob todo aspecto, qualquer que possa ser sua natureza e sua essência.

I.XII. O Santo dos Santos, o Rei dos Reis, o Senhor dos Senhores, o Deus dos Deuses

I.XII 1 – Introdução

O que dissemos a respeito atingiu, eu creio, uma meta adequada. Então, agora nós devemos louvar àquele que tem inúmeros nomes, como o Santo dos Santos e como o Rei dos reis, o Rei de eternidade a eternidade e, ainda mais, o Senhor dos senhores e o Deus dos deuses. E, em primeiro lugar, nós devemos dizer o que nós entendemos pela própria santidade, por reino, por soberania da divindade, e dizer, também, o que as Sagradas Escrituras querem revelar pela duplicação de nomes.

I.XII 2 – O que é Santidade, Reino, Soberania, Divindade

Santidade, portanto, é (de acordo com a concepção usual) a pureza livre de todo sacrilégio, totalmente perfeita e imaculada. Reino, porém, é a divisão de todas as fronteiras, do mundo, da lei, da ordem. Soberania não é apenas a prioridade em relação ao mais baixo, mas a plena posse <*παγκτησία*> de todo o belo e bom e da solidez verdadeira e inabalável - portanto, Soberania [(*Herrschaft*)], derivada de [“]senhor["] [(*Herr*)] <*κυριότηϚ ϖαρὰ τὸ κύριοϚ*>, também significa o sólido <*κύριον*> e soberano <*κυριεῦον*>. Divindade, todavia, é a Providência que tudo vê, que abrange e vincula tudo com seu olhar de perfeita bondade e que preenche e excede a tudo o que participa da providência.

I.XII 3 – Em que sentido se declara sobre Deus Santidade etc.

Ora, isso foi dito absolutamente sobre a Causa que ultrapassa tudo, e deve-se acrescentar que ela é a Santidade e Soberania e que é o Reinado mais alto e a mais simples Divindade. Afinal, apenas dela e, de uma vez, emanam e são distribuídas toda a imiscibilidade de toda pureza honesta, toda ordem e divisão do existente, [e dela] são excluídas a incongruência, desigualdade, irregularidade, e reúne, alegremente, rumo à ipseidade bem organizada, aquilo que é agraciado com a participação nela. Ela é totalmente perfeita e plena posse de tudo o que é belo, é o todo da boa Providência, que contempla e contém tudo de que ela cuida, cuidando bondosamente daquilo que se volta a ela, tornando essas coisas mais divinas.

I.XII 4 – Em que sentido Deus é chamado Santo dos Santos

Porém, porque o Autor de todas as coisas é a superabundância de tudo, por causa de seu excesso que ultrapassa tudo, Ele é louvado como o Santo dos Santos e o mesmo ocorre devido ao fato de que Ele corresponde à Causa extraordinária e à precedência incomparável. Por exemplo, quando se diz: ["]Assim como o Santo e Divino, o Soberano e Régio supera o que não o é, tal como, da mesma forma, o existente em si ultrapassa o que nele participa, então O que está acima de todos e Autor de tudo aquilo que nele participa (e ao que concede participação) está elevado acima de tudo sem que, nele, haja uma participação [em outra coisa]". Santos e régios, senhores e deuses são os mais primordiais em cada ordem por meio da qual também as inferiores recebem os dons de Deus. Mediante a sua diferenciação, estes reproduzem a simplicidade da doação daqueles; a diversidade dos inferiores, por sua vez, é reunida pelos primeiros zelosamente e de maneira divina, rumo à sua própria unidade.

I.XIII. O Perfeito e Um

I.XIII 1 – Em que sentido Deus é chamado perfeito

É o bastante a respeito. Agora, porém, nós queremos, caso seja favorável, falar sobre o mais descomunal: na medida em que a

Teologia atribui tudo ao Autor de todas as coisas – e tudo simultaneamente –, ela também louva a Ele como o Perfeito e o Um. Ora, Ele não é Perfeito apenas como completo em si mesmo e como adequado a si próprio, delimitado uniformemente a partir de si mesmo e plenamente perfeito, mas também como superperfeito[166], pois Ele excede tudo; e, como limitador de toda ilimitação, estende-se além de todo limite, não sendo abrangido ou encerrado por limite algum, mas se prolongando em direção a tudo e para além de tudo, em doação que nunca falha e em um efeito nunca cessante. Ademais, Ele é chamado perfeito na condição de não melhorável, sempre completo e não degradável, como tendo antecipadamente tudo em si e como transbordando em um e no mesmo ambiente, incessável, superabundante e não redutível, por meio de que Ele torna completo tudo o que é perfeito e preenche tudo com a perfeição adequada a Ele.

I.XIII 2 – Em que sentido Deus é chamado Um, isto é, sem composição

Contudo, <Deus é chamado> Um porque Ele é tudo unificado, devido ao excesso de sua unidade, e é Causa de todas as coisas, sem sair de fora do Um: afinal, nenhum existente é sem participação no Um, mas, uma vez que todo número participa no Um e significa um dois, ou [um número] dez, ou a metade, um terço ou um décimo, então todas as coisas e cada parte de todas as coisas participam no Um, e todo existente é por meio do ser-Um[167]. E o Um não é a causa de todas as coisas no sentido de uma a partir de muitas, mas de todos os uns e muitos, limitador de todo um e de todos os muitos; afinal, em nenhum lugar a multiplicidade (quantidade) é sem participação no Um, mas o que é muito por meio de partes, é Um como um todo.

E o que é muito por meio do que chega a eles (acidentes), é Um mediante o suporte <sujeito, *ὑποκείμενον*>; o que é muito, o é pelo número ou pelos poderes, é um pela espécie, e o que é muito segundo a espécie, é um segundo o gênero; e o que é muito em

166.Na tradução de Stein para o alemão, "*über-vollkommen*".

167. Na tradução de Stein para o alemão, "*das Eines-Sein*".

seus processos, é Um em sua origem: não existe nada entre os existentes que não participe de modo algum no Um, que seja único em tudo e que tenha unido antecipadamente tudo, inclusive o todo e o oposto. E, sem o Um, não haveria multiplicidade alguma, uma vez que o Um é anterior a cada número diverso dele; e, caso se queira substituir todas as coisas por tudo o que é unido, então todas as coisas são, no todo, o Um.

I.XIII 3 – Afastando-se do Um, tudo perece

Além disso, deve-se saber que, por intermédio de uma ideia <*εἶδος*> pensada anteriormente, o unificador de cada coisa é unificado, como se diz, e o Um é constitutivo de tudo <*στοιχειωτικόν, elementum*>; e, quando se afasta o Um, não é dada nem a totalidade, nem a parte, tampouco algo distinto do existente. Afinal, tudo tem o Um uniformemente pressuposto e abrangente de si. Nesse sentido, também a Teologia <Sagradas Escrituras> louva a Divindade total como Causa de todas as coisas pelo nome: o Um; e Um é o Deus Pai, Um é o Senhor Jesus Cristo, Um e o mesmo é o Espírito Santo, mediante a indivisibilidade transbordante do todo da unidade divina, na qual tudo é conectado unitariamente e unido em excesso, além de preexistir supraessencialmente. Portanto, com razão, tudo é relacionado a ele e atribuído a ele, do que e no que, através do que e em relação ao que tudo existe e é organizado juntamente, persiste e é mantido, chega à completude e é direcionado. E nada se encontra entre os existentes que não seja o verdadeiro, o que é, completo e conservado pelo Um, de que a Divindade como um todo é nomeada. É por isso que devemos, também, nos voltar dos muitos ao Um, pelo poder da Unidade Divina, louvando a Divindade total e una de modo inigualável como o Um, que é Causa de todas as coisas, de todo um e de todos os muitos, das partes e do todo, de toda determinação e indeterminidade, limite e ilimitação, que delimita todo existente e o próprio ser; [louvando-a] como a Causa de todas as coisas, una e anterior a todas as coisas, simultânea a todas as coisas e além de todas elas; como aquilo que também está além do que é um, limitando o que é um, caso se conte o um entre os existentes <finitos>. Afinal, o número participa na essência individual <*οὐσία*>. O supraessencialmente

Um, contudo, delimita aquilo que é um e cada número, sendo base primordial e fundamento do um e do número e de cada existente. Por isso, a louvada Unidade e Trindade, a Divindade acima de todos, não é unidade e trindade alguma que seja conhecida por nós ou por outros existentes, mas, para louvar o superunificado e produtor[168] do divino nela, nós chamamos pelo nome divino o [“]Tri-uno[169][”] Aquele que está além de todos os nomes e que é supraexistente acima de todos os existentes. Contudo, nenhuma unidade ou trindade, nenhum número, ou unidade, ou fertilidade, tampouco um dos existentes, ou o que é conhecido pelos existentes é capaz de revelar o Encobrimento da Superdivindade[170] que está além de tudo o que é supraessencialmente supraexistente e que excede toda razão e todo intelecto. Para Ela, não há nenhum nome e nenhum conceito, mas Ela está acima de tudo, fora do alcance. E nós não podemos nem ao menos incluir o nome “Bem” de modo pertinente a Ela, mas, no desejo de compreender e de dizer algo acerca da natureza impronunciável, nós nos dedicamos, primeiramente, ao mais digno de todos os nomes e, com isso, nós estamos inteiramente em consonância com os teólogos, mas nos distanciamos bastante da verdade objetiva. Portanto, eles próprios forneceram, anteriormente, a ascensão por meio de negações, para desprender a alma das coisas confiadas a ela conforme a natureza e indicar a ela o caminho a todos os conhecimentos divinos, pelo que é separada para, finalmente, unir-se a Ele (na medida em que uma união com Ele nos é possível), que está acima de todos os nomes, além de todo conceito e de todo conhecimento.

I.XIII 4

Nós compilamos esses nomes divinos cognoscíveis e, tanto quanto possível, explicamo-lhes, não só muito insuficientemente em relação ao que é propriamente adequado a eles (na verdade, os anjos também poderiam dizer isso), mas também em relação ao louvor dos anjos; ora, nem mesmo nossos teólogos mais emi-

168. Na tradução de Stein para o alemão, “*das Über-Geeinte und Gotterzeugend*”.

169. Na tradução de Stein para o alemão, “*Drei-Einen*”.

170. Na tradução de Stein para o alemão, “*Über-Gottheit*”.

nentes alcançam o último entre os anjos, ao passo que nós de modo algum chegamos aos pés dos teólogos e de seus discípulos, mas permanecemos com nosso próprio louvor, ainda atrás de nossos iguais. Portanto, se algo está correto no que foi dito e se, na elucidação dos nomes divinos, encontramos o sentido certo com nossas capacidades, então isso remete à Causa de todos os bens - que concedeu, em primeiro lugar, a capacidade de falar e de falar bem. E, caso algo equivalente tenha sido deixado de fora, então deve ser complementado por nós com método igual. Porém, se isso é incorreto ou imperfeito e se desvia - total ou parcialmente - da verdade, então é o Bem Dele que conduz os involuntariamente ignorantes ao caminho reto e a auxiliar, com motivos, aqueles que desejam aprender e que não têm forças próprias, curando aqueles que não gostariam de adoecer: E o que tu descobriste por conta própria ou pela mediação de outros, tudo isso começou do mesmo Bem que me conduziu. E não te irrites com um amigo que quer demonstrar essa bênção. Tu vês que eu não mantive nenhuma das palavras confiadas a mim, de maneira hierárquica, para mim mesmo, mas eu as comuniquei, de maneira totalmente pura, a ti e a outros homens santos, ou as compartilharei, na medida em que eu for capaz de falar; e os ouvintes, de compreender. Além disso, eu não violei, de modo algum, a fonte escrita, exceto talvez pela falta de habilidade na expressão e no compreender. Porém, agora foi dito e conduzido tal como apraz a Deus; e agora, essa é a conclusão do tratado sobre os nomes divinos apreensíveis intelectualmente; conduzido por Deus, eu passarei à *Teologia simbólica*[171].

171. Como visto no ensaio de Stein, essa obra foi perdida.

II
HIERARQUIA CELESTE

Note bem[172]: o que segue não é tradução literal, mas uma sinopse resumida, segundo o texto bilíngue grego-latim de Balthasar Cordier, cotejado com a Edição Crítica Hilduin[173] de P. Théry e a divisão em parágrafos da *Patrologia Graeca* de Migne[174] [interpolada à esquerda].

[* * *]

Para meu colega presbítero Timóteo. Dionísio presbítero.

II.I. Que cada iluminação divina, que procede de acordo com diferentes maneiras na Providência <*in providentibus*>, permanece simples, e não apenas isso, mas também unifica o que inicia a iluminação

I 1 – § 1. Cada dom benéfico e todo presente perfeito vem de cima, descendo do Pai das luzes. Toda iluminação procede de Deus e é uma, apesar da multiplicidade de criaturas, estabelecendo a unidade, na medida em que ela olha para a unidade do Pai e da simplicidade divina.

---

172. Nesta nota introdutória de Stein à tradução, a expressão usada é a locução latina "*nota bene*".

173. Vide nota 4 da apresentação.

174. Trata-se de uma compilação de escritos dos Padres da Igreja e escritores seculares, em grego antigo. No total, são 161 volumes produzidos entre 1857-1866 editados por J.P. Migne, Imprimiere Catholique, em Paris. O material está disponível *on-line* em: <https://patristica.net/graeca/>. Acesso em: 12 mar. 2024.

§ 2. Nós devemos invocar Jesus, a verdadeira luz, que ilumina todas as pessoas, de modo a, partindo das apresentações simbólicas do Pai, atingirmos a intuição espiritual das hierarquias dos espíritos divinos.

I 2 – Embora a iluminação se divida e irradie em prol de Muitos que são controlados pela Providência, a iluminação permanece uma, podendo nos iluminar apenas sob os múltiplos envoltórios de véus que Deus ajustou à nossa natureza, para ser conduzido para cima por meio dela.

§3. Nossa santa hierarquia é reproduzida das hierarquias celestes; essas se encontram traduzidas em figuras materiais e imagens compostas, que devem conduzir nosso espírito aos protótipos.

I 3 – Toda beleza sensível é a imagem de uma imagem oculta, toda fragrância sensível é imagem de uma doação espiritual, todas as luzes materiais são imagens da iluminação espiritual, toda a ciência terrestre é efígie do olhar celeste e a Santa Eucaristia é imagem de um participar espiritual em Jesus. Então, também a hierarquia terrestre [é] imagem de um sacerdócio celestial, que é um meio de apresentação imagética das Sagradas Escrituras a nos conduzir rumo ao conhecimento dos espíritos celestiais.

II.II. Que as coisas apropriadas divinas e celestes nos são indicadas por meio de coisas sensíveis distintas

II 1 – É apropriado que as coisas divinas e celestiais sejam reveladas por seus indícios dessemelhantes.

§ 1. Em primeiro lugar, será indicado de que tipo é a nossa contemplação da hierarquia como um todo e o que é útil na consideração dela. Em seguida, louva-se a hierarquia celestial de modo correspondente à sua revelação pelas Sagradas Escrituras. Finalmente, mostra-se por meio de quais formas as Sagradas Escrituras descrevem os coros dos anjos e a qual verdade (simplicidade) nós deveremos subir mediante essas formas.

II 2 – Nós não devemos, como faz a multidão, considerar uma profanação se o assunto é vacas, leões, águias, rodas de fogo, e assim por diante. As Sagradas Escrituras precisam de tais imagens para elevar nosso espírito ao âmbito celestial.

§ 2. II 3 - Poder-se-ia objetar, contra as Sagradas Escrituras: 1) que os espíritos divinos corresponderiam melhor a criaturas corpóreas mais nobres; 2) uma vez que as criaturas mais nobres têm propriedades mais nobres, elas comunicariam a nós uma representação mais digna; 3) beira a blasfêmia comparar o divino com o inferior; 4) na interpretação literal, nós somos levados ao maior erro; 5) o sentido literal das Sagradas Escrituras parece falso.

II 4 - Pesquisa mais elaborada indica que as imagens das Sagradas Escrituras são escolhidas com a maior sabedoria e que nem fazem o divino desonroso, tampouco nos comunicam representações inferiores. Elas são adotadas respeitando nossas fraquezas. E, por meio do mistério de sua linguagem, elas apontam para o fato de que se trata de uma verdade sagrada e oculta.

§ 3. II 5 - O tipo de clarificação mística é duplicado: pela afinidade e pela dessemelhança.

II 6 - Ela é semelhante, como quando se fala do próprio Deus: às vezes, Ele é chamado Palavra, Espírito, Essência, Ser Essencial, Causa Verdadeira de Toda Existência Criada, Luz, Vida. E, às vezes, chamado por expressões adequadas como imagens materiais. Mas também há imagens inacessíveis, uma vez que Deus ultrapassa todo o nomeável. É por isso que, às vezes, Ele é indicado por aquilo que ele não é: como o invisível, incompreensível, infinito.

II 7 - A designação negativa é a mais correspondente, pois Ele não é "como algo daquilo que é. Nós não conhecemos sua infinitude supraessencial, invisível e impronunciável".

II 8 - Se, para Deus, as determinações negativas são mais excelentes que as positivas, então, para os espíritos celestiais, as imagens dessemelhantes são mais reveladoras: elas não deixam o erro surgir, como se fosse o caso da descrição real (como quando se lhes apresenta como homens radiantes); além disso, tudo o que é tem participação no Bem.

§ 4. II 9 - Por isso, todo fundamento pode ser uma boa contemplação. Porém, aquilo que é atribuído às criaturas espirituais por imagens do mundo material deve ser compreendido de modo distinto de como é entendido no mundo sensível.

II 10 - Então, a cólera, nas criaturas irracionais, é uma estimulação irracional, nos seres espirituais, o poder viril de sua razão, seu permanecer imutável na moradia divina e imóvel. - O desejo, nos seres irracionais, é irrefletido, direcionado a algo material e mutável, em decorrência de inclinação natural ou costume sem consistência evocada por poder, uma predominância irracional do empenho corpóreo que prolonga o ser vivo como um todo no desejável aos sentidos.

II 11 - Nos puros espíritos, por desejo, quer-se dizer o amor divino, com que eles amam os espíritos mais elevados de modo compreensível e a permanente ânsia pela contemplação pura, livre de paixões e pela união com o Amor mais elevado e mais puro.

Se nós falamos de irracionalidade e de falta de sentido nesses espíritos, com isso, não queremos dizer nenhuma falta inerente a eles, mas que eles ultrapassam nossas capacidades de compreensão.

II 12 - Portanto, não é descabido que as coisas materiais inferiores sejam imagens dos puros espíritos, pois também elas têm seu ser da mais elevada Beleza e portam um traço da Beleza em si. Por isso, pode-se ser conduzido, por elas, às formas puras, caso se compreenda a imagem nesse sentido correspondente.

§ 5. II 11 - Os teólogos místicos falaram dessa maneira não apenas sobre espíritos celestiais, mas também de Deus: Sol da Justiça; Estrela da Manhã, Desvelado; Luz que irradia espiritualmente.

II 14 - Às vezes, também são usadas coisas intermediárias, como fogo e água, e inclusive [coisas] bem inferiores: unguento fragrante, pedra preciosa, animais até o verme.

II 15 - Então, divino e mundano são nitidamente separados, as coisas inferiores são utilizadas, sem danos, como alegorias e, também, para alcançar o mais elevado, uma vez que não se sustentam para a própria coisa. Por isso, também é adequado falar acerca dos espíritos celestiais. A dessemelhança das imagens nos impele a ir para além e para fora delas, e nos guia, talvez, mais longe do que a pesquisa factual precisa o fez.

II 16 - Agora, é válido explicar para que se manter a hierarquia e qual uso dela obtém aquele que participa nela. O líder nesse discurso será Cristo, do qual parte toda a iluminação hierárquica. O discípulo (Timóteo) deve ouvir o ensinamento com veneração profunda correspondente e com santidade, mantido oculto da multidão profana.

II.III. O que é a hierarquia e qual o seu uso?

§ 1. III 1 - A hierarquia é uma ordem sagrada, um saber <ἐπιστήμη> e um operar <*disciplina seu operatio*> que, tanto quanto possível, se aproxima da semelhança com Deus e, por causa de Deus, eleva-se em medida correspondente a iluminações moldadas em imitação de Deus. A beleza adequada a Deus é simples, boa, origem de toda perfeição, não mesclada com nada diferente. Ela compartilha sua luz com todos conforme o mérito e aperfeiçoa a eles em mistério divino <*sacramentum* - *sacrificium*> por transformação em imagem de sua imutabilidade.

§ 2. III 2 - O intuito <*scopus*> da hierarquia é a adaptação mais possível de Deus e a união com Ele; Ele é seu guia em todo saber e obrar. Permanentemente contemplando sua beleza divina, ele reproduz, tanto quanto possível, as efígies apropriadas a Ele, espelhos claros e imaculados, que reservam o raio da luz originária e da mais elevada divindade. Preenchidos por este, aqueles o soltam segundo lei divina, sem inveja dos consequentes transbordamentos, pois os santos confessos e iniciados não precisam fazer nada que contradiga as santas leis de sua ordem sagrada, ou pensar de maneira divergente, quando eles precisam se empenhar para sua clareza divina e nela veem o devido respeito e querem ser metamorfoseados em cada capacidade de compreensão correspondente. Quem fala sobre a hierarquia menciona uma organização sagrada, a imagem da protobeleza[175] de Deus; essa pessoa celebra, em ordens e ciências sagradas, os mistérios da iluminação divina e é, na medida em que possível, conforme seu próprio fundamento originário.

III 3 - Todos que pertencem à hierarquia são exigidos na imitação de Deus e deixaram brilhar em si a mais divina excelência

---

175. No original alemão, "*Ur-Schönheit*".

na condição de colaboradores de Deus e seu operar. Corresponde a essa ordem santa que alguns purifiquem, outros sejam purificados, alguns iluminem, outros sejam iluminados, alguns aperfeiçoem, outros sejam aperfeiçoados. A beatitude divina, contudo, é livre de toda mistura com o que é diferente dela, cheia da luz divina, sem necessidade de completude alguma, ela própria é toda purificação, iluminação e completude; superperfeita e origem de toda perfeição, causa de toda ordem sagrada.

III 4 – Aqueles a purificar deverão, portanto, ser totalmente puros, livres de toda mistura e dessemelhança. Os que serão iluminados deverão ser preenchidos pela luz divina; elevados por meio de puros olhos espirituais ao posto e à virtude da contemplação; os que serão aperfeiçoados deverão ser libertos da imperfeição e obter participação na ciência perfeita do Sagrado. Os que têm o cargo de purificar devem, mediante sua prioridade, conduzir os demais a participarem em sua pureza. Os vocacionados a iluminar (que são espíritos mais astutos), a contemplar a luz e a irradiar devem ser satisfatórios para isso, transbordando. Os chamados à perfeição [devem] experienciar a arte de aperfeiçoar e, mediante a mais santa instrução nos assuntos sagrados, conduzi-los à perfeição. Cada nível da hierarquia é conduzido de tal maneira e aperfeiçoado mediante a graça e o poder de Deus que é inerente à Divindade que parte da natureza, está além da natureza e opera nele de modo sobrenatural e evidente em uma emulação mais próxima possível de Deus, pelos espíritos da hierarquia, que amam a Deus.

II.IV. O que significa o nome “anjo”?

IV 1 – Segundo a determinação daquilo que significa a hierarquia, a hierarquia dos anjos deve ser louvada. Com olhos sobrenaturais, deve-se considerar as figuras mediante as quais ela é apresentada no discurso, para que se eleve, por meio de objetos místicos, à simplicidade altamente divina dele. – Deus dispõe toda a essência das coisas a partir de si mesmo (*subsistens faciendo*) e, com isso, põe-nas em existência. É próprio da Primeira Causa e Sumo Bem qualificar todas as coisas em comunidade consigo conforme a medida de suas capacidades de compreensão. Portanto, todas as coisas participam da Providência, que flui a partir da Divindade, a causa supraessencial de todas as coisas. <... *ἀγαθότητι πάσας ἡ ὑπερούσιος θεαρχία τὰς τῶν ὂντων οὐσίας ὑποστήσασα, πρὸς τὸ εἶναι παρήγαγεν*>

IV 2 - Ora, as coisas não seriam, se elas não participassem na essência e no fundamento das coisas. Todo inanimado, por isso, participa simplesmente porque existe; pois o ser de tudo é a Divindade, que ultrapassa esse ser. As coisas viventes, porém, participam no poder vivificador da Divindade que está além de toda vida; porém, as [coisas] que têm poder racional e poder espiritual são participantes da sabedoria divina, perfeita por si mesma, que está além de toda razão de todo poder do intelecto.

IV 3 - É claro que cada natureza está mais próxima de Deus quanto mais participa dele. Por isso, as ordens dos seres celestiais ultrapassam as coisas que são simples, os seres vivos irracionais e, também, os que são dotados apenas com razão humana pelo dom e participação na posição divina. Uma vez que os seres celestiais são, de fato, formados espiritualmente à imagem de Deus, intuindo sobrenaturalmente o ser originário de Deus e desejando-o para, então, formar sua própria figura, eles se contentam com razão e participação merecidamente mais abundante; pois eles são persistentes e são regidos constantemente pelo amor divino imutável. Então, eles recebem as primeiras iluminações de modo imaterial e ruidoso, depois se formam e adquirem um ser inteiramente espiritual.

IV 4 - Portanto, os seres celestiais participam prioritariamente e de modo diversificado em Deus e revelam, acima de tudo e de maneira múltipla, o mistério de Deus. Por essa razão, eles merecem de maneira preeminente em relação a todos os demais o nome de anjos: eles são iluminados por Deus primeiro e são mediadores das revelações concedidas a nós. Então, como a palavra divina atesta, a lei é dada a nós pelos anjos; e os anjos conduziram nossos gloriosos pais antes e depois da lei: ou lhes explicaram o que tiveram que fazer; conduzindo-lhes do erro e da vida mundana rumo ao caminho certo da verdade; ou eles revelaram suas santas ordenações, deixando-lhes a história oculta dos segredos sobrenaturais ou predições divinas, sendo ao mesmo tempo mensageiros e servos.

IV 5 - Contudo, se alguém quisesse dizer que certos santos são imediatamente parecidos com o próprio Deus, então ele gostaria de aprender o que procede das Sagradas Escrituras: que ninguém viu ou verá a essência oculta de Deus; antes, Deus aparece dá a impressão dos santos, na medida em que ele próprio, como convém a ele, indica, mediante o sagrado e o visível, a história de modo apropriado.

IV 6 - Essa história, que perde a forma disforme, é chamada [“]Teofania[”] ou [“]aparição divina[”] pela Teologia, pois ela serve a iluminação divina visível e instrui acerca do divino de maneira santa. Pelo serviço dos anjos, nossos pais gloriosos foram iniciados nessas histórias santas.

IV 7 - As Sagradas Escrituras também não ensinam que Moisés recebeu cada missão sagrada do próprio Deus, para nos ensinar que existe a escritura de uma lei divina e sacrossanta? E, contudo, a Teologia nos ensina plena sabedoria que flui a nós por intermédio dos anjos, como a ordenação da lei divina tem sido determinada de tal modo que o inferior é conduzido à divindade pelo superior. Afinal, não só para os espíritos mais elevados e inferiores, mas também para os equiparados, cada lei é implantada pela ordem supraessencial e originária de todas as coisas, pois nas hierarquias individuais deve haver séries e poderes primeiros, médios e últimos. Ademais, elas devem existir para os mestres e líderes divinos inferiores, com o que eles se aproximam de Deus, tornam-se iluminados e podem atingir a união.

IV 8 - Também o mistério do se tornar homem de Jesus é, em primeiro lugar, revelado aos anjos e, então, chega a nós. (Anunciação de Gabriel a Zacarias e Maria, mensagem a José e aos pastores.) Sim, Jesus obedientemente se submete, como homem, às figuras efetuadas pelo Deus-Pai mediante os anjos[176]. Pelo serviço destes, ocorreu a fuga do Filho ao Egito, ordenada pelo Pai, e seu retorno do Egito à Judeia foi anunciado a José. Sim, nós vimos que, por intermédio dos anjos, as leis do Pai foram subjugadas; eu deixo de

176. Usaremos “Anjos” com “A” maiúsculo para indicar os anjos enquanto a última classe da última ordem de seres celestes, e “anjos” com “a” minúsculo para designar seres celestiais como um todo, conforme é explicado logo a seguir.

lado como conhecido o que foi transmitido acerca do fortalecimento de Jesus por intermédio de um Anjo. – O próprio Jesus, que foi posto na série de espíritos reveladores para nossa redenção, recebe o nome de anjo do conselho supremo, pois, como ele próprio disse, tendo em vista o cargo de mensageiro, ele fez conhecido a nós o que ele sempre ouviu do Pai.

II.V. Por que todos os seres celestes são indicados em comum com o nome "anjo"?

V 1 – "Anjo" é o nome da ordem mais baixa de espíritos celestiais, mas também de todas as superiores, pois tanto estas quanto aquela recebem e repassam a iluminação divina. Em oposição, os poderes das [ordens] superiores não constituem posse da inferior e, por isso, esta não pode ser nomeada com os nomes daquelas.

II.VI. Qual é a ordem superior, a média, a inferior dos seres celestes?

VI 1 – A grandeza e particularidade do coro celestial e o tipo de seu operar é conhecido, no fundo, apenas por Deus.

VI 2 – Nós apenas podemos saber acerca do mistério dele e de suas perfeições sagradas, o que Deus nos revelou a respeito.

VI 3 – Por esse motivo, nós não pronunciaremos nada a partir de um ímpeto próprio, mas apenas exporemos o que os antigos teólogos viram.

VI 4 – A Teologia chamou todos os seres celestiais com nove nomes revelados.

VI 5 – Nosso divino consumador os classificou em três ordens, em cada uma das quais três são subsumidas.

VI 6 – Ele chama primeira aquela <<ordem>> que permanece continuamente próxima de Deus, incessantemente aderindo a Ele de modo mais imediato que as demais [ordens] devem ser unidas com Ele: os tronos sagrados e os coros dotados de muitos olhos e asas, nomeados com as palavras hebraicas Querubim e Serafim. Imediatamente esses têm seu lugar em Deus por afinidade mais próxima que os outros - então, Ele diz que foram disfarçados pela explicação de discursos sagrados. Essa ordenação tríplice é mencionada por nosso mestre glorioso como a única, semelhante e primeira hierarquia; nenhuma outra é mais divina e mais próxima de Deus mediante inspirações originárias, em ligação imediata com Ele.

II.VII. Sobre os Serafins, Querubins e Tronos, e sua primeira hierarquia

VII 1 - Os nomes dos corais de anjos nos ocultam sua peculiaridade. Serafim deve significar: atear fogo ou aquecer, já Querubim significa abundância de conhecimento ou entornar de sabedoria.

VII 2 - Merecidamente, essa primeira das hierarquias celestes é ordenada da natureza mais sublime, uma vez que ela obteve uma ordem mais elevada do que as outras, por meio do que ela, que paira imediatamente mais próxima de Deus, transborda em primeiro lugar as primeiras aparições e consagrações divinas.

VII 3 - Eles também são chamados aquecidos e tronos e efusões da sabedoria, pela indicação que esclarece suas perfeições divinas.

VII 4 - Tudo isso é indicado, de maneira iluminada, pelo nome serafim: seu movimento constante e incessável em torno das coisas divinas; seu fervor e severidade, assim como o fervedouro de seu movimento contraído, nunca interrompido, e jamais mudando de direção; em seguida, sua capacidade de conduzir para cima, rumo ao mais elevado, os espíritos subordinados a eles; despertando e inflamando aqueles para um fervor análogo ao que é próprio destes; e como os serafins tornam os outros espíritos luminosos e os inflamam plenamente pela capacidade de purificar e pela peculiaridade luminosa e iluminadora, que não se pode extinguir e nem esconder, que sempre se porta da mesma forma, expulsando e consumindo todas as sombras da escuridão.

VII 5 - Querubim, por sua vez, <designa> seu poder de reconhecer e intuir a Deus e a capacidade de compreensão de uma luz transbordante e a capacidade de contemplar, no próprio poder originário, a beleza divina, e a arte de transmissão que distribui sabedoria, por meio do que ele leva e transborda a sabedoria presenteada aos mais baixos, sem inveja da parte desses.

VII 6 - O nome do mais sublime elevado trono indica o que é separado de toda inferioridade terrena, sem mescla, designa o que é carregado pelo zelo divino rumo às alturas e que não se demora em nenhuma das coisas divinas, mas que perdura firme e imutavelmente com todas as forças no Altíssimo, acolhe a vinda divina sem movimento e de modo imaterial. O trono acolhe Deus e está preparado com zelo para compreender o divino em si - essa é a interpretação do próprio nome, na medida em que nós conseguimos apreendê-lo.

VII 7 - Agora, deve ser dito para que nós sustentamos sua hierarquia. Anteriormente, nós já havíamos elucidado de modo satisfatório que a meta de toda hierarquia depende permanentemente da imitação divina da disposição à forma divina[177] e que todo o operar hierárquico seria dividido no participar sagrado e na atribuição da purificação mais honrável e da luz divina e do saber que confere perfeição. Agora, porém, eu gostaria de falar sobre a dignidade correspondente àqueles espíritos superiores, como é explicado sobre a santa ordem pelas Sagradas Escrituras. Nós devemos crer que aqueles primeiros seres têm, imediatamente, seu lugar diante da divindade criadora de seus seres e, por assim dizer, permanecem em seu átrio que excede todo poder gerado, visível e invisível, e formam uma própria hierarquia uniforme.

VII 8 - Nós devemos sustentar que esses espíritos são puros - não no sentido de que eles são livres de máculas impuras, ou de que não são receptivos a imagens de coisas materiais. Antes, eles são inteiramente livres de toda restrição, elevam-se sobre cada um dos santuários subordinados a eles em função de sua suprema honestidade e permanecem acima de tudo, até mesmo dos poderes divinos mais elevados, e conservam duradouramente e imutavelmente o movimento peculiar, uniforme de sua ordem mediante o amor de Deus. Eles não conhecem nenhuma modificação para o ruim, mas têm uma residência inabalável e imóvel para sua singularidade divina.

---

177. No original alemão, "*Gottförmigkeit*".

VII 9 – Eles não consideram Deus em imagens sensíveis ou espiritualmente concebíveis e não se elevam pela múltipla contemplação das Sagradas Escrituras, mas são plenos de uma luz superior em um conhecimento simples abrangente e realizado, tanto quanto possível, pela intuição daquela beleza que é a fonte primordial de toda beleza, a supraessencial que ilumina de modo tríplice. – Então, eles também têm comunidade com Jesus, não em imagens formadas de modo santo, que expressam nelas uma divindade em formas, mas próxima Dele e na primeira participação no pensar da luz divina Dele. E, como também neles a imitação de Deus é preservada de modo mais originário e supremo, eles também participam, na medida do possível, em seu poder, em seus poderes divinos e humanos.

VII 10 – Eles não têm saber diverso e que procede por inferências, mas, mediante a primeira e culminante santificação, o saber mais sublime em torno das obras divinas. Eles não são santificados por outros seres santos, mas pelo próprio Deus, e recebem, de uma vez, todo poder e ordem que excede a todas as coisas da própria beleza invisível.

VII 11 – Os teólogos explicam claramente que as ordens inferiores de seres divinos recebem, adequadamente, o conhecimento das obras divinas das ordens superiores. Porém, aquela que precede todas as demais é iluminada na santa doutrina pela própria Divindade suprema. Alguns, eles dizem, aprendem dos mais altos dos santos que o Senhor dos Poderes Divinos e Rei da Glória foi acolhido nos céus em forma humana. Contudo, outros perguntaram ao próprio Jesus e obtiveram, para nós, o conhecimento de seu operar divino; e o próprio Jesus os informou imediatamente e revelou a eles, em primeiro lugar, seus próprios bens supremos diante dos homens. [“]Eu[”] – Ele disse – [“]não vim para condenar o mundo, mas para o salvar[”][178]. Todavia, eu fico admirado que os primeiros seres celestes, que transcendem todos os demais, também demandam iluminações divinas em contemplação respeitosa. Portanto, não são eles que perguntam: [“]Por que suas vestes são vermelhas?[”] Porém, antes eles hesitam como se tivessem sido fulminados e é explicado a eles que, ainda que ansiando pelo conhe-

178. Jo 12,47.

cimento das obras divinas, eles não se adiantam pela iluminação divina concedida a eles.

VII 12 - A primeira hierarquia de espíritos celestes, portanto, é santificada pela fonte primordial de toda perfeição, mediante a mais santa purificação, que os empurra imediatamente para cima, rumo a Ele, de acordo com sua capacidade de compreensão e os preenche com a mais rica luz de mais perfeita santificação de maneira purificadora, luminosa e perfeita. Nela, nada é inferior; por participação perfeita, ela é plena da primeira luz, do conhecimento e do saber originários. Com razão, sou bem autorizado a dizer que a participação no saber divino é purificação, iluminação e completude, pois ela afasta a ignorância mediante o conhecimento dos mistérios mais completos que têm sua dignidade correspondente preservada. Precisamente pelos conhecimentos divinos, ela também ilumina e purifica a si própria, pois o espírito vê o que antes não era capaz de ver mediante iluminação mais elevada; e, por sua vez, ele o completa pela mesma luz, mediante um conhecimento duradouro dos mestres mais claros.

VII 13 - Portanto, esta é, tanto quanto posso entender, a primeira ordem de seres celestiais, [ordem] que tem imediatamente seu lugar próximo à natureza imediata de Deus e que, simples e incessantemente, circula em torno ao conhecimento eterno dele, conforme a constituição do ser mais elevada (possível entre os anjos), sempre em movimento. Ela frequentemente desfruta de contemplação bem-aventurada, é iluminada por inspirações simples e imediatas e nutrida com refeições divinas; compartilhada abundantemente em um entornar originário que, contudo, é único, imediato e simples, devido à unidade da revitalização divina. Ela também é digna do frequente trato com Deus e da participação em suas obras, de modo que ela, na medida do possível, assemelha-se a Ele em capacidades e em obras: ela reconhece, também, de modo excelente, muitas coisas divinas e participa - na medida do possível - no saber divino.

VII 14 - Por essa razão, a Teologia também transmite aos nascidos na Terra suas canções de louvor, nas quais é revelada a sublimidade das iluminações excelentes da primeira ordem. Alguns se remetem a essa ordem, quando nós a expressamos em um modo de discurso adaptado aos sentidos, como a voz e o banho de muitas águas: [“]Louvada seja a glória de Deus em todos os lugares[”]; outros, porém, ressoam aquela canção de louvor divina, gloriosa e reverencial: [“]Santo, Santo, Santo é o Senhor dos Senhores, toda a Terra é plena de sua glória[”].

Essas mais sublimes canções de louvor, ou hinos de louvor, porém, já foram explicadas com nossas forças por nós em nosso escrito *Sobre as canções divinas de louvor* e lá, tanto quanto possível, falamos a respeito disso. É suficiente que agora resgatemos na memória que cada ordem é iluminada, tanto quanto possível, de saber teológico pelo bem divino e que, então, ela compartilhou o que segue por intermédio da hierarquia divina e, dizendo resumidamente, ensinou como cada canção venerável e de louvor imenso, digna da Divindade, deve ser louvada pelos espíritos que acolhem o Deus em si próprios, na medida em que ela é conhecida por eles e em que pode ser exaltada. Isso é fato, pois essas canções são divinas, no lugar divino, como as palavras nos indicam, e em calma divina. E [a hierarquia ensinou] o fato de que há uma unidade em três pessoas, que perpassa todas as coisas – desde as naturezas supracelestiais até as mais baixas terrestres, pela Providência universal – como fundamento originário e causa de todos os seres, e que apreende em si tudo de modo supraessencial e inapreensível.

II.VIII. Sobre os Domínios, Virtudes, Potestades e suas hierarquias médias

VIII 1 – Agora, nós devemos passar para a ordem média dos espíritos celestes e considerar esses domínios, na medida do possível, com olhos sobrenaturais, junto com as imagens dos poderes e forças divinas, pois cada denominação de naturezas sobrenaturais indica algo dessas peculiaridades divinas, emuladoras de Deus. Então, eu creio, o nome que designa as santas Dominações descortina uma transição absoluta rumo aos usos celestes, livres de todo uso mundano, e uma forte Dominação que não é atenuada por desfiguração tirânica (desigualdade) alguma, em pródiga liberdade, elevado acima de cada vassalagem desprezível, cada diminuição, longe de cada deturpação, pleno de um exigir duradouro segundo a verdadeira Dominação e a origem de toda Dominação, na medida em que ela tanto remodela a si mesma quanto também remodela tudo o que é subordinado a ela. Isso ocorre em autêntica similaridade entre Ele e o melhor; de modo algum uma aparência vazia, mas virado de modo integral para o verdadeiro existente. Ela sempre participa na Divindade do Senhor.

VIII 2 – O nome das Virtudes sagradas indica uma virilidade corajosa e imperturbável, que transborda suas ações divinas e não permite nada por meio do que possam ser reduzidas as iluminações conferidas a elas por Deus. Elas se empenham com todas as forças na imitação de Deus, nada fica para trás em fraqueza covarde, exigindo-se o movimento divino. Elas contemplam permanentemente a Virtude supraessencial e criadora de poder e, tanto quanto possível, são uma efígie desse poder; elas se voltam vigorosamente a essa Virtude originária e transbordam, energética e divinamente, ao que está subordinado a elas.

VIII 3 – O nome das santas Potestades indica um grupo subordinado às divinas Dominações e às divinas Virtudes, uma ordem não mesclada (com as demais) para o acolhimento das coisas divinas, uma constituição de poder espiritual e sobrenatural, que de modo algum emprega seus poderes com maldade ou de maneira tirânica, mas se vira tanto para ela própria com espírito invicto no caminho justo rumo ao divino quanto também promove totalmente o bem do que é subordinado a ela. Tanto quanto possível, aproxima-se da Potestade originária que confere poder e, na medida do possível aos anjos, revela sua força poderosa pelos mais soberanos resultados.

VIII 4 – Em função dessas peculiaridades divinas, essa ordem intermediária de espíritos celestes purifica, ilumina e aperfeiçoa do modo indicado pelas inspirações divinas, que transbordam em segundo lugar a essa ordem por meio da primeira ordem hierárquica e, por meio da mediação desta, emanam em uma segunda revelação.

VIII 5 – Ora, nós queremos tornar em índice de uma completude o conhecimento em questão, que transborda de um anjo a outros e que, trazido de um a outro, é algo obscurecido pelo progredir e se propagar a algo mais baixo. Certamente, assim como aqueles com experiência em nossos mistérios estimam as inspirações divinas que surgem dentro deles, mediante as quais outros participam pela sua mediação, como mais elevados, então eu penso que também a iluminação imediata dos coros angelicais que se estende como primeira rumo a Deus, de clareza mais clara que a parcela daqueles que são conduzidos pela mediação rumo à completude. Por isso, também em nossas tradições sacerdotais, os primeiros seres espirituais[179] são chamados aperfeiçoadores, portadores da luz e purificadores em relação àqueles da segunda ordem, que são conduzidos por aqueles rumo ao início supraessencial de todas as coisas, e obtêm sua parte na purificação, iluminação e aperfeiçoamento místico, tanto quanto é possível a eles, pois isso é a disposição divina universal, que a segunda obtenha seu quinhão de inspirações divinas mediante a primeira.

VIII 6 – Descobrir-se-á que isso foi dito de múltiplas maneiras pelos teólogos: a saber, como o bom Deus-Pai, para converter e salvar o Povo de Israel; para a sua melhora, entregou-o ao poder punitivo de povos truculentos, e Ele quis levar aqueles aos quais sua Providência conduz a melhores frutos e lhes remete, uma vez livres do cativeiro, à sua sorte anterior. Um teólogo chamado Zacarias viu, em um rosto, um dos anjos mais elevados, eu creio, que estava mais perto de Deus,... do próprio Deus... e recebeu palavras consoladoras. Um outro anjo, de ordem inferior, foi no caminho contrário ao do outro, para obter sua parcela da luz e, à medida que ele experienciou a decisão divina como se tivesse vindo de um sumo sacerdote, ele ensinou aos teólogos que Jerusalém se tornaria frutífera e habitada por uma grande quantidade de pessoas.

VIII 7 – Um outro teólogo, Ezequiel, relatou que a Divindade supermagnífica[180], a qual sobe ao trono acima dos Querubins, é proclamada santa: Deus (na punição mencionada) separa os culpados dos inocentes. Isso é ensinado em primeiro lugar aos Querubins, que tinham safiras acima de suas cabeças e estavam trajando vestes flutuantes[181]. Os demais anjos, que estavam armados com machados,

179. No original alemão, "*Geistwesen*".

180. No original alemão, "*überherrlichen*".

181. Ez 1,15-28.

eram ensinados sobre a sentença divina pela ordem daqueles primeiros: é ordenado aos Querubins que sigam a Jerusalém e coloquem a marca dos inocentes na fronte dos homens; aos outros, porém, ele disse: [“]Ide a eles na cidade e golpeiem, e não deixem seus olhos verem; contudo, não se aproximem daqueles que portam a marca[”].

Mas o que eu posso dizer sobre aquilo que é dito por Daniel: uma palavra está faltando? Ou sobre aqueles primeiros que recebem o fogo dos Querubins? Ou, o que a separação entre os anjos confirma sobre o Querubim em cuja mão há fogo, que está vestido com roupas sagradas? Ou daquele que buscou o divino Gabriel e disse: Deixai-o ver um rosto? Ou sobre todos os outros que os santos teólogos enumeram sobre a ordem totalmente divina das hierarquias celestes? Segundo o modelo sagrado deles, nossa santa ordem aqui nesse mundo será organizada, tanto quanto possível, igual a ele, e cada beleza celeste será expressa verdadeiramente em figuras e, portanto, acolherá a forma destas e, por elas, elevá-la-á à fonte supraessencial de toda ordem santa.

II.IX. Sobre os Principados, Arcanjos e Anjos e sua última hierarquia

IX 1 – Resta-nos, ainda, considerar aquela ordem que encerra a hierarquia dos anjos e é atribuída aos Principados, Arcanjos e Anjos. E eu acredito, em primeiro lugar, que nós devemos explicar o significado de seus nomes, tanto quanto somos capazes: o nome dos Principados celestes indica, com uma das forças condutoras inteiramente adequado à ordem, sendo seu poder guiar e conduzir, de modo divino, dirigindo-se completamente à liderança supraprincipesca[182] e também conduz outros com liderança, dando em si expressão, na medida do possível, à forma da Liderança que cria os Principados. Finalmente, esse nome indica a capacidade de revelar a liderança supraessencial de sua ordem no ordenamento dos poderes condutores.

IX 2 – A ordem dos santos Arcanjos, porém, é equiparada a esses Principados. Pois,... estes e os Anjos pertencem à mesma hierarquia e classe, porém, como cada hierarquia tem primeiro, médio

182. No original alemão, “*überfürstlichen*”.

e último poder, então a ordem dos Arcanjos exprime, por sua posição média, o mais externo junto com um direito hierárquico geral e estabelece a ligação entre os sacrossantos Principados e os santos anjos; estando em ligação com eles, pois os Arcanjos são a liderança supraessencial voltada de modo a guiar. Em seguida e tanto quanto possível, constituem-se para isso. E eles são causa da união entre os anjos, por intermédio da bela e bem organizada liderança invisível deles. Porém, uma vez que eles também têm o cargo de anunciação, eles anunciam aos anjos as inspirações divinas, que eles recebem das primeiras Virtudes de modo hierárquico, de modo inteiramente bom e, por intermédio dos anjos, eles revelam a nós – conforme a medida da capacidade de compreensão das coisas divinas, o que é próprio à iluminação divina.

IX 3 – Agora, os Anjos encerram as séries de espíritos divinos, uma vez que eles alcançaram a peculiaridade de anjos no último lugar entre os seres celestes. E eles são chamados, com muito mais direito que os melhores entre nós [“]Anjos[”], porque sua hierarquia se relaciona com coisas visíveis e terrestres. Afinal, nós devemos aceitar que aquela classe mais alta..., que está próxima de Deus como em misteriosa e sacrossanta ordem, controla, de modo velado, as coisas sagradas da segunda [ordem]; já a segunda, que é preenchida pelas santas Dominações, Virtudes e Potestades, está posta acima da hierarquia de Principados, Arcanjos e Anjos, mais revelada que a primeira hierarquia, porém mais oculta que a seguinte; finalmente, a ordem de Principados, Arcanjos e Anjos é revelada como acima das hierarquias humanas. Com isso, por essa ordem, há uma ascensão a Deus e comunicação, comunidade e unificação, de modo que isso seja benevolamente concedido a todas as hierarquias por Deus, infundidas mediante certa comunicação, emanando em santa beleza. Por isso, a Teologia atribui nossa hierarquia aos anjos, uma vez que ela chama Miguel o líder do povo judeu e indica outros como líderes de outros povos: pois o Sacrossanto delimitou os povos correspondendo ao número de anjos.

IX 4 – Porém, se alguém pergunta por que apenas o povo judeu foi elevado a iluminações divinas, deve-se responder que, de modo algum, a renegação dos demais povos a outros deuses deve ser atribuída à reta condução dos anjos, mas esses próprios povos são desviados do caminho reto por suas próprias emoções, pelo seu amor-próprio, pela sua obstinação e por sua veneração absurda de coisas que, segundo a sua opinião, têm algo inerentemente divino. O fato de que isso também foi hábito do povo hebraico é-nos confirmado da seguinte maneira: ["]Vós rejeitais o conhecimento de Deus e vagais conforme vossos corações["]. Afinal, nós não temos vida alguma sujeita à violência ou à necessidade imposta e, naqueles que são levados em liberdade pela Providência, os raios divinos da iluminação que se derramam da Providência não se obscurecem, mas a dessemelhança dos olhos espirituais faz com que a iluminação sobrenatural do Bem paterno seja totalmente em vão e, por causa de sua resistência aos olhos espirituais, inútil; ou a participação nisso se torna desigual, pequena ou grande porque todo raio originário que se espalha a partir de si próprio é um e simples, e sempre se relaciona consigo mesmo de modo igual.

IX 5 - Certamente, também nos outros povos (dos quais nós emergimos e que obtiveram aquele mar infindável, transbordante de luz divina, que está pronta para todos e é extensa para participarem nela) não foram deuses estranhos que tiveram a soberania, mas a única base primordial de todas as coisas; e, a esse respeito, os anjos, que estão dispostos no topo de cada povo, guiam seu séquito. Considere-se apenas Melquisedec, o sacerdote tão precioso a Deus, que não foi sacerdote dos deuses vaidosos, mas do mais alto e verdadeiro Deus: afinal, os teólogos não chamam Melquisedec apenas de mero amigo de Deus, mas também Sacerdote, para tornar claro aos sensatos que ele não apenas se voltou para o verdadeiro Deus, mas também voltou outros líderes ao caminho rumo à verdadeira, única e mais elevada Divindade.

IX 6 - Também nos lembramos de teu saber sacerdotal, como de que modo o anjo enviado aos egípcios fez a Providência e o poder daquele que cuida de todos e que é soberano acima de todos serem conhecidos pelo faraó, e como o príncipe dos babilônicos se tornou ciente [disso] por seu próprio anjo, mediante uma visão e como, para cada povo que serve ao verdadeiro Deus, por assim dizer, como líder, apenas um rosto é exibido para as figuras angelicais, que foram reveladas anteriormente por Deus por intermédio de anjos aos santos homens parecidos com anjos, Daniel e José: pois só existe uma base primordial de todas as coisas e só uma Providência.

De modo algum, há de se crer que Deus deixou em aberto a condução dos judeus, mas que os anjos se separaram dessa tarefa, de modo igual ou oposto ou, ainda, que foi comandado a outros deuses, mas cada palavra deve ser compreendida em defesa do sentido santo; não como se Deus tivesse dividido a soberania sobre nós com os outros espíritos ou com anjos, Ele mesmo tendo redimido a condução e liderança do povo israelense, mas a Providência do Altíssimo, que é uma para todas as coisas, entregou a condução dos anjos a todos os seres humanos, para conduzi-los à salvação. Todavia, apenas Israel, entre todos os outros povos, voltou-se para o conhecimento do verdadeiro Deus e para sua iluminação. Por isso, a Teologia afirma, quando ela explica que o povo israelita surgiu do serviço ao verdadeiro Deus, que ele se tornou em uma parte do Senhor. Porém, ela indica que também isso, pelo mesmo direito que as outras nações, foi atribuído a um dos santos anjos, para reconhecer, pelos esforços dele, a base primordial de todas as coisas. A Teologia diz que Miguel foi posto acima do povo judeu e ensinou com toda a clareza que existe apenas uma Providência para todos – a qual domina todas as forças visíveis e invisíveis de maneira supraessencial, põe todos os anjos sobre os povos individuais – e que aqueles que a seguem por ímpeto livre são conduzidos precisamente a essa base primordial como a verdadeira.

II.X. Repetição e decisão da ordem dos anjos

X 1 – Portanto, foi elucidado extensamente por nós como aquela ordem imemorial de espíritos diante de Deus foi purificada pela própria iluminação originariamente inaugurada de modo a ambicionar imediatamente a Ele e, ao mesmo tempo, ser purificada pela inspiração da liderança divina, de modo oculto e revelado. Certamente, da forma mais secreta porque mais espiritual, mais simples e mais unitária; de modo mais revelado, por sua vez, pois mais originária, iluminadora pela primeira Luz e servida em seu interior por ela (como o elemento visível). Dela, porém, surge a segunda [luz] conforme sua medida, e da segunda surge a terceira; da terceira, por sua vez, surge nosso santo clero, de acordo com a lei da ordem justa e originária, em plena harmonia divina e concordância com a origem supraoriginária[183] de toda boa ordem e guiada à meta em organização sagrada.

As ordens individuais, todavia, são as intérpretes e promulgadoras com função mediadora das ordens que as antecedem: as primeiras, do Deus que as move; as restantes, porém, da mesma forma, [são intérpretes e promulgadoras] das [ordens] movidas por Deus: tanto que cada harmonia supraessencial de todas as coisas zela por cada ordem sagrada dos dotados de razão e pelos produtos puramente espirituais, bem como pela sua condução adequada, [...]

X 2 - [...] de modo que, também para as hierarquias individuais, belas ordens são dispostas e de modo que cada hierarquia é dividida em poder primeiro, médio e último. Sim, falando propriamente, elas também diferenciaram as divisões particulares de espíritos por meio das mesmas harmonias divinas; por isso, também os teólogos dizem que o Serafim totalmente divino chama uma das outras; pelo que ele, segundo minha compreensão, explica claramente que as primeiras [ordens] dão às segundas participação nas coisas e nos conceitos divinos.

Talvez seja oportuno, ainda, acrescentar que cada espírito em si separou, suas características ordens e capacidades primeiras, médias e últimas, que da mesma forma se tornam luz, como as lideranças superiores características das iluminações hierárquicas individuais; com isso, cada espírito ganha participação, segundo sua capacidade de compreensão, na purificação mais radiante, na luz mais pura, na perfeição absoluta.

II.XI. Por que todas as naturezas celestes são chamadas pelo nome comum Virtudes <*virtutes*> celestes?

XI 1 - Em seguida, é recompensador ponderar por que se costuma chamar todos os seres angelicais ["]virtudes celestiais["][184]. Afi-

183. No original alemão, "*überursprünglichen*".

184. Como fizemos no caso de anjos, usamos "Virtudes" com "V" maiúsculo para indicar os seres que ocupam o lugar médio na segunda hierarquia de seres celestes, e "virtudes" com "v" minúsculo enquanto conjunto de seres celestiais, segundo o costume discutido neste trecho.

nal, nós não podemos dizer, como no caso dos Anjos, que a ordem das santas Virtudes seja a última, e que a ordem dos seres superiores participa na santa e bela iluminação das Virtudes, mas não o contrário. E, por isso, todos os espíritos celestiais são chamados virtudes celestiais, mas de modo algum [todos são chamados] Serafins, Tronos e Dominações; pois os últimos de modo algum têm participação geral nas propriedades dos superiores. Portanto, também os Anjos, e antes deles os Arcanjos, Principados e Potestades, embora eles tenham seu lugar abaixo das Virtudes segundo a Teologia, são frequentemente chamados por nós, com as outras naturezas sagradas, [“]virtudes[”].

XI 2 – Porém, nos contestamos que nós, com o uso do nome comum “virtudes divinas”, possamos trazer confusão às propriedades de cada ordem; mas, uma vez que todos os espíritos celestes são tripartites à sua maneira (vale dizer: em essência, poder e operar), então nós também chamamos todos os outros que não se diferenciam deles essências celestiais ou virtudes celestiais e deve-se pensar, inclusive, que nós reescrevemos essas de que se fala em função da essência ou do poder que é inerente a cada um. Pois não seria justo se aquela peculiaridade excelente das virtudes celestes, que nós já elucidamos da devida maneira, fosse atribuída em geral às naturezas inferiores; porque, então, a organização clara dos coros angelicais seria perturbada. Certamente, segundo os motivos já fornecidos várias vezes, os corais superiores contêm em abundância as propriedades sagradas dos inferiores, mas estes carecem de todos os traços excelentes distintos gerais daqueles, pois as iluminações originárias da capacidade de compreensão vão parcialmente ao que corresponde a cada um.

II.XII. Por que os sacerdotes supremos dos homens são chamados “Anjos”?

XII 1 – Homens que consideram com dedicação as palavras espirituais também perguntam: [“]Se há uma última ordem e se ela, de modo algum, alcança as propriedades da mais elevada, porque nosso diretor <Bispo; *antistes* = *ιεράρχης*> é chamado, segundo as palavras das Sagradas Escrituras, um anjo do Deus todo poderoso?[”]

XII 2 - Essa reflexão não constitui objeção ao que foi estabelecido anteriormente: de fato, nós dizemos que as últimas ordens não alcançam o poder pleno e extraordinário das primeiras; mas elas alcançam uma parte, conforme sua capacidade de compreensão, em decorrência da comunidade única que tudo junta e tudo abrange. Por exemplo, a ordem dos santos Querubins participa em sabedoria e ciência mais elevada. Igualmente, os corais das naturezas subordinadas a ela possuem sabedoria e ciência - mas, certamente, apenas uma parte, na proporção de sua capacidade de compreensão e ordem inferior. E, de modo totalmente geral, todos os espíritos divinos participam comumente em sabedoria e em conhecimento; mas, se de modo duradouro e imediato; se em grau primeiro, segundo ou inferior, isso não é mais comum, mas de modo que é alocado conforme a capacidade de compreensão. Quem verifica isso em todos os espíritos divinos não erra, de modo algum; pois, como os primeiros [espíritos divinos], de modo extraordinário, portam em si as propriedades dos inferiores, então também os últimos portam o que é próprio dos mais elevados, porém não de maneira idêntica, e sim em grau menor. Portanto, eu penso, não é nada inconsistente que a Teologia chame o chefe de nossa ordem [“]Anjo[”], uma vez que ele, certamente, participa, de acordo com seus poderes, nas peculiaridades de anjo - na medida em que é possível aos seres humanos - pelo cargo da similitude revelada com eles.

XII 3 - Também se pode descobrir que a Teologia chama aqueles seres celestiais [“]deuses[”], assim como, também, os santos que estão entre nós, e amigos de Deus. E, contudo, a soberania misteriosa de Deus se sobressai a tudo de modo supraessencial, reinando sobre tudo, e nada entre as coisas pode ser ou se chamar, no sentido próprio e pleno, igual a Ele. Todavia, entre as criaturas espirituais ou dotadas de razão, o que se voltou inteiramente à maior união possível e aspira continuamente à iluminação divina, usando suas forças, o que busca, conforme sua capacidade... imitar a Deus, isso também é premiado com os nomes divinos.

II.XIII. Por que é dito que o Profeta Isaías foi purificado por um Serafim?

XIII 1 - Nós devemos pesquisar, com nossos poderes, por que os teólogos dizem que um Serafim foi enviado [a Isaías]. Pois se duvida e se titubeia por que não foi um dos anjos inferiores, mas um que pertence aos seres mais elevados, que absolveu o profeta. - Alguns dizem, por causa da explicação precedente sobre a comunidade de todos os espíritos, que as Sagradas Escrituras não querem dizer completamente que um dos primeiros espíritos que estão diante de Deus chegou para purificar os teólogos, mas sim um dos anjos, a quem foi confiado nos guiar; pois ocupou esse cargo sagrado de purificação do profeta, tendo sido chamado ["]Serafim["] pela transferência do nome, pois ele expungiu os pecados pelo fogo e despertou os purificados para a obediência a Deus. Eles acrescentam que as Sagradas Escrituras não querem dizer que [o anjo] está imediatamente próximo de Deus, mas que fala com base nos poderes expiatórios que nos guiam.

XIII 2 - Outros me apresentaram a seguinte solução, totalmente não inadequada: cada grande anjo (qualquer um deles) que forma esse fenômeno, para instruir os profetas sobre as coisas divinas, tem seu cargo purificado por Deus e, próximo a Deus, é reconduzido àquela primeira hierarquia. Isso não é dito verdadeiramente? Quem elucida isso se lembra de que, como cada poder originário de Deus, de fato, emana alcançando tudo e atravessando tudo livremente permanece, contudo, invisível - não apenas porque ele sobrepuja tudo supraessencialmente, mas também porque esses poderes penetram tudo de maneira oculta, pelo operar da Providência divina: eles iluminam todas as naturezas espirituais conforme a medida de cada uma delas e, na medida em que enviam os raios de sua luz aos espíritos mais elevados, dão por meio desses, na condição de primeiros, a possibilidade de contemplar os inferiores no mais belo ordenamento.

XIII 3 - Contudo, para falar de maneira mais clara, eu quero utilizar exemplos confiáveis (certamente, eles não se adequam a Deus, que sobrepuja tudo, mas são mais claros para nós): quando o raio de Sol se espalha, ele atravessa facilmente a primeira matéria existente, que é mais invisível que as demais, e, através disso, revela seu brilho de modo evidente. Porém, se ele encontra material mais denso, então, a aparência luminosa se escurece por causa da inaptidão do material que deve ser iluminado à disseminação da luz; e, então, ela gradativamente é obstruída de maneira tal que ela quase não pode se disseminar. Então, também o calor do fogo aumenta mais em relação àquilo que é mais apto a recebê-lo e que se adapta mais facilmente a ele; todavia, em naturezas resistentes e opostas, não se encontra eficácia alguma, ou apenas baixa eficácia do fogo; e o maior se transfere ao que não é de seu tipo através de coisas que já lhe são adequadas; então em primeiro lugar, o Primeiro torna ígneo o que facilmente se torna ígneo e, devido à mediação deste, aquece do mesmo modo que o duro acolhe a natureza do fogo.

XIII 4 – Essa ordem natural revela, de modo correspondente, a fonte sobrenatural de toda ordem, de toda emanação visível e invisível, [revela] primeiro o brilho de sua iluminação por meio de bem-aventurada afluência dos mais elevados espíritos, e, por meio desta, os demais participam naquele raio divino. Afinal, na medida em que cada um dos primeiros conhece Deus e é capturado pela exigência mais elevada pelo poder divino, também é concedida a eles, na condição de primeiros, a capacidade de imitação do poder e da eficácia divina, de modo que o mais baixo, tanto quanto possível, possa ser elevado, com benevolência, rumo a justamente essa imitação: sem inveja, os primeiros passam uma parte da luz que lhes foi presenteada aos baixos e estes, por sua vez, passam aos mais baixos; e, então, respectivamente, o primeiro compartilha o que lhe foi dado com o que está próximo dele e a luz divina se comunica pela providência a todos, segundo a capacidade de compreensão de cada um. Portanto, para tudo o que é iluminado, Deus é a origem da iluminação, conforme sua natureza, de modo verdadeiro e próprio como essência da luz e Autor do ser e do contemplar das coisas; por causa da organização divina e em imitação de Deus, o que é iluminado é mais elevado em frente do mais baixo, e conduzido à luz divina por intermédio da mediação de Deus. A ordem mais elevada de espíritos divinos mantém, portanto, com direito, proximidade a Deus diante de todos os outros seres angelicais como fonte de todo conhecimento sagrado de Deus e do que sucede. Por meio dessa fonte, tudo chegando até nós é reconduzido à iluminação originária de Deus; por isso, eles relacionam toda atividade que imita a Deus como Autor, mas relacionam os primeiros espíritos divinos aos primeiros consumadores e mestres das obras divinas. A primeira ordem dos anjos sagrados, portanto, tem mais constituição análoga ao fogo que a comunidade restante e moldada com a sabedoria, o exercício e a experiência divina no conhecimento das santas iluminações divinas e da peculiaridade do Trono, que mostra aberta prontidão à receptividade de Deus: contudo, quanto às ordens inferiores do ser, elas participam nesse poder ígneo, sábio, conhecedor, capaz de acolher a Deus, mas em grau inferior. Em relação aos superiores, como o modelo de imitação de Deus, estes conduzem aqueles à proximidade de Deus. As chamadas propriedades sagradas, nas quais os demais anjos participam nos primeiros, são atribuídas àqueles próximos de Deus como os que estão diante de Deus.

XIII 5 – Quem expôs isso disse que essa visão foi representada pelo teólogo por um dos santos e bem-aventurados Anjos que nos guiam; mediante essa condução iluminadora, ele foi elevado àquela contemplação espiritual, pela qual ele viu aqueles seres supremos (por assim dizer, em símbolos) abaixo de Deus, próximo de Deus e ao redor de Deus e, além disso, seu ápice supraessencial e extraordinário de maneira supraimpronunciável[185], que reina em meio aos excelentes poderes.

XIII 6 – Dessas visões o teólogo também aprendeu que, próximo de todas as marcas sobrenaturais, a Divindade transcende cada poder visível e invisível de maneira incomparável, e está elevada acima de tudo, de modo que ela não se iguale, de modo algum, aos primeiros seres; para isso, ela é base primordial e causa doadora de ser de todas as coisas, fundamento imutável do permanecer indissolúvel de todas as coisas, de onde também os poderes mais elevados obtêm seu ser e sua bondade.

XIII 7 – Em seguida, é ensinado a respeito dos poderes divinos do santo Serafim, cujo nome designa algo ígneo – em breve, nós

185. No original alemão, "*überunausssprechlich*".

falaremos a respeito disso e interpretaremos isso da melhor forma possível - e sobre o comando desse poder ígneo de aproximação a Deus. Então, quando ele [(Isaías)] viu nas imagens sagradas de seis asas o movimento mais perfeito e supremo rumo a Deus nos espíritos primeiros, médios e últimos, seus inúmeros pés e muitas faces, e viu como eles protegem os pés e rostos com as asas, ele buscou conduzir isso à compreensão espiritual e, para isso, foi-lhe tornado claro o poder múltiplo e de contemplação diversa[186] e foi possível a ela compreender a reclusão santa oposta a uma ousada e impossível exploração dos mistérios mais profundos e do incessível, ambicioso e duradouro movimento das atividades que imitam, de modo excelente, Deus. Ele [(Isaías)] também aprendeu aquela divina e excelente canção de amor, visto que o anjo formador da aparição comunicou, na medida do possível, seu santo saber.

XIII 8 - Também foi ensinado como a participação na claridade e na pureza divina opera em qualquer modo de absolvição purificadora. Ela opera em todos os espíritos santos de Deus a partir de causas particulares de maneira misteriosa, ao passo que, para os poderes mais elevados e próximos de Deus, é evidente e se dá a conhecer de modo mais claro. Para a segunda e última ordem, porém, e para nossos poderes intelectuais, Ele concede, na medida de seu distanciamento correspondente à proximidade do Divino, sua clara iluminação a um desconhecimento específico acerca de seu mistério.

XIII 9 - Em seguida, ele ilumina a segunda [ordem] mediante a primeira; de modo mais abreviado - em primeiro lugar, a segunda ordem é conduzida pelos primeiros poderes do ocultamento até a revelação. O teólogo também aprendeu isso do Anjo que lhe iluminou, tanto quanto a purificação como <<também>> as outras atividades de Deus são repartidas pelos primeiros seres iluminadores aos demais, correspondendo à capacidade de compreensão de cada um para a participação divinizadora: ele atribui, a esse respeito, a propriedade de purificar pelo fogo, corretamente, ao Serafim, após Deus. Portanto, é inteiramente adequado quando se diz que um Serafim purificou o teólogo. Afinal, uma vez que

186. No original alemão, "*vielschauende*".

Deus, como causa de toda purificação, purifica todas as coisas - ou melhor (para utilizar um exemplo mais próximo a nós), como o sumo sacerdote nos diz que purifica e ilumina, quando ele purifica e ilumina mediante seus ministros ou sacerdotes subordinados, pois as posições no clero que ele consagra referem suas ações de volta a ele. Então, tal como o anjo que purifica o teólogo atribui seu próprio poder de purificar e seu saber a Deus como o Autor, o sumo sacerdote, por assim dizer, no santuário atribui [o poder e saber] ao Serafim. Como se ele quisesse, com a reclusão sagrada de um anjo que lhe purifica, dizer:

> preeminente base do ser, ser eficaz e Autor da absolvição, que mediante meu serviço é completo em ti, aquele que também promove os seres rumo à luz, que seja disposto próximo a Vós e preservado imutavelmente, livre de todo erro, e que seja movido à primeira participação nas obras de Vossa Providência

- explicando a missão do Serafim.

> O sumo sacerdote, porém, e líder próximo a Deus deve ser purificado de modo divino por aquela ordem de seres supremos, da qual eu aprendi. Portanto, ele é aquele pelo qual Vós me purificais, pelo qual o Autor e Efetuador leva a nós o efeito de Sua Providência, de fora do ocultamento.

Isso me foi ensinado por eles, mas eu o entrego a você. Afinal, seu saber pode compreender e diferenciar o que se aproxima, seja por uma das chamadas demonstrações do assunto livres de toda dúvida e oscilação - diferenciando o demonstrado de outras questões como preferível, por ser demonstrável, congruente e inteiramente verdadeiro -, seja aprendendo de outrem (quando Deus dá a Palavra e os anjos a interpretam), sendo revelado a nós, os amigos dos anjos, uma intuição mais clara e bem-vinda a mim.

II.XIV. O que significou <*sic!*> o número transmitido de anjos?

Eu também tomo isto por algo digno de uma interpretação intelectual: o fato de que as Sagradas Escrituras falam, a respeito dos anjos, que eles são mil vezes mil e dez mil vezes dez mil, e números tão grandes com os quais nós lidamos e acumulamos, de modo que nós não conseguimos contar as ordens dos seres celestiais. Afinal, as legiões bem-aventuradas de espíritos sobrenaturais são numerosas e ultrapassam inteiramente a medida frágil e limitada de nossos números materiais; eles são determinadamente circunscritos apenas pelo seu próprio compreender e saber sobrenatural, que é preservado por Deus, a primeira Sabedoria criadora que abrange todo o infinito; essa é a causa que concede o ser próprio[187] e base supraessencial de todas as coisas, é o poder abrangente e a determinação abrangente.

II.XV. De que tipo são as imagens formadas das virtudes angelicais?

O fogo, o semblante humano, os olhos, narizes etc., as vestes: a vestimenta luminosa e sacerdotal, o cinturão; as lanças, os machados, a corda de mensurar, os ventos, as nuvens; o minério, o âmbar, a dança circular, os aplausos, as rochas policromadas, a figura do leão, do boi, da águia, os cavalos e suas diversas cores, os rios, as carroças e rodas; o que é indicado como alegria dos anjos?

XV 1 – Agora nós queremos, se for benquisto, conceder um pouco de relaxamento à agudeza de nosso espírito e descer do sublime empenho de contemplação para a vastidão das múltiplas, distintas e diferenciadas figuras angelicais para, depois, retornar a elas como imagens da simplicidade dos espíritos celestes. Eu devo deixar-te saber, de modo propedêutico: quando é dito pelo santo e condutor sentido das imagens bíblicas que os coros de seres celestes determinam e, ao mesmo tempo, estão sujeitos à determinação, que são os últimos determinantes e os primeiros submetidos, então esse modo de explicação não contém nada confuso em si, uma vez

187. No original alemão, "*Eigen-Sein*".

que tanto os primeiros quanto também os médios e os últimos são vigorosos em poder. Certamente, se nós quisermos dizer que alguns são guiados pelos superiores e, por sua vez, aqueles guiam estes, e que os mais elevados são os últimos, então isso seria uma enorme confusão. Porém, se dissermos que eles seriam mestres e aprendizes, mas não reciprocamente um do outro, e sim que os individuais são instruídos pelos mais elevados e ensinam, por sua vez, aos mais baixos, então isso não é descabido, e às vezes podem ser usadas as mesmas imagens... tanto para os primeiros quanto para os médios e, também, os últimos. Então, tanto o direcionamento ao mais elevado quanto também o movimento permanente em torno de si próprio e a proteção das próprias forças – em suma, a participação na Providência divina pelo comunicado mediante ela própria aos mais baixos de todos os espíritos celestes na verdade –, ainda que excelente e universal para alguns,... parcialmente, em grau menor para outros[188].

XV 2 – Ora, agora devemos iniciar e... perguntar, por que a Teologia dá preferência, sobretudo, à imagem do fogo. Certamente, encontra-se não apenas a imagem de rodas de fogo, mas também de seres vivos ígneos, homens que fulguram algo igual ao fogo, pilhas de carvão em brasa e correntes de fogo que fluem para dentro com ruídos imponentes. Sim, ela chama os Tronos ígneos e explica os sublimes Serafins em função de seu nome como o ardente e atribui a eles a peculiaridade e eficácia do fogo: em suma, eles caracterizam inteiramente a imagem do fogo. É por isso que eu concebo que a imagem do fogo designa a proximidade de Deus da parte dos espíritos celestes: afinal, os santos teólogos descrevem o ser supraessencial que não se apreende sob nenhuma outra forma, frequentemente é descrito pela analogia com o fogo, uma vez que este teria em si muito do que, no âmbito da imagem visível, seria a essência divina.

XV 3 – O fogo que atinge os sentidos, por assim dizer, está em todas as coisas, atravessa puramente todas elas e é acolhido por todas. E, embora ele seja inteiramente luminoso, ele é ao mesmo tempo oculto e permanece desconhecido, quando não se encontra em

188. Este trecho é hermético no original alemão, causando estranheza pela falta de um verbo ou mesmo um trecho.

uma matéria na qual ele possa revelar sua força; é imensurável e invisível, domina tudo e leva todas as coisas a realizarem próprio desempenho. Ele tem a força para transformar tudo e confere a tudo o que se aproxima dele a participação em si mesmo; ele renova tudo mediante o calor vital e ilumina por meio de raios abertamente cativantes, ele não se deixa conter e não entra em mistura alguma. Ele tem a força para separar, mas permanece imutável, eleva-se, penetrante; ele é sublime, não tolera abaixamento algum, sempre movente, move a si mesmo e a outros; tem a força de abranger outros em si, sem poder ser, ele próprio, abarcado; não precisa de nenhum outro, recôndito, ele cresce a partir de si mesmo, e, em cada matéria receptiva, ele revela sua essência sublime. Ele é eficaz, poderoso, atualmente invisível a todos; quando não se atenta a ele, ele parece não ser, contudo, na fricção subitamente ele brilha, correspondendo à sua natureza e ao seu próprio modo, ascendendo inexoravelmente. E, ainda que ele se comunique luminosamente, ele nunca se enfraquece. Poder-se-ia, ainda, encontrar muitas outras peculiaridades do fogo que, por assim dizer, são imagens da potência divina que atingem os sentidos.

XV 4 - Uma vez que os teólogos perceberam isso, eles deram aos seres celestiais formas ígneas e tornaram, então, mais nítida sua proximidade de Deus e maior imitação possível de Deus. Eles também deram a eles uma figura humana por causa do poder de conhecimento intelectual e contemplação elevada e correta, e [deram a eles] constituição corpórea bem-proporcionada, assim como o privilégio de dominar e de conduzir, pois o ser humano fica para trás dos animais no que diz respeito aos sentidos, porém ordena tudo pelo poder superior de seu espírito e pela soberania de seu conhecimento racional e de seu espírito invencível e liberto da natureza.

XV 5 - Seria até mesmo possível encontrar, em cada parte de nosso corpo, uma imagem apropriada para a apresentação dos poderes celestes, por exemplo, tornando claro o olhar para cima penetrante por meio da capacidade de visão, olhar que é simples e receptivo à luz e que não é refletido, mas é um ato de receber as iluminações divinas de maneira móvel, pura, aberta, livre de sofrimento. O sentido do olfato, por sua vez, é o poder que percebe, na medida do possível, a emanação de um perfume que subjuga o espírito, descobrindo coisas fétidas e fugindo completamente.

XV 6 – Os ouvidos, todavia, significam aquilo que é inerente ao poder de conhecer e incorporam, compreensivamente, o sopro divino; o sentido do gosto [significa] a satisfação mediante pratos espirituais e a absorção de bebidas divinas deliciosas. O senso do tato diferencia o que é útil do que é nocivo. Pálpebras e sobrancelhas significam aquilo que o intelecto e as imagens do divino conservam. A juventude e a virilidade jovem significam uma vida eternamente próspera. Os dentes significam aquilo que é concedido à perfeição dos pratos recebidos: pois cada ser espiritual divide e dá múltipla forma à simples concepção que ele recebeu de um superior, correspondendo à faculdade de compreensão e ao modo de compreensão do mais baixo, em sábia precaução. Ombros, braços e mãos = poder criador, atuante e eficaz. O coração é a imagem da vida divina, e sua força vital é distribuída de maneira divina àquilo por que ele zela. Com o seio, nós indicamos um poder indomável, pelo qual a doação vivificadora do coração é protegida. Com as costas, aquilo que toda força vital une. Os pés indicam o poder de movimento e o rápido passo do movimento sempiterno pelo qual eles são estendidos rumo ao Divino. Por isso, também a Teologia confere aos santos espíritos pés alados. A asa significa a rapidez da ascensão às alturas e o curso da vida celeste, que promove ao sempre mais elevado e mais sublime, aspirando sempre pelo mais elevado e pela fuga do terrestre; a leveza do voo designa o inteiramente não terrestre, que é carregado para cima sem mescla alguma com o peso da Terra.

XV 7 – Nudez e pé descalço indicam o poder livre, desinibido, livre de todo acessório externo, que se adequa, tanto quanto possível, à simplicidade divina.

Porém, como de outro lado os desnudos se cobrem daquela sabedoria ao mesmo tempo simples e multiforme e carregam consigo suas vasilhas, nós queremos também explicar, tanto quanto pudermos, as roupas e ferramentas santas dos espíritos celestes. – Eu creio que a vestimenta luminosa e ígnea significa a proximidade de Deus em razão do poder simbólico do fogo e o poder de iluminar por causa da calma dos céus, onde está a luz, e [significa] iluminar totalmente espiritual e o ato de ser iluminado; as vestes sacerdotais, por sua vez, designam o que conduz à contemplação dos mistérios divinos e o que consagra toda a vida. Cinturões significam a proteção dos poderes fecundos e de sua soma abrangente que se contrai em si.

XV 8 - Cajados designam a vocação para liderança e reta ordem das coisas divinas. Lanças e machados designam o poder de se separar o dessemelhante, e a acuidade, trabalho e eficácia dos diversos poderes. Instrumentos de medição e de construção = a capacidade de fornecer um fundamento, construir e desajuntar, e tudo o mais que diz respeito à precaução para conduzir e para dirigir o que está nas profundezas (rumo às alturas). Às vezes, as ferramentas que são atribuídas aos santos anjos são símbolos do Tribunal Divino que espraia sobre nós, enquanto elas revelam, em parte, castigo salutar e justiça punitiva e, em parte, libertação do perigo, fim da punição e restabelecimento de sorte anterior ou acréscimo de outros dons, pequenos ou maiores, visíveis ou espirituais; ao mesmo tempo, o espírito de olhar perspicaz não tem dúvidas de que o visível está propriamente adequado às coisas que fogem à visão. - O nome "vento", porém, indica a velocidade com a qual o espírito termina tudo, passando imediatamente através de todo lugar, a capacidade de subir e de ir para baixo, pelo qual o mais baixo se eleva a uma altura maior, e os mais elevados conseguem comunicar cuidadosamente aos mais baixos, chegando a eles.

XV 9 - Poder-se-ia dizer, também, que o nome ["]vento["] dado ao espírito aéreo indica a proximidade do divino, da parte dos espíritos celestiais: afinal, ele também contém uma imagem da eficácia divina (eu demonstrei isso de muitas formas na *Teologia simbólica* pela explicação mística dos quatro elementos); certamente, por causa do curso rápido e implacável e do esconderijo invisível daquele que move o princípio e o fim. Vós não sabeis, dizem (as Sagradas Escrituras), de onde Ele vem ou para onde Ele vai. - Certamente, a Teologia tampouco recusa a imagem da nuvem e explica, com ela, que os santos espíritos, preenchidos de luz de uma maneira sobrenatural, acolhem a primeira revelação sem orgulho e a irradiam mediante uma iluminação afluente reduzida rumos aos [espíritos] inferiores, correspondendo à faculdade de compreensão desses.

Além disso, o fato de que as nuvens – devido à produção de uma chuva espiritual – são indicativos de fertilidade e de poder vivificador, do poder de melhorar e de aperfeiçoar, capacitam a multidão inspirada pela chuva ao nascimento e à vida plena.

XV 10 – A Teologia também aplica minério, âmbar e rochas policromadas como imagens dos seres celestiais. O âmbar, porque ele tem algo da essência do ouro e da prata; como o ouro, ele indica o caráter imperecível, o brilho radiante, incapaz de qualquer redução; como prata, indica a clareza celeste luminosa. – O minério é descrito, com base nos motivos indicados, à maneira do fogo ou do ouro. – Sobre as rochas policromadas, as brancas significam o luminoso, as vermelhas, o ígneo, as amarelas, o que é próximo do ouro, as verdes, o juvenil e dotado de força vital e, então, para cada tipo (figura), encontra-se uma explicação mística das imagens típicas que apontam para algo superior.

XV 11 – A esse respeito, parece-me que o bastante foi dito e, então, passaremos à explicação sagrada da apresentação de espíritos sagrados mediante formas animais. – Pela figura do leão, deve-se compreender aquele poder soberano, forte e irrefreável com que esses espíritos aspiram, da melhor forma possível, a se tornar mais próximos do poder soberano impronunciável de Deus, em misterioso ocultamento; ao mesmo tempo, são ocultos os traços espirituais e o caminho que conduziu para lá mediante iluminação espiritual. – A forma do boi, contudo, indica a força e o poder, e aquilo pelo qual frutos espirituais são conquistados e se propagam pelo acolhimento de um aguaceiro celestial e fecundo; os chifres, por sua vez, indicam o poder invencível e de preservação. A figura da água [indica] a dignidade régia e o voo rápido que se esforça rumo às alturas e, além disso, a mobilidade e a leveza do ímpeto rumo à conquista das refeições que revitalizam, e, finalmente, a capacidade visual que, com olhares aguçados, contempla livre, reta e inevitavelmente o raio abundantemente luminoso do Sol divino, acolhendo o máximo possível dele.

A imagem do cavalo significa a obediência e leve docilidade. O cavalo branco [representa] a natureza elegante, próxima da luz divina; o negro simboliza o ocultamento misterioso; o vermelho, a eficácia e o poder ígneo, o alvinegro indica aquele poder que interliga os opostos mais extremos e vincula o primeiro reciprocamente ao segundo em sábia previsão.

Para não precisarmos nos repetir, poderíamos, então, também aduzir as propriedades individuais dos chamados animais e todas as suas formas corpóreas em relação aos poderes celestes como imagens dessemelhantes. Sua força de resistência se assemelha à força espiritual; seus desejos, ao amor divino; resumindo, nós poderíamos relacionar todos os sentidos animais e suas múltiplas partes aos poderes espirituais simples e imateriais dos seres celestes. Contudo, para os sensatos, não basta apenas isso, mas também a explicação mística de algumas imagens obscuras, para tornar tudo semelhante mais claro.

XV 12 - Ora, nós devemos considerar o que os rios, rodas e carroças querem sugerir, que pode ser associado aos seres celestes. Os rios de fogo indicam as emanações divinas, que são concedidas em seu profuso transbordamento e que nutrem sua fertilidade de poder vital; as rodas significam a união dos iguais em comunidade; as rodas aladas, que se empenham em movimento indesviável adiante, indicam o poder da atividade dos anjos, que sempre avança diretamente, pelo que os círculos espirituais são direcionados sobrenaturalmente ao caminho reto e íngreme.

A imagem das rodas espirituais permite, também, ainda outra interpretação: vale dizer, o profeta diz que seja dado a elas o nome ["]Galgal["][189]; essa é a expressão hebraica para rotações e revelações. As rodas ígneas divinas, certamente, têm suas rotações, pois estão em permanente movimento em torno do Sumo Bem; mas [têm] revelações, porque cobrem em segredo e promovem o que está abaixo e permitem aos raios divinos transbordarem no que está mais baixo.

XV 13 - Ainda nos resta prestar contas da alegria dos coros celestes, pois ela é totalmente inacessível a nosso modo passivo de prazer. Contudo, é atribuída a eles participação na alegria de Deus com a salvação dos pecados, proporcionalmente naquela doçura divina, que é distribuída a eles pelo zelo com que eles se voltam a

189. Ez 10,13. O profeta, nessa passagem, não é Isaías, como nas anteriores, mas Ezequiel. O termo hebraico "Galgal" pode significar círculo, roda, turbilhão.

Deus e à sua cura, e [é atribuída participação] na série de alegrias bem-aventuradas e deleite impronunciável daqueles que, frequentemente, também se tornam santos quando o brilho daquela luz divina e divinizante aflui neles.

XV 14 – Eu falei esse tanto a respeito das figuras divinas; certamente, de modo algum isso é o suficiente para sua explicação precisa. Porém, eu creio que isso contribui muito para que nosso espírito não fique preso nessas imagens poéticas. – Caso se objete que nós não mencionamos nada sobre a série contida nas Sagradas Escrituras de poderes, atividades e imagens angelicais, então nós respondemos, proporcionalmente à verdade, que nos falta o saber sobrenatural e que nós carecemos, ainda, de outro mestre que nos ilumine, para aprendê-lo; porém, alguns comparam o que foi dito com o significado e, quanto a esses, nós tanto transmitimos a síntese quanto honramos, em silêncio, os mistérios que ultrapassam nossa faculdade de compreensão.

III
HIERARQUIA ECLESIÁSTICA

III.I. De que tipo é a tradição na Hierarquia eclesiástica e qual é seu objetivo?

I 1 - O fato de que nossa hierarquia, mais santo dos filhos consagrados, é tarefa de um saber divino, divinizante e semeado por Deus, um saber de divina contemplação e acabamento divino, é algo que deve ser provado a partir de ditos sobrenaturais e sagrados por aqueles que são consagrados a esse cargo santo, em virtude da misteriosa ordem hierárquica e da tradição escrita. Cuida-te, porém, para não profanar o Santíssimo, e lida com os mistérios de Deus com santa reverência; sinaliza, também, mediante representações espirituais e invisíveis, preservando-as da aproximação e do contato com homens profanos mal-intencionados. Só comunica o Sagrado com os santos, e com a clareza conveniente aos santos.

I 2 - A Teologia ensinou a nós, adoradores, que o próprio Jesus é o espírito divino supraessencial, a fonte de toda hierarquia, toda salvação e divinização, o poder divino soberano que ilumina os seres abençoados, superiores a nós de modo mais significativo e mais espiritual, assimilando-os à Sua própria luz, tanto quanto possível. Quanto a nós, devido ao nosso amor pelo Belo que nos atrai a Ele, e pelo qual nós somos elevados rumo a Ele, Ele concilia nossas múltiplas diferenças e nos aperfeiçoa rumo ao hábito, atividade e vida divina unificada, garantindo-nos o poder sagrado do santo sacerdócio. Ao nos aproximarmos da função sagrada do sacerdócio, nós nos aproximamos dos seres espirituais pela imitação, tanto quanto possível, da constância e firmeza de sua constituição do ser e, também, observando a constância do divino e abençoado Jesus, tanto quanto nos é permitido contemplá-lo, perscrutá-lo e sendo iluminado por conhecimento visionário de maneira mística: assim, tornar-nos-emos imagens da luz e servos de Deus, aperfeiçoadamente conduzindo os demais à perfeição.

I 3 - Sobre a hierarquia dos anjos <...>[190] tu podes se informar no que eu escrevi a esse respeito <...> Porém, nós devemos falar que tanto esta quanto aquela santa ordem <...> têm um e o mesmo poder em seu operar: Então, também os sumos sacerdotes são iniciados no divino e ligados a Deus de acordo suas posições e com seu valor correspondente. O sumo sacerdote é, ele próprio, divinizado e torna seus subordinados, conforme sua dignidade, em participantes na sagrada semelhança com o divino que recebeu do próprio Deus; e, então, os inferiores seguem os superiores que os exigem avançar, e alguns vão para frente, guiando outros tanto quanto possível. E, assim, sucede, por essa divina harmonia hierárquica, a participação de cada um conforme sua medida no essencialmente Belo, Sábio e Bom.

I 4 - Aqueles seres e ordens já mencionados acima de nós são incorpóreos e invisíveis e - de modo correspondente a eles - sua hierarquia é sobrenatural; a nossa, porém, é vista por nós, apropriada a nós e ornada por uma multiplicidade de símbolos sensoriais: por meio deles, nós ficamos em uma ordem hierárquica, na medida a nós correspondente, rumo à Divindade uniforme, conduzidos a Deus e ao poder divino. Aqueles, como espíritos, conhecem de modo puramente espiritual, como é adequado a eles: nós, porém, tanto quanto é possível, somos conduzidos à contemplação divina mediante imagens sensíveis. Na verdade, é um aquilo a que todas as hierarquias, igualmente, aspiram, mas elas não obtêm, nisso, participação de uma e da mesma maneira, mas sim como é concedido a cada uma conforme o mérito na balança divina. Todavia, eu já falei meticulosamente a esse respeito no escrito sobre as coisas invisíveis e as coisas sensíveis. Agora, porém, eu buscarei me ocu-

---

190. Aqui, Edith Stein omite partes do texto original que se referem à hierarquia celeste. Diferentemente das outras traduções completas aqui presentes, a tradução da *Hierarquia eclesiástica* apresenta omissões, sempre marcadas por Stein com três pontos, que aqui serão marcadas como <...> e explicadas quanto ao conteúdo omitido em nota de rodapé.

par de nossa hierarquia, de sua origem e de sua essência. Para isso, eu invoco Jesus, a origem e a perfeição de todas as hierarquias.

§ 3[191]

Porém, de acordo com nossa venerável e santa tradição, a hierarquia da ordem santa é a lei <*ratio*> de todas as coisas santas sujeitas a ela, ou a totalidade das coisas sagradas pertencentes a essa ordem.

I 5 - Nossa hierarquia, portanto, significa e é o cargo que todo santo encerra em si; o divino sacerdote que é apresentado a ela participa em todas as coisas sagradas, na medida em que ele é chamado sumo sacerdote. Certamente, como se indica com o nome "hierarquia" a ordem abrangente de tudo o que é sagrado, então o nome hierarca designa um homem incrível e divino, que é informado em todo saber santo. Nele, sua hierarquia chega puramente ao acabamento e ao conhecimento.

I 6 - A Trindade é a base primordial dessa hierarquia, fonte da vida, essência dos bens, Causa de todas as coisas. A partir dela, o que é afirmado em um ser autônomo obtém o ser e a bondade. Esse Altíssimo, Divino que transcende tudo é Tri-uno[192], em beatitude primordial, que é inapreensível a nós. A vontade dele é direcionada à salvação dos seres racionais - a nossa e a dos espíritos superiores. Porém, ela só é efetivada se cada um que deve ser salvo, antes disso, tornar-se divino. Todavia, isso significa: tornar-se, o tanto que for possível, semelhante a Deus e unido com ele.

I 7 - Contudo, todas as hierarquias têm, como objetivo comum, o amor permanente a Deus e às coisas divinas, que são dadas por Deus e que chegam à completude mediante a união com ele, mas, antes disso, [a meta é] a renúncia completa e irrevogável de tudo o que se opõe e Ele; o conhecimento das coisas, pelo que elas são, o contemplar da verdade eterna e o saber sobre seu porquê, o participar divino na perfeição simples daquilo que, no maior

191. Essa marcação de parágrafo está deslocada do resto do texto, podendo ser um erro editorial na ESGA.

192. Na tradução de Stein para o alemão, "*Drei-Einig*".

grau, é simples; o desfrute da contemplação que refresca e diviniza cada contemplador de maneira espiritual.

I 8 - Nós dizemos, então, que a beatitude primordial de Deus - isto é, a natureza divina, a origem de toda semelhança com o divino - pela qual tudo que consegue chegar a Ele é divinizado, conferiu a todos os seres racionais e espirituais a santa hierarquia para a sua salvação. Aos espíritos celestes e aos bem-aventurados, isso foi conferido em eterno silêncio, de maneira imaterial e espiritual: pois Deus não move rumo ao divino a partir de fora, mas, invisivelmente e pelo interior, Ele ilumina e infunde sua vontade divina.

I 9 - O que é ofertado a eles de modo simples e, em si, compacto, mediante palavras entregues por Deus, contudo, é dado a nós em uma multiplicidade de símbolos diferentes. - Afinal, o essencial em nossa hierarquia são as mensagens comunicadas a nós por Deus. Eu chamo as mais dignas de veneração entre essas mensagens aquelas que os santos líderes nos transmitiram à perfeição nas Sagradas Escrituras e nos livros teológicos; assim como os nossos mestres nos ensinaram sobre os mesmos homens santos de modo espiritual - não totalmente distinto da inspiração na ordem celeste - de espírito a espírito, por intervenção das palavras não escritas - corpóreas, no entanto imateriais - em santa transmissão.

Os líderes santos inspirados pelo Espírito de Deus, porém, não transmitiam esses instrumentos como bem comum da cerimônia sagrada, mas em imagens sagradas; pois - como dizem as Sagradas Escrituras - nem todos são santos, nem o conhecimento pertence a todos.

Portanto, os próprios primeiros líderes de nossa hierarquia são, necessariamente, cheios da Divindade supraessencial pelo dom divino e enviados pelo Bem divino, de modo a proclamar esse fim aos demais. Ora, eles próprios desejo pleno de se igualar a deuses, os primeiros líderes de nossa hierarquia nos transmitiram o suprassensível por imagens sensíveis, o unitário de maneira múltipla, o divino de modo humano, o imaterial mediante a matéria, o supraessencial pelo que está próximo. Isso foi feito em suas doutrinas escritas e não escritas correspondentes a nossas leis: não apenas devido ao impuro - pois eles também não devem perturbar os símbolos -, mas porque nossa hierarquia, como dito, é ligada a símbolos e necessariamente tem algo sensível, para nos elevar rumo ao invisível.

I 10 - Cabe aos líderes divinos e santos desvelar o sentido das imagens, mas não aos iniciantes, pois é sabido que os legisladores dividiram a ordem sagrada do santo serviço ordenado por Deus em classes firmemente delimitadas, tendo sido seu ser alocado de maneira correspondente ao valor de cada um. - Então, também tu aderirás a teus santos acordos (pois se lembrar deles é sagrado) e compartilharás a posição de bispo, estando acima de outros, apenas com seus pares, com sacerdotes divinos; e tu lhes ordenará que proclamem de acordo com a ordem da hierarquia, tratando o sagrado apenas de modo sagrado, comunicando o divino apenas de maneira divina, conduzindo à perfeição apenas aqueles capazes da perfeição, à santidade apenas os santos: pois, próximo de outras tarefas das ordens sagradas, nós também te transferimos esse cargo divino.

III.II. O que deverá ser realizado no batismo

II 1 - Ora, nós falamos solenemente que a meta de nossa ordem sagrada é o maior assemelhar-se e a maior união possível com Deus. Todavia, nós conseguimos isso, como ensinam as Sagradas Escrituras, sobretudo pelo amor à observação dos mandamentos e pelas ações santas. Pois elas dizem: ["]Se alguém me ama, guarda minha palavra; meu Pai o amará, viremos a ele e nele faremos morada["][193].

II 2 - Qual é, então, o início da santa observação dos mais sublimes mandamentos? Eu digo: a atribuição de nosso divino renascimento, que deixa pronta nossa constituição anímica para as obras e palavras santas e que prepara o caminho para a fruição do silêncio supracelestial. Afinal, como nosso conhecido mestre diz, o primeiro movimento do espírito rumo ao divino é o amor de Deus, mas o primeiro passo para a vida santa é o estabelecimento de nossa condição divina <*status*, constituição do ser>. - De fato, uma vez que essa constituição divina é um nascimento divino, en-

193. Jo 14,23. Cf. tb. Jo 14,15-16.

tão jamais alguém pode conhecer ou sequer fazer algo das coisas compartilhadas por Deus, caso não lhe tenha sido conferida precisamente essa constituição do ser por Deus. – Nós também não deveríamos (humanamente falando) primeiro ser e, então, ser capazes de agir segundo nossa espécie? Ora, o que de modo algum é, não tem nem movimento, tampouco ser; já o que, de qualquer modo, é, apenas efetua e sofre de maneira correspondente à sua natureza e constituição de ser. Isso, eu penso, agora é claro. Então, agora nós queremos considerar os indícios divinos do nascimento divino. Porém, nada partirá incompleto de mim a essa consideração: afinal, para olhos frágeis, é perigoso olhar o Sol radiante, e para nós seria nocivo ousarmos nos aproximar do que é muito alto para nós. Então, a verdadeira hierarquia da Antiga Aliança amaldiçoou Uzias porque ele tocou o sagrado, Corá porque ele tocou algo muito sublime para ele, e Nadabe e Abiú porque eles não geriram apropriadamente o que cabia a eles.

II 3 – O Sacramento da iluminação ou o batismo

O sumo sacerdote deseja que, mediante aproximação a Deus, todas as pessoas sejam salvas e obtenham o conhecimento da verdade, e é por isso que ele prega a todos, em virtude do verdadeiro Evangelho que Deus, piedoso diante dos homens da Terra, por sua bondade inerente, dignou-se a descer rumo a nós de braços abertos, por amor ao homem. Ele se dignou a assimilar o unificado pela união com o fogo, proporcionalmente à aptidão para a semelhança com o divino. Aos que o receberam, aos que acreditaram em seu nome, ele conferiu o poder de tornar filhos de Deus: os que nasceram não pelo sangue, pela vontade da carne, mas de Deus.

II 4 – Quem deseja participação sagrada nessas coisas realmente sobrenaturais se volta, em seguida, a um dos iniciados e o persuade a agir como seu guia no caminho para o sumo sacerdote; então, ele promete seguir completamente todas as indicações e pede a seu mentor que não recuse sua iniciação e, com isso, a condução de toda sua vida posterior.

II 5 – Embora piamente desejando a salvação do ser humano, quando o mentor observa a fragilidade humana contra a sublime grandeza da empreitada, ele é tomado de medo e de angústia; não obstante, com boa graça, ele finalmente promete aceitar a tarefa, acolhe-o e o conduz ao bispo.

II 6 - Alegremente, o bispo recebe os dois como ovelhas sobre seus ombros. Primeiramente, ele expressa sua gratidão e, então, em ação de graças espiritual e em prostrações corporais, louva o Autor benevolente que chama todos a serem chamados e salva todos a serem salvos. Em seguida, ele agrupa o todo da ordem sagrada na Igreja, tanto para cooperar com a salvação do ser humano e se contentar com isso quanto <<também>> para agradecer ao Bem divino; inicialmente, ele canta com toda a espiritualidade da Igreja uma canção de louvor das Sagradas Escrituras; então, ele beija o santo altar, avança ao homem que está diante dele e lhe pergunta com que propósito ele veio. Agora, sob instrução do padrinho <*anadodus, fidejussor*>, ele renuncia à sua descrença anterior, à sua ignorância do verdadeiro Bem e à falta de uma vida espiritual e pede, pela sua intercessão, que atinja participação no mais divino em Deus. Diante disso, o bispo lhe proclama que ele deve se aproximar puramente de Deus, o plenamente completo e imaculado.

II 7 - Diante dele, é colocada a lei de uma vida santa e lhe é perguntado se ele quer vivê-la; após ele ter fornecido sua aceitação, o bispo coloca a mão em sua cabeça, o indica <com a cruz?> e ordena que os sacerdotes registrem o candidato e seu padrinho. Em seguida, ele começa a orar e, quando ele completa a oração, retira as sandálias do candidato e lhe despe com ajuda dos ministros <*λειτουργοί, ministri*>. Quando o bispo o coloca encarando o oeste com suas mãos estendidas em aversão àquela direção, o bispo ordena ao candidato que expire satã três vezes e que, além disso, pronuncie a fórmula de renúncia. Após testemunhar sua tríplice renúncia, quando ele a pronuncia três vezes, o bispo o vira ao leste, assim como ele está olhando para os céus com as mãos erguidas. Então, o bispo lhe ordena que se submeta ao Cristo e a todos os ensinamentos sagrados dados a nós por Deus. Quando ele faz isso, novamente, o bispo testemunha sua tríplice profissão. Após ele ter confessado três vezes, o bispo reza, abençoa-o e impõe as mãos. Em seguida, os ministros despem o candidato completamente e trazem o santo óleo de unção. O bispo inicia a unção com um triplo sinal da cruz e, em seguida, entrega o homem aos sacerdotes para que unjam seu corpo inteiro; o próprio bispo segue à mãe da adoção filial

<isto é, a fonte batismal>, santifica sua água com invocações sagradas e a consagra mediante uma tripla efusão do óleo mais sagrado com o sinal da cruz. Cada vez que ele despeja o óleo sagrado, ele entoa o hino sagrado proclamado pelos profetas quando inspirados e arrebatados por Deus, e ordena ao candidato que siga em frente. Quando um dos sacerdotes lê seu nome e o do seu padrinho de uma lista em voz alta, ele é conduzido à água pelos sacerdotes e guiado pelas mãos destes às mãos do bispo. Enquanto os sacerdotes ouvem o bispo chamar três vezes o nome do iniciado que está na água, o bispo, em um local mais elevado, o imerge na água invocando, a cada uma das três imersões e emersões do iniciado, as Três Pessoas da bem-aventurada Divindade. Em seguida, os sacerdotes o conduzem a seu padrinho, o que esteve encarregado de sua iniciação. Com sua ajuda, eles colocam roupas apropriadas naquele sendo iniciado, e o guiam mais uma vez ao bispo, que, após haver ungido o homem com o óleo que produz os efeitos mais divinos, declara-o doravante um participante da mais santa e santificadora Eucaristia.

II 8 - Interpretação do sentido *<contemplatio, theoria>*

Essa iniciação nos símbolos sagrados de regeneração divina não contém nada irreverente ou inadequado, nem contém imagem sensível alguma, mas reflete, por imagens naturais adequadas ao ser humano, mistérios de uma contemplação digna de Deus. Se ela parece, de alguma forma, imperfeita, o poder da Palavra de Deus deveria persuadir - embora o mais divino relato das cerimônias tenha sido transmitido de maneira diligente -, uma vez que opera com diligência e de maneira sagrada tendo como objetivo a boa vida daquele que se inicia. Ao mesmo tempo, pela purificação física que convém à água, [o batismo] o anuncia em uma purificação mais material de todo tipo de mal, por meio de uma vida virtuosa e divina. Ainda que o ensinamento simbólico das iniciações não tivesse nada mais divino, isso não seria sem valor religioso, eu creio, uma vez que apresenta uma disciplina de uma vida bem regrada e, naturalmente, sugere completa purificação da vida má por meio da purificação do corpo inteiro pela água. - Logo, essa é uma iniciação espiritual para os não iniciados, separando o sagrado do profano e purificando as coisas do profano, proporcionando às ordens a elevação adequada a elas na medida apropriada.

Porém, apenas uma iniciação espiritual seria algo incompleto: nós, que contemplamos os mistérios da iniciação em santa ascensão e que fomos instruídos sagradamente na origem dos mistérios, reconhecemos o sentido das imagens e do oculto e, sob influência de santas iluminações, conseguimos reconhecer o que elas significam. Afinal, como nós explicamos claramente na obra *Sobre o espiritual e o que incide sobre os sentidos*, os sacramentos sensíveis são imagens dos espirituais, às quais aqueles conduzem e preparam o caminho; o espiritual, porém, é o fundamento do ser e ciência dos sacramentos que incidem sobre os sentidos.

II 9 - Nós dizemos, portanto, que a bondade da divina Bem-aventurança se comporta sempre da mesma maneira, despejando em abundância os raios benevolentes de sua luz a todos os olhos espirituais; mesmo quando a liberdade daqueles dotados de espiritualidade peculiar deixa a luz espiritual, seja pelo amor ao mal, fechando as capacidades de luz que naturalmente estão neles, ou distanciando-se da luz, a própria luz não vai embora, mas continua a brilhar no espírito que os olhos tentam cerrar. Ou, caso o espírito ultrapasse os limites da visão proporcionalmente atribuída a ela e, com ousadia, busque olhar os raios superiores à sua própria capacidade de visão, a luz não faz nada contra a natureza da luz. Todavia, o espírito, imperfeitamente se aproximando do perfeito, não obterá coisas estranhas a ele, mas, desdenhando com rebeldia, falhará em perceber sua própria falha. Porém, como foi dito: a luz divina sempre se desdobra benevolamente aos olhos espirituais. Está no poder deles captá-la quando ela está presente. Ela está sempre preparada para comunicar suas propriedades de modo digno de Deus. O santo bispo é formado emulando a luz, generosamente espalhando a todos os raios luminosos de seu próprio ensinamento divino. Imitando Deus, ele está preparado para iluminar quem quer que venha a ele, não mostrando má vontade alguma ou ira profana em relação a defeitos ou excessos anteriores, mas sempre brilhando divinamente com a luz hierárquica para aqueles que o abordam, em ordem e em harmonia, em proporção à aptidão para cada uma das coisas divinas. - Ora, porém a Divindade é a fonte primordial de toda doutrina santa, pela qual os espíritos sacrossantos atingem o conhecimento deles próprios; ora, aquele que é movido à visão adequada da própria natureza irá, ele próprio, ver o que ele era no princípio e receberá isso como o primeiro dom sagrado de sua elevação rumo à luz <do pisar diante da luz>. Ora, quem olhou bem para sua própria condição com olhos imparciais escapará da escuridão reclusa de sua ignorância. Porém, uma vez que ele não é iniciado, ele não desejará, de sua própria vontade, a mais perfeita união e participação de Deus, mas será elevado de modo santo e na ordem, gradativamente, primeiro de sua própria natureza ao melhor, de lá ao melhor e, finalmente, quando houver percorrido a ordem inteira, à sublimidade originária de Deus de maneira santa. – Uma imagem dessa bela e santa ordem é a modéstia do candidato, o reconhecimento de seu próprio estado, e ele ter alguém como padrinho e guia em seu caminho rumo ao bispo. A Divina Beatitude recebe, na participação dela própria, o homem então conduzido e comunica a ele sua própria luz como um tipo de sinal, tornando-o amigo familiar de Deus, e, com o sinal da Santa Cruz, o bispo sela a entrada do homem na ordem sagrada dos homens de Deus. O registro pelos sacerdotes é uma imagem da salvação que o insere entre aqueles a serem salvos e coloca seu padrinho e ele mesmo nos rituais sagrados, ele próprio como um verdadeiro amante e seguidor de um guia divino da jornada rumo à verdade que concede a vida, e o padrinho como o guia que não erra, conduzindo seu discípulo pelos caminhos desenhados por Deus. – Contudo, não é permitido participar em coisas totalmente opostas ao mesmo tempo, tampouco é possível para alguém que tenha certa comunhão com o Um para levar uma vida dividida enquanto ele se atém à firme participação do Um. Ele deve ser invencível e persistente antes de toda divisão do uniforme. Isso é o que a tradição dos símbolos sugere com veneração quando o candidato como que se despe de sua vida anterior, e se liberta completamente dos hábitos que pertencem àquela vida. Ele é colocado nu e descalço olhando em direção ao oeste, com as mãos estendidas em rejeição de todas as comunicações com as trevas do mal, como se estivesse expirando o hábito de dessemelhança <com Deus> que ele tinha, e afirmando sua plena renúncia do que é oposto à semelhança com o divino. Quando, então, ele se torna invencível e livre, ele claramente proclama que esse novo estado será na luz divina e na completa fuga do mal.

Quando ele faz as sagradas promessas de sua completa dedicação ao Um, ele é unificado mediante amor à verdade.

II 10 - Eu creio que é bastante evidente que aqueles versados em questões hierárquicas têm a constância do estado de semelhança com o divino mediante busca constante e veemente por uma coisa, e pela erradicação e aniquilação do que se opõe a isso. Não basta apenas renunciar todo o mal, mas também se faz necessária uma firmeza viril contra a submissão mortal a ele. Tampouco ele deve abandonar seu santo amor pela verdade, mas ele deve, com todas as suas forças, persistente e continuamente aspirar por ela, sempre operando de maneira santa pela sua elevação à sublimidade da perfeição divina. - Tem-se diante de si a imagem precisa disso nas ações sacerdotais: o bispo divino começa a sagrada unção e os sacerdotes que o seguem encerram a cerimônia sagrada, simbolicamente chamando o iniciado às santas disputas nas quais ele participará, tendo Cristo como juiz. Como Deus, Ele é o organizador da disputa; como sábio, Ele estabelece as regras; como justo, Ele determina os prêmios adequados aos vitoriosos. Mas, o que é ainda mais divino, como bom, Ele entra nas disputas do lado deles, lutando pela liberdade deles e por sua vitória sobre as forças da morte e da corrupção. O iniciado entrará nas disputas com alegria, pois elas são divinas. Ele permanecerá fiel ao regulamento do Sábio, e competirá de acordo com ele, sem transgressão e na firme esperança de merecer belos prêmios, porque ele está alistado sob um bom Senhor e Líder do combate.

II 11 - Seguindo os passos divinos do primeiro de todos os lutadores soberanamente em luta, que busca imitar Deus pela integridade, e quando superou as energias e poderes opostos a essa emulação do divino, para dizer misticamente, ele morrerá com Cristo; os pecados são mortificados pelo batismo.

Aqui, considere atentamente comigo quão apropriadamente os símbolos são adaptados aos ritos sagrados. Como, em nosso caso, a morte não é uma eliminação de nossa essência, como alguns imaginam, mas a separação de coisas que foram unidas que leva a alma ao que é, para nós, o reino do invisível - como se, sendo privada do corpo, ela permanecesse invisível, ao passo que o corpo, como que oculto na terra, perde os traços da forma humana -, então, a imersão completa na água é tomada, apropriadamente, como uma imagem da morte e das trevas do túmulo.

Então, a interpretação mística do símbolo revela que o homem batizado segundo os rituais sagrados imita, pela sua tripla imersão na água, na medida em que é possível a imitação do Divino pelo homem, a morte supremamente divina de Jesus, o Autor da Vida, apresentada com três dias e [três] noites no túmulo e, de acordo com a interpretação mistérica[194] das Escrituras, o príncipe deste mundo não encontrou nada.

II 12 - Em seguida, eles colocam vestimentas tão brancas como a luz no iniciado, e, por causa de sua insensibilidade viril ao que é oposto, devido à constante direção ao Um, o desorganizado é posto em ordem, o amorfo adquire forma, e o homem fica radiante, com uma vida cheia de luz. A mais perfeita unção com óleo confere ao iniciado um doce odor, já que a santa perfeição da regeneração divina unifica o iniciado com o Espírito Divino. Todavia, a descida espiritual que aperfeiçoa e confere o doce odor é deixada àqueles que, no espírito da união santa e próxima ao divino com o Espírito de Deus, buscam-na espiritualmente. Finalmente, quando tudo estiver completo, o bispo chama o iniciado à Sacrossanta Eucaristia e lhe entrega a Santa Comunhão, que possui o poder de conduzi-lo plenamente aos sacramentos.

III.III. O que é realizado na Santa Comunhão

III 1 - I. Ora, como mencionado, não é correto proceder a nenhuma das outras funções hierárquicas antes desta. De acordo com nosso líder ilustre, esse é o sacramento dos sacramentos. Nós devemos descrevê-lo antes de qualquer outra coisa a partir da santa descrição nas Sagradas Escrituras e do saber divino e hierárquico mediante condução do espírito divino rumo à santa contemplação.

III 2 - Então, consideremos primeiro, em santa veneração, a direção do olhar rumo àquilo que também é comum com os outros sacramentos, atribuído a este mais que aos demais: que apenas este é chamado "*communio*" <*Vereinigung*[, comu-

---

194. Sobre a questão mistérica, cf. LIMA VAZ, Henrique Claudio de Lima. *Experiência mística e filosofia na tradição ocidental*. 3. ed. São Paulo: Loyola, 2000.

nhão]> e "*synaxis*" <*Zusammenführung*[, sinaxe]>, uma vez que todos os sacramentos unem nossas vidas divididas em aproximação uniforme do divino.

III 3 - Nós dizemos, então, que a perfeição que está no participar dos outros mistérios da hierarquia vem dos dons supremamente divinos e que aproximam esse sacramento do divino. Pela conciliação divina das diferenças, elas ficam em comunhão e em união com o Um. É quase impossível que qualquer mistério da Eucaristia seja celebrado sem a mais Divina Eucaristia no ponto alto de cada rito celebrado.

Ela completa, de maneira divina, a junção dos iniciados com o Um e completa a comunhão desses com Deus mediante o dom dado por Deus de aperfeiçoar os mistérios. Se cada um dos mistérios hierárquicos, sendo imperfeito, não efetuar a comunhão e união com o Um, ele carecerá do poder de aperfeiçoamento em função dessa imperfeição. O início e o fim de cada sacramento é conferir os mistérios supremamente divinos ao iniciado. Naturalmente, o juízo hierárquico descobre um título adequado a cada um da verdade de suas operações. É o caso no que tange ao santo mistério do renascimento divino. Uma vez que ele confere, primeiro, luz e é o princípio de todas as iluminações divinas, nós o celebramos pelo nome de iluminação, o que é realmente o caso nos iniciados. Embora seja comum a todos esses ritos hierárquicos fornecer a santa luz aos iniciados, é mediante luz conferida pelo Primeiro que eu recebo a luz para contemplar os demais mistérios.

III 4 - Em seguida, nós queremos considerar e contemplar, de modo hierárquico, qual é o curso preciso de eventos e o significado desse Santíssimo Sacramento.

III 5 - II. O mistério da sinaxe <*synaxis*> ou união <*communio*>

Quando o sacerdote encerra uma santa prece próximo do divino altar, ele inicia com o incenso e anda ao redor do local santo. Ele volta novamente ao divino altar e começa a entoar salmos. Em seguida, vem a leitura das Sagradas Escrituras pelos ministros. Após essas leituras, os catecúmenos abandonam o local sagrado, junto com os possuídos e os penitentes. Aqueles dignos de contemplação e de partilha das coisas sagradas permanecem. Alguns dos ministros ficam próximo das portas fechadas do lugar santo, enquanto outros executam algum outro dever adequado à sua posição. Tendo todo o corpo da Igreja cantado, como confissão, um hino da fé católica com os sacerdotes, os membros do ministério diaconal escolhidos para isso colocam o pão santo e o cálice da bendição no divino altar. Então, o sacerdote divino pronuncia uma prece sagrada e proclama a paz a todos, e, enquanto todos dão a paz uns aos outros, a recitação misteriosa dos livros santos ocorre.

III 6 – Após o bispo e os sacerdotes terem lavado suas mãos, o bispo se dirige ao centro do divino altar, e os ministros escolhidos ficam próximo, com os sacerdotes. Quando o bispo louva as santas obras de Deus, ele consagra os mais divinos mistérios e mantém a visão de que as coisas celebradas são trazidas de maneira reverente com os símbolos. Tendo mostrado os dons de Deus, o bispo procede à Santa Comunhão e convida os demais a fazerem o mesmo. Após ele ter recebido e distribuído a comunhão supremamente divina, ele termina com uma santa ação de graças. Embora a multidão tenha visto apenas os símbolos divinos, ele próprio é conduzido pelo espírito divino, em contemplação bem-aventurada e espiritual, de maneira hierárquica à pureza da constituição divina do ser e à origem sacrossanta dos mistérios.

III 7 – Interpretação do sentido <*contemplatio, theoria*>

Agora, filho amado, após a descrição reverente e ordenada das imagens da verdade divina, eu quero explicar os exemplos principais para os iniciantes, para despertar seus espíritos de maneira adequada, com a qual a diversa e sagrada composição dos símbolos não seja inútil para eles, caso eles as vejam apenas pela organização externa. Os santos louvores e leituras os ensinam a reta organização da vida e a completa purificação de toda corrupção e maldade.

III 8 – A participação mais divina, pacífica e comum em um e no mesmo pão e vinho impõe a eles a divina conformidade de caráter, assim como uma conformidade de nutrição. Ela recorda a mais divina Ceia, modelar para os mistérios, em santa rememoração; nela, com razão, o Autor dos símbolos excluiu quem juntou a Santa Ceia de maneira ímpia e sem conformidade com ele. Ao mesmo tempo, ela clara e divinamente ensina que a abordagem das coisas divinas com boas disposições garante àqueles que se aproximam a comunicação da proximidade a Deus.

III 9 - Agora, deixemos as belas pinturas nos portões das verdades ocultas, que bastam para a contemplação dos ainda imperfeitos, e avancemos dos efeitos às causas. Com Jesus iluminando o caminho, nós devemos considerar nossa santa sinaxe, a contemplação adequada de coisas espirituais e a beleza abençoada das primeiras formas que brilha com tanta clareza. Porém Tu, ó Divino e Santíssimo Sacramento, descobre os véus de imagens enigmáticas, mostra-te a nós em clareza e enche nosso olhar espiritual com luz peculiar e aberta. - Então, eu quero dizer que nós devemos penetrar no mais sagrado, de modo que a compreensão[195] da primeira imagem se abra espiritualmente e nós possamos compreender a beleza espiritual.

III 10 - Consideremos o bispo de uma maneira divina, no momento em que ele procede com o incenso do divino altar ao fim do local sagrado e, finalmente, retorna ao local que deixara. Embora a mais universal e divina Bem-aventurança venha de sua bondade para a comunhão daqueles que piamente participam dele, ele nunca deixa sua posição essencialmente estável e firme. Embora Ele ilumine a todos segundo sua capacidade de compreensão, Ele de fato permanece em si próprio e não se distancia, de modo algum, de si próprio. Então, esse Divino Sacramento também apresenta o encontro de um único princípio simples, encerrado em si próprio, que se multiplica e se estende por toda a afiguração[196] originária de Deus; todavia, ele se reagrupa uniformemente à unidade que lhe é própria e incorpora aquilo que é conduzido a Ele rumo à unidade.

195. Na tradução de Stein para o alemão, "*das Verständnis*". Pelo contexto, o sentido é de "compreender", não de "intelecto" ou de "entendimento".

196. Na tradução de Stein para o alemão, "*Abbildung*". A palavra pode ser traduzida por "imagem", "cópia", "efígie", mas, no contexto acima, trata-se de "afiguração do divino".

III 11 – Do mesmo modo, também divino, o bispo divino atribui, com benevolência, seu saber singular sobre a soberania divina a seus subordinados, servindo-se da multiplicidade de imagens enigmáticas divinas. Absolutamente livre das coisas inferiores, ele é restaurado novamente de seu próprio princípio como incapaz de diminuição. Quando ele faz seu ingresso espiritual na Unidade, ele considera cada modo individual de sacramento com o espírito puro, enquanto ele faz seu retorno mais divino às coisas primeiras, encerrando sua descida amorosa e humana ao que é secundário.

O canto sagrado dos salmos que acompanha praticamente todos os mistérios da hierarquia está ligado como um componente essencial, e não deve ser separado de modo algum do mais santo mistério, pois cada texto das Sagradas Escrituras ensina àqueles capazes de estar mais próximo a Deus e confirma, pelas instruções divinas sobre os mistérios, ou o início original e ordem das coisas de Deus, ou a hierarquia e administração da lei, as distribuições e heranças do povo de Deus, a prudência dos santos juízes, reis sábios ou sacerdotes divinos, a Filosofia de homens de tempos remotos, a virtude dos quais era inabalável entre numerosas e diversas atribulações, por sábio conselho para o agir, ou cânticos divinos de amor e imagens divinas, presságios de eventos futuros ou atos viris divinos de Jesus e as organizações e ensinos santos de seus discípulos, que foram transmitidos a eles por Deus para a imitação de Deus, ou aquela misteriosa e obscura visão do divino, amado discípulo, ou a Teologia sobrenatural de Jesus para os homens que são capazes de apreender o divino, e se asseguram, mediante o sagrado, e para obtenção da forma divina na direção adequada dos sacramentos.

III 12 – A santa descrição das canções divinas tem a tarefa de celebrar todas as obras e palavras de Deus, bem como louvar os discursos e atos de homens divinos, formando um hino universal e exposição de coisas divinas, conferindo àqueles que o recitam, de maneira divina e santa, uma capacidade de compreensão capaz de receber e de distribuir todos os sacramentos da santa hierarquia.

III 13 - Portanto, quando o louvor permanente das coisas sagradas prepara harmoniosamente nossos movimentos do ânimo[197] e as ações sagradas que, em breve, deverão ser celebradas, e quando um consenso em relação às coisas divinas foi estabelecido pelo uníssono das canções divinas, como que em um coro harmônico de coisas sagradas, então os assuntos mais complexos e obscuros na linguagem espiritual são distintos nas figuras mais completas e distintas, e nas explicações das leituras mais santas dos textos das Sagradas Escrituras. Aquele que contempla as coisas sagradas observará, então, um espírito unitário e singular inspirado pelo único e próprio Espírito singular de Deus. Logo, naturalmente, após a tradição mais antiga no tempo, a Nova Aliança é anunciada. Eu acho que essa ordem hierárquica divina mostra que uma [aliança] declarou as obras divinas de Jesus a vir; e a outra [aliança] a cumpriu; como aquelas descreveu as coisas em figuras, esta a revelou como presente; o cumprimento do Novo Testamento provou a verdade das previsões do Antigo Testamento e, assim, o operar divino recapitula o discurso divino.

III 14 - Porém, os que em geral não conhecem esses sacramentos e que tampouco veem as imagens porque eles renunciaram, desavergonhadamente, a iniciação salutar no renascimento divino. Eles contradisseram as Sagradas Escrituras para sua própria destruição: ["...]Não queremos conhecer teus caminhos![”][198]. Porém, os catecúmenos, os possuídos e os penitentes podem ouvir os cânticos sagrados e as leituras sagradas das mais Sagradas Escrituras; todavia, isso não permite a eles os serviços sagrados e a contemplação do que segue, que são reservados aos olhos perfeitos dos perfeitos. Afinal, toda ordem divina e sagrada é plena de justiça divina e, então, distribui a participação adequada das coisas divinas a cada um conforme seu merecimento e conforme a capacidade de compreensão de cada um, e a cada um conforme seu tempo adequado.

III 15 - O nível mais baixo é atribuído aos catecúmenos, uma vez que eles não participam e não são iniciados em nenhuma das

---

197. Na tradução de Stein para o alemão, "*Gemütsbewegungen*".

198. Jó 21,14.

perfeições hierárquicas, nem sequer possuindo existência em Deus mediante divino renascimento. Sob a direção paterna das Sagradas Escrituras, eles ainda estão no processo de nascimento. Eles ainda estão sendo moldados em formas doadoras de vida para a recepção abençoada do renascimento divino, o primeiro princípio da vida e da luz. Assim como as crianças, no que tange à carne, ainda são imperfeitas e deformadas se forem levadas adiante antes do próprio parto, tal como abortos, eles caem no chão sem nascimento, vida e luz. Considerando as aparências, ninguém em sua mente sã diria que elas vieram à luz só porque elas foram lançadas das trevas do ventre. (A autoridade médica, que compreende as funções do corpo, diria que, para a luz operar, deve haver órgãos capazes de recebê-la.) Ainda assim, a ciência que é mais sábia nas coisas sagradas, em primeiro lugar, dá luz a esses homens pela nutrição preparatória nas Sagradas Escrituras formativas, doadoras de vida. Quando trouxe sua condição à perfeição exigida pelo renascimento divino, concede a eles, de maneira salutar e ordenada, comunicação nas coisas que iluminam e que aperfeiçoam. Agora, o perfeito é separado do imperfeito; toma-se cuidado da ordem das coisas sagradas e da entrega da vida dos catecúmenos de acordo com o divino estabelecimento da ordem hierárquica.

III 16 – A multidão dos possuídos de fato não é sagrada, mas chega próximo dos catecúmenos, que é a mais baixa. Todavia, em minha opinião, não está no mesmo nível que os inteiramente não iniciados e aqueles que não participam nos sacramentos mais sagrados, mas ainda é retida pelas coisas contrárias, como encantos ou desordens. A visão e participação de coisas sagradas é retirada deles, e com bons motivos. Se for verdade que o homem, em geral divino, o digno participante de sacramentos divinos, é levado ao limite de seus poderes nas mais completas e perfeitas deificações do próprio auge da divina semelhança, ele não ocupa a si próprio com as coisas da carne, exceto como no seguinte: ele é, ao mesmo tempo, um templo e um seguidor do Espírito Santo na mais alta aproximação de Deus, trabalhando de acordo com sua capacidade de aproximar semelhante do semelhante – então, tal homem nunca seria possuído por fantasias ou por medos, mas os repeliria, sendo ativo ao invés de passivo. Além disso, pela impassibilidade e constância de seu caráter, ele se mostrará como o médico de tais incômodos em outros.

III 17 - Todavia, eu concebo, ou melhor, eu sei que o mais claro juízo sobre os membros da hierarquia considera possuídos como os que têm uma detestável possessão e que, partindo de uma vida próxima de Deus, tornam-se de uma mente e hábito em comum com demônios destrutivos, afastando-os das coisas que realmente são, dos bens eternos e dos deleites duradouros, em prol das tolices mais baixas e mortais decorrentes do desejo pelas coisas materiais e suas muitas paixões, os prazeres perecíveis, corruptíveis e fruição incerta de coisas alheias à sua natureza, fruições não reais, mas apenas aparentes. Se a celebração sagrada e supramundana das cerimônias divinas oculta dos penitentes está oculta daqueles que uma vez se aproximaram delas, e que só é permitida aos inteiramente santos se aproximar, Sim, é dito : ["]Eu sou invisível e incomunicável para aqueles que estão de qualquer modo enfraquecidos pela imperfeição no que diz respeito à obtenção mais alto grau de semelhança ao divino["] (pois a voz mais pura também afasta aqueles que não podem se associar com participantes dignos de coisas divinas). Se esse for o caso, a multidão daqueles possuídos por suas paixões será profana e alheia à visão e à participação nas coisas sagradas. Em suma, quando os imperfeitos e não iniciados forem dispensados do templo divino e o serviço sagrado estiver além deles, junto com eles os apóstatas estão dispensados de uma vida sagrada. Então, aqueles que estão facilmente afetados pelos medos e fantasias de influências contrárias estão excluídos, porque não obtiveram a consistência e atividade do estado divino pela aplicação persistente e firme às coisas divinas. Em seguida, aqueles separados da vida oposta são excluídos e, após eles, os que ainda não estão purificados de sua imaginação por um hábito e um amor divino e puro. Os últimos dispensados são os que não estão inteiramente unificados, ou, servindo-me de uma expressão conforme à lei, não inteiramente sem mácula ou mancha.

III 18 - Finalmente, então, os santos ministros e aqueles dispostos a contemplar coisas sagradas contemplam a sacrossanta hóstia e louvam, em canção universal de louvor, o fundamento primordial benevolente e doador, do qual nos é concedido o Santíssimo Sacramento, que proporciona a proximidade ao divino aos iniciados e que nos é revelado. Alguns chamam essa canção uma canção de louvor; outros, o símbolo da fé <*religionis symbolum*>, ainda outros - com o nome mais divino, como me parece - a ação hierárquica de graças[199] <*eucharistia*> ou a santa ação de graças principal[200], uma vez que ela compreende todos os dons sagrados que chegam a nós por Deus. Parece-me que esse é o arrazoado sobre todas as obras de Deus em nosso bem celebrado em louvor. Após ele ter estabelecido, com benevolência, nossa vida e existência, e formado a semelhança com o divino em nós segundo beleza originária, tendo-nos preservado em uma constituição de ser divina e em caminhos que conduzem às alturas; então, quando ele testemunhou a perda de dons divinos que vieram a nós devido à nossa imprudência, ele nos chamou de volta à nossa condição original mediante a restauração das bênçãos e a completa suposição de nossa natureza, tornando boa a mais perfeita participação em sua própria natureza. Então, ele nos deu uma participação em Deus e nas coisas divinas.

III 19 - Após o supremo amor de Deus pelo homem ter sido louvado de maneira sagrada, o pão divino coberto é trazido juntamente com o cálice da bênção. O mais divino beijo da paz é trocado e a celebração misteriosa e sobrenatural é feita sobre as Sagradas Escrituras. Aqueles divididos internamente não podem se unir ao Um e participar nessa unidade pacífica. Se nós formos iluminados pela contemplação e pelo conhecimento do Um, nós deveremos ser unidos na união divina uniforme. Nós não devemos nos permitir descer às cupidícias divisivas das quais surgem inimizades terrenas e passionais naqueles que são como nós em natureza. Eu creio que a cerimônia do beijo da paz prescreve essa vida simples e indivisa que relaciona semelhante a semelhante e separa as visões divina e unificada de todas as coisas divididas.

III 20 - A leitura a partir dos livros sagrados que sucede o beijo da paz proclama que aqueles que viveram em santidade e que alcançaram o fim de uma vida virtuosa sem fraquejar nos

199. Na tradução de Stein para o alemão, "*die hierarchische Danksagung*".

200. Na tradução de Stein para o alemão, "*die hauptsächliche heilige Danksagung*".

conduziriam a uma cerimônia abençoada e à herança divina pelo seu exemplo. Eles são celebrados como se estivessem vivos, pois a Teologia ensina que eles não estavam mortos, mas como tendo passado da morte a uma vida mais divina. Note que eles estavam inscritos em memoriais eternos, não como se a memória divina estivesse sob a imagem de uma memória à maneira dos homens, mas, como se diria, de modo digno de Deus, de acordo com o conhecimento infalível de Deus da parte daqueles aperfeiçoados pela semelhança com o divino. Dizem as Sagradas Escrituras: [“]*O Senhor conhece os seus*[”][201] e [“]É duro para o SENHOR ver morrer seus fiéis[”][202]. A morte dos santos é tomada como perfeição na santidade. Mantém isso em mente de maneira santa que, após eles terem preservado os signos santos, que significam Cristo e que preservam a participação dele, são conduzidos ao altar, e a leitura dos nomes dos santos segue para mostrar que eles são indissociavelmente unidos a Ele, também em uma santa união que não é deste mundo.

III 21 - Quando aqueles ritos sagrados foram celebrados de acordo com a regra que descrevemos, o bispo, ficando diante dos símbolos sagrados, lava suas mãos na água com a ordem venerável dos sacerdotes porque, como dizem as Sagradas Escrituras, [“] Quem se banhou precisa lavar só os pés, pois está todo limpo[”][203]. Dessa purificação das extremidades, ele pode proceder generosamente às coisas inferiores, livre e invulnerável, pois se tornou absolutamente uniforme. Virando-se novamente, e completamente unido com o Um, ele retorna pura e imaculadamente para salvaguardar a plenitude e integridade da semelhança com o divino. Como nós mencionamos, as abluções sagradas também existiam sob a hierarquia da lei, mas agora a limpeza das mãos do bispo e do sacerdote sugere que aqueles que se aproximam da celebração dos ritos mais sagrados deveriam ser purificadas até as imagens fantasmáticas mais remotas, o tanto quanto possível, aproximando-se em similitude. Logo, elas irão discernir as mais claras manifestações de Deus nos raios sobrenaturais que permitirão seu esplendor pas-

201. 2Tim 2,19.

202. Sl 116, 15.

203. Jo 13,10.

sar mais brilhantemente e radiantemente no fulgor dos espelhos feitos à sua imagem. Além disso, a higienização do bispo e dos sacerdotes ocorre na frente dos símbolos mais sagrados, como se na presença de Cristo, que vê nossos pensamentos mais secretos e, uma vez que a pureza extrema é desfrutada por seu escrutínio mais penetrante e por seus juízos mais puros,

III 22 - então o bispo se torna um com o divino, louva as obras santas de Deus, consagra os mais divinos elementos e exibe o que ele celebrou. Em seguida, eu creio que nós deveríamos explicar, com o melhor de nossos poderes, o que das obras de Deus nos afeta. De fato, eu não sou capaz de louvar a todas elas, muito menos de conhecê-las precisamente e de revelá-las aos demais, mas [apresento] o que líderes da Igreja iluminados por Deus louvam e celebram, falando sobre isso tanto quanto possível, buscando o espírito da inspiração hierárquica para iluminação.

III 23 - A natureza humana, imediatamente após ter decaído imediatamente das boas coisas de Deus, entrou em uma vida marcada por muitas paixões e terminada por morte destrutiva. Consequentemente, houve uma apóstase do verdadeiramente bom, e uma violação da lei sagrada do Paraíso. Quando o homem se separa do joio que concede a vida, ele foi abandonado a seus únicos impulsos, e aos engodos e hostis enganos do adversário que se opõem às coisas boas de Deus. Então, o ser humano miseravelmente trocou o eterno pelo mortal e, recebendo sua origem da geração corruptível, o fim naturalmente corresponde ao início. Uma vez que a humanidade caiu, voluntariamente, da vida divina que o elevou, foi levada ao oposto extremo, às vicissitudes de uma vida mais apaixonada. Vagando, desviado do caminho reto do verdadeiro Deus, sujeita à diversidade maliciosa e destrutiva, a raça humana não estava ciente de que não estava adorando deuses ou amigos, mas inimigos. Quando se abusou cruelmente dos inimigos, de acordo com sua selvageria inata, caiu lamentavelmente no perigo de destruição e de aniquilação.

III 24 - Porém, o amor infinito pelo ser humano do Bem supremamente divino não se retirou de sua Providência autoeficaz, mas verdadeiramente se tornou o que participa de nossa natureza, exceto pelo pecado. Tendo se tornado um com nossa enfermidade, mantendo todos os atributos de nossa própria natureza sem confusão ou alteração, como membros da mesma família, ele nos concedeu comunhão com ele mesmo e nos proclama participantes na própria beleza que é adequada a ele. A tradição secreta mantém que esse é o caminho que soltou as poderosas legiões contra nós, não pela força, como tendo vantagem, mas de acordo com a misteriosa revelação das Sagradas Escrituras para nós, em juízo e em justiça. Em sua bondade, Ele efetuou uma completa transformação de nossa natureza. Ele preencheu as trevas de nossa mente com a mais abençoada e divina luz, e adornou nossa deformidade com suas bênçãos divinas. Ele liberou a morada de nossa alma das paixões mais vis e das poluições poluentes pela perfeita salvação de nossa natureza, que foi ameaçada com ruína completa. Ele revelou a nós uma elevação supramundana e um estilo de vida tornado divino pela conformidade à sua própria santidade tanto quanto possível.

III 25 - Como poderia a imitação de Deus se tornar nossa, se a memória das mais sagradas obras de Deus não fosse perpetuamente renovada nas obras sagradas e nas cerimônias da hierarquia? Nós fazemos isso, como dizem as Sagradas Escrituras, para celebrar aquela obra divina. É por isso que o santo bispo, permanecendo diante do divino altar, louva as obras sagradas de Deus que nós acabamos de descrever, que Jesus completou em sua mais divina Providência para nós e pela salvação do gênero humano, de acordo com o comprazimento do mais santo Pai no Espírito Santo, como dizem as Sagradas Escrituras.

III 26 - Quando ele louvou sua grandeza e viu uma contemplação espiritual com os olhos de sua alma, ele procede ao rito sagrado simbólico da maneira ordenada por Deus. Logo, após os louvores sagrados das bênçãos de Deus, o sacerdote, modestamente e como é adequado ao sacerdote, pede licença por se aproximar do santo rito tão acima dele enquanto, em primeiro lugar, evoca o Cristo: ["]Fazei isto em memória de mim["][204].

III 27 - Após ele ter orado para se tornar digno desse santo rito de imitação divina, de celebrar os ritos divinos, sendo feito como o próprio Cristo, distribuindo-os com toda a pureza, e para que aqueles que participem das coisas sagradas possam recebê-las

204. 1Cor 11,24-26.

de maneira digna e piedosa, ele consagra as coisas mais divinas e apresenta os mistérios consagrados aos olhos de todos, mediante uma exposição reverente dos símbolos. Desvelando o pão velado e indiviso, ele o parte em muitas partes e partilha o cálice com todos, ele multiplica e distribui a Unidade, completando, com isso, a mais sagrada cerimônia.

III 28 – Então, a partir de sua bondade e de seu amor pelo homem, o Verbo supremamente divino, a simples e misteriosa unidade de Jesus veio adiante para o mundo composto e visível pela sua adoção de nossa humanidade, sem qualquer alteração. De forma benevolente, Ele legou a comunhão, que nos torna um com Ele, unindo nossa baixeza e sublimidade com a divindade dele, sob a condição de que, como membros de um corpo, nós adiramos a Ele pela conformidade de uma vida divina inocente. Se nós não o fizermos, destruindo-nos pelas paixões que corrompem, nós nos tornamos disjuntos, desprendidos e separados dos membros divinos e perfeitamente saudáveis. Se nós aspiramos a essa comunhão com Ele, nós devemos considerar sua vida mais divina na carne, imitando sua santa impecabilidade de modo imaculado e próximo do divino. Desse modo, Ele nos comunicará sua semelhança de modo apropriado a nós.

III 29 – O poder do bispo, mediante as ações santas, revela, na medida em que ele desvela os dons que estavam ocultos, dividindo sua unidade em muitas partes, tornando os que recebem a comunicação participantes dos dons, pela perfeita unidade dos dons distribuídos entre aqueles que os recebem. Ao trazer Jesus Cristo diante de nossos olhos dessa maneira, ele o traz à nossa vida espiritual como uma imagem à intuição: quem sai do ocultamento da Divindade por amor ao homem e adquire uma forma correspondente à nossa natureza pela perfeita e incondicional adoção de nossa humanidade. Ele chegou à nossa condição indivisa sem qualquer partida de sua unidade essencial e convidou o gênero humano a se unir com Ele próprio e com seus próprios dons devido ao seu amor benévolo ao homem, dado que nós nos unamos com sua vida mais divina, mediante uma assimilação conforme nossas forças: então, nós nos tornaríamos participantes verdadeiramente perfeitos de Deus e das coisas divinas.

III 30 - Após a fruição da Sagrada Comunhão ter sido recebida e distribuída, o bispo termina com uma santa ação de graças, cantada com todos presentes. Sua própria fruição precede a distribuição da Santa Comunhão <...>[205], pois esta é a ordem geral das coisas e a diferenciação no divino, que o santo bispo comungue primeiro e seja saciado com os dons de Deus para, em seguida, distribui-los aos demais. Portanto, aqueles que abusam dos ensinamentos divinos são totalmente ímpios e estranhos às instituições sagradas, preferindo manter uma vida de acordo com eles próprios. É um caso semelhante aos raios de Sol: quando as substâncias mais límpidas e transparentes estão cheias do brilho que flui para elas primeiro, em seguida, elas transmitem toda sua luz excessiva aos objetos claros atrás delas. Portanto, não é tolerável que alguém que guia os demais para algo divino não tenha se tornado inteiramente divino em todo o seu caráter, e que não tenha sido aprovado como adequado pela inspiração de pelo juízo divino.

III 31 - Após toda a ordem hierárquica dos sacerdotes ter se unido em seus grupos e ter sido acolhida nos mais divinos mistérios, ela termina com uma santa ação de graças, tendo reconhecido e louvado adequadamente os dons das obras de Deus. Aqueles que não participaram ou não reconheceram os mistérios divinos não agradecem, embora as obras mais divinas sejam dignas de agradecimento pela sua própria natureza. Como foi dito, uma vez que eles não desejaram nem sequer olhar para os dons divinos em virtude de sua inclinação ao mal, eles permaneceram sem bênçãos em relação aos infinitos benefícios das obras de Deus. [“]Provai e vede[”][206], dizem as Sagradas Escrituras. Pois os iniciados reconhecem seus dons magníficos em prol de sua sagrada iniciação nas coisas divinas, e, porque eles olham santamente na mais sublime e divina grandeza da comunhão, eles louvarão, gratos, os benefícios supracelestiais da suprema Divindade.

---

205. Novamente, Edith Stein omite partes do texto original. Neste contexto, é uma breve passagem desenvolvendo a ordem do ritual.

206. Sl 34,9.

III.IV. O que ocorre na Crisma e o que é consumado

IV 1 – As visões espirituais da mais sagrada sinaxe que efetua nossa participação e nosso agrupamento no Um são belas e grandiosas. Nós o afirmamos frequentemente. Há outro rito de aperfeiçoamento do mesmo nível que esse e que nossos líderes chamam de mistério da Crisma. Nós iremos considerar suas etapas segundo as santas imagens e ser transportados, mediante essas etapas, para a contemplação hierárquica de sua unidade.

IV 2 – O mistério da consagração e unção

Após a procissão do bispo pela igreja com o incenso, o cântico dos salmos e a leitura das mais Sagradas Escrituras, as ordens do Imperfeito são excluídas, assim como na sinaxe. Então, o bispo pega o óleo coberto com as doze asas sagradas e o coloca no divino altar, enquanto todos cantam louvores com voz inteiramente sagrada do Espírito Santo, canções dos profetas inspirados por Deus. Quando ele termina a oração de consagração, ele a usa nas mais santas consagrações das coisas que são santificadas em quase toda função hierárquica.

IV 3 – Interpretação do sentido

Eu creio que o ensino introdutório dessa cerimônia perfeita mostra, nos ritos executados com óleo, que homens devotos mantêm sua santidade e o doce aroma de suas mentes protegidos. É divinamente desfrutado que homens santos não se vangloriam e tampouco se gabam de suas belas e fragrantes similaridades com o Deus oculto na questão da virtude. A santa graciosidade de Deus, apreciada além da inteligência, é mantida pura e se manifesta espiritualmente apenas em homens espirituais. Ela deseja encontrar, em nossas almas, semelhanças de virtude que são imagens incorruptíveis dela própria. A imagem inefável da virtude divina é corretamente imitada quando reflete a beleza espiritual, formando-se e se moldando na mais bela cópia. Considerando imagens sensíveis, se o artista olha constantemente para o arquétipo, não distraído por qualquer coisa visível, sua atenção indivisa, ele duplicará – por assim dizer – a própria coisa sendo representada, qualquer que possa ser. Ele reproduzirá a realidade à sua semelhança, o arquétipo à sua imagem, um no outro, exceto pela diferença substancial. Da mesma forma, contemplação constante e sem vacilar da beleza aromática e oculta pelos artistas que amam o que é espiritualmente belo produzirá uma semelhança exata e mais divina. Naturalmente, então, artistas divinos, que moldam constantemente sua imagem espiritual de acordo com o aroma supraessencial e espiritual, não praticam nenhuma de suas virtudes que são cópias de Deus para ser vistos pelos homens[: "Evitai praticar as vossas boas obras diante dos outros para serdes vistos por eles"][207], como dizem as Sagradas Escrituras. Eles contemplam, reverentemente, os mais sagrados e ocultos mistérios da Igreja com o óleo divino, como em uma imagem. Ocultando com reverência a virtude mais sagrada e divina na alma, que é a imagem e a semelhança de Deus, eles fixam seu olhar apenas no arquétipo espiritual; consequentemente, de acordo com seu caráter, eles não amam coisas que meramente parecem ser justas e belas, mas tal como realmente são. Tampouco eles procuram glória, que é tolamente concedida pela multidão, mas – distinguindo o verdadeiro bem do verdadeiro mal baseados no exemplo divino – eles são imagens divinas do aroma supremamente divino que não se volta para o que enganosamente aparece às multidões, mas que confere sua marca de autenticidade em verdadeiras imagens de si próprio.

IV 4 – Após termos visto a graciosidade externa da cerimônia verdadeiramente bela, sigamos com a beleza mais divina, considerando-a nela própria com os véus retirados, contemplando sua irradiância bem-aventurada brilhando abertamente e nos preenchendo com um aroma perceptível apenas aos homens espirituais. A consagração do óleo não é estranha ou invisível aos que estão próximos do bispo. Pelo contrário, é manifesta a eles, enquanto é reverentemente oculta da multidão porque sua contemplação está além dela. Por ordem hierárquica, é distanciada da multidão. O esplendor do que é sacrossanto brilha sem intermediário a homens divinos, porque eles vivem em um lugar sagrado, e ele perfuma suas capacidades espirituais sem ocultamento. Não procede da mesma forma com aqueles em um nível inferior, mas é oculto pelos que contemplam o espiritual em segredo, de modo que não venha a ser profanado pelos que não são semelhantes. Os níveis ordenados

207. Mt 6,1.

se elevam ao grau de santidade apropriado a eles mediante essas figuras sagradas. A consagração sagrada cujas preces são cantadas, como eu afirmei, são parte da ordem aperfeiçoadora e do poder das ações hierárquicas.

IV 5 – É por isso que também nossos líderes divinos a descreveram como do mesmo nível e operação que o santo mistério da sinaxe. Eles a descreveram com as mesmas imagens e, em grande parte, com as mesmas cerimônias místicas e santas prescrições. Logo, de maneira semelhante, você pode ver o bispo levando adiante o incenso do santuário aos lugares sagrados além dele, ensinando, pelo seu retorno ao mesmo lugar, que a participação nas coisas divinas vem a toda pessoa santa de acordo com seus méritos e que permanece sem diminuição ou modificação, imutável em sua própria identidade com uma divina imutabilidade. Novamente, da mesma forma, os cânticos e leituras das Sagradas Escrituras fazem nascer como filhos aqueles ainda não perfeitos o bastante para a adoção que concede vida. Elas também causam uma santa conversão naqueles atormentados por demônios, e prostram aqueles possuídos por um espírito covarde de medo e do efeminar-se oposto. Elas mostram a esses homens, segundo suas capacidades, a elevação do estado divino e poder pelo qual eles tomarão a liderança na cura dos demais. Sua firmeza e suas próprias belezas lembram as de Deus. Mas eles não somente possuem poder contra medos que se opõem, mas também conferem tais poderes. As Sagradas Escrituras atribuem um poder sagrado àqueles que se distanciaram do mal para uma mente sagrada de modo a não serem mais aprisionados pelo mal. As Sagradas Escrituras conduzem o sagrado à semelhança com o divino e à contemplação e comunhão com eles. Eles estabelecem o perfeitamente sagrado em visões espirituais bem-aventuradas que consumam sua semelhança singular ao Um e efetivam sua união. – O que mais? Não são os graus do incompletamente puro que eu mencionei os excluídos dessa consagração, sem distinção, da mesma forma que na sinaxe, de modo que é visto em figura apenas pelo sagrado, e é contemplado e administrado sem o meio de figuras em elevações hierárquicas apenas pelo perfeitamente sagrado?

IV 6 - Ora, nós já repetimos isso o suficiente, e eu tomo por superficial repeti-lo novamente em palavras, ao invés de continuar com o passo seguinte, para que, com visão divina, nós possamos considerar o bispo como ele mantém o óleo divino velado pelas doze asas e o consagra em um mais puro sacramento. - Portanto, nós queremos dizer de que o óleo é composto. Ele é uma mistura de matérias mais aromáticas, cheias de propriedades aromáticas; aqueles que a recebem são perfumados de acordo com a fragrância que vem a eles como sua parte.

IV 7 - Nós sabemos, porém, que o divino Jesus, aroma plenamente supraessencial, preenche o espiritual em nós mediante dons espirituais com bênção divina. Se, de fato, nosso senso de olfato está saudável e corretamente alinhado com as coisas aromáticas, então ele sentirá a fragrância das coisas que incidem sobre os sentidos como agradável e obterá, por meio disso, grande fruição. Com igual direito, poder-se-ia dizer: ["]Se nossas capacidades intelectuais não se deterioram por inclinação alguma ao mal, então, pela força do juízo natural, conforme a medida do obrar divino e mediante a orientação correspondente do espírito a Deus, é-se imbuído da doçura da fragrância divina e saciado com êxtase divino e nutrição divina["]. A composição mística do óleo, por assim dizer, mediante a afiguração de coisas sem figura[208], então, representa o próprio Jesus como a rica fonte da qual perfumes divinos são retirados, e que Ele distribui em medidas fixadas por Deus, dando os mais divinos perfumes ao espírito mais próximo do divino. Por meio disso, somos preenchidos com bênção divina e, cheios de impressões sagradas, desfrutamos da refeição divina quando aqueles dons aromáticos, mesclados com a divina generosidade, fluem de nossa parte espiritual da alma.

IV 8 - Parece-me claro, porém, que a essência suprema distribui o perfume aos seres acima de nós de maneira mais imediata, por assim dizer, porque ela manifesta melhor e se adequa à sua grande limpidez. Ela transborda em abundância a capacidade espiritualmente receptiva a ela e a penetra muitas vezes mais. Quanto aos espíritos subordinados que não se mostram tão receptivos, ela reve-

---

208. Na tradução de Stein para o alemão, "*durch Gestaltung gestaltloser Dinge*".

rentemente oculta a maior visão e contemplação deles, e é dispensada em medida divina por vapores que se acomodam aos recipientes.

IV 9 – O coro dos serafins, que está ainda mais alto acima de nós, de maneira superior, é indicado pelas doze asas: eles estão ao redor de Jesus e se devotam às contemplações mais abençoadas dele, tanto quanto permitido. Os serafins são preenchidos santamente com dons espirituais como receptáculos mais puros, e eles choram com lábios nunca silenciosos, para usar termos sensíveis, o hino de louvor divino. O conhecimento sagrado das mentes supramundanas é incansável, seu amor pelo divino é infalível e, ao mesmo tempo, ele é superior a todo esquecimento e a todo mal; por isso, seu chamado incessante, creio eu, sugere seu perpétuo e persistente conhecimento e entendimento de coisas divinas, que é acompanhado de toda gratidão e honestidade.

IV 10 – Na descrição das hierarquias celestes, nós consideramos corretamente as propriedades incorpóreas dos serafins, que são retratadas nas Sagradas Escrituras com imagens sensíveis para a expressão de coisas espirituais, como eu creio, e as indicamos aos seus olhos espirituais; todavia, como aqueles que ficam reverentemente ao redor do bispo apresentam para nós esse coro mais sublime, vejamos, com um olhar divino, o esplendor de sua mais divina conformidade.

IV 11 – Suas numerosas faces e seus numerosos pés significam, creio eu, sua propriedade de olhar às iluminações mais divinas de muitos lados, e a atividade perpétua e amplitude de seu conhecimento das coisas boas de Deus. O arranjo sêxtuplo das asas, de que as Sagradas Escrituras falam, não representa um número sagrado como alguns defenderam, mas que o primeiro, médio e último dos poderes espirituais e afins ao divino da maior essência e escalão ao redor de Deus são inteiramente livres, sobrenaturais e conduzem a coisas maiores. Logo, a mais sagrada sabedoria das Sagradas Escrituras descreve, com reverência, o dobramento de suas asas, e os coloca ao redor das cabeças, os troncos e os pés significam sua cobertura completa com asas e sua múltipla capacidade de elevar o que está verdadeiramente acima.

Se eles cobrem seus rostos e seus pés, e voam apenas com as asas do meio, considera santamente que uma ordem tão exaltada entre os seres mais elevados é discreta entre coisas mais sublimes e profundas que seu entendimento, e que se eleva proporcionalmente até a visão de Deus por suas asas do meio. Essa ordem coloca sua vida sob a Divina Providência, pela qual é santamente conduzida ao reconhecimento pleno de si própria. Porém, quando dizem as Sagradas Escrituras: ["]Um dia a outro dia transmite a mensagem, uma noite a outra noite comunica a notícia["][209], isso significa, eu acredito, que os serafins generosamente conferem um ao outro uma partilha em suas próprias visões e conhecimentos divinos. Nós devemos considerar que a palavra hebraica nas Sagradas Escrituras chama esses seres mais sagrados "serafins" porque o nome significa ígneo e brilhante em excesso, com uma vida divina e imutável. - Portanto, se os mais divinos serafins são chamados pela Palavra de Deus "aqueles que queimam" e "aqueles que brilham", porque o nome é expressivo de sua constituição natural de ser, então, certamente, conforme à apresentação simbólica de seus poderes, o óleo divino o sugere expressivamente, ao distribuir seus vapores eficazes. Essa essência, cujo doce vapor coração algum consegue apreender, ama ser evidenciada pelos espíritos mais puros e incandescentes. Ela comunica suas exalações mais divinas em distribuições mais alegres àqueles que, então, chama de modo sobrenatural.

IV 12 - A mais divina ordem de seres celestiais, portanto, não ignora o fato de que Jesus, o supremamente divino, desceu para a santificação. Ela sabia que, em sua bondade divina e inefável, Ele próprio veio santamente à nossa condição. Ela o viu santificado de maneira humana pelo seu próprio Pai e Espírito; ela o reconheceu como permanecendo essencialmente não modificado em sua Divindade no que quer que ele fizesse. Logo, a tradição dos símbolos sagrados associa os serafins com o óleo sagrado quando ele está sendo consagrado. Esse ensinamento revela e reconhece que Cristo está imutável em sua vida inteira e em sua verdadeira encarnação conosco.

209. Sl 19,3.

IV 13 – E o que é ainda mais divino: ela usa o óleo divino para cada consagração sagrada, claramente mostrando, de acordo com as Sagradas Escrituras, que aquele sendo santificado santifica, e que é sempre o mesmo nele Mesmo ao longo de toda a trajetória de sua divina benevolência. Então, mesmo o dom aperfeiçoador e a graça do divino renascimento são acompanhados das mais divinas consagrações de óleo.

IV 14 – Por isso, creio eu, o bispo despeja o óleo em efusões na forma de uma cruz na fonte batismal purificadora, ilustrando aos olhos contemplativos a descida de Jesus na mais sublime e divina humildade à própria morte na cruz, para nosso renascimento em Deus, seu generoso arrebatamento do abismo antigo da morte que corrompe aqueles que, segundo um escrito misterioso, ["...]todos nós, batizados para Cristo Jesus, fomos batizados na sua morte? Pelo batismo fomos sepultados com ele na morte [..."][210], e Ele efetua uma renovação em uma existência divina e eterna.

IV 15 – A unção aperfeiçoadora com o óleo garante a descida do Espírito supremamente divino àquele que foi iniciado no mais sagrado mistério do divino renascimento. As imagens sagradas, creio eu, sugerem que o mais divino espírito é concedido àquele que foi santificado em nosso bem pelo Espírito Divino de maneira humana, enquanto Ele reteve a condição inalterada de sua divindade essencial.

IV 16 – Mantenha essa hierarquia em mente, que a lei dos mais sagrados mistérios cumpre a sagrada consagração do altar divino com as mais puras efusões do óleo mais sagrado. Porém, o espetáculo <ϑεωρία> supracelestial e supraessencial é o princípio, e essência, e poder de toda a nossa salvação por Deus. Se Jesus, a santificação supremamente divina de mentes divinas, é nosso altar mais divino, a quem, de acordo com as Sagradas Escrituras, têm acesso aqueles sendo santificados e misticamente oferecidos em holocausto. Olhemos com olhos sobrenaturais esse mesmo altar divino (no qual o que está sendo aperfeiçoado é consagrado e santificado), como é consagrado por esse óleo mais divino. O mais santo Jesus se santifica por nós e nos preenche com sua santidade

210. Rm 6,3-4.

porque o que é cumprido nele flui para nós segundo o plano divino da salvação <οἰκονομικῶς>, como que nascido de Deus.

IV 17 - Por esse motivo, creio eu, aqueles líderes espirituais chamam, conforme uma inteligência hierárquica recebida de Deus, sabiamente essa sagrada cerimônia do óleo [“]τελετή[”] <consagração>, ou *consecratio*, louvando sua divina santificação em dois sentidos. É o sacramento de Deus, tanto porque Ele é santificado por nós como homem quanto porque, como Deus, ele consagra e santifica tudo a ser consagrado.

IV 18 - No que diz respeito às canções sagradas dos profetas inspirados por Deus, aqueles que conhecem o hebraico as chamam [“]Louvor a Deus[”] ou [“]Louvor ao Senhor[”]. Uma vez que toda manifestação e toda obra de Deus é descrita, de maneira sagrada, na composição variada dos símbolos hierárquicos, é adequado mencionar o hino de louvor que Deus revelou aos profetas, porque ensina, de uma vez, de modo claro e santo, que as obras benévolas de Deus são dignas de santo louvor.

III.V. Sobre a consagração do ministério sagrado

V 1 - I. Essa é a mais divina e consagratória obra do óleo. Agora, após as cerimônias divinas, é hora de adiantar as próprias funções sacerdotais: sua distribuição; seus poderes; suas ações e consagrações; as três ordens eminentes que as constituem, de modo que a ordem de nossa hierarquia se torne clara; o que é subordinado, feio e confuso não deve se mesclar a ela, mas é cortado dela; ao contrário, a beleza, sublimidade e ordem nas relações entre os níveis sagrados é evidenciada.

V 2 - Ora, como eu acredito, nós já expusemos o suficiente a tripartição de toda hierarquia em uma *Hierarquia* escrita anteriormente, na qual nós falamos que a santa transmissão correspondente a nós de todas as obras hierárquicas é dividida em ações sagradas e nas ciências divinas e que os iniciados nessas questões as entendem.

V 3 - A mais sacrossanta hierarquia dos seres celestiais tem como consagração o compreender espiritual livre de tudo o que é material, que corresponde ao divino e ao próprio poder de Deus, e à pura constituição do ser de sua afinidade com o divino, [correspondendo, também,] à maior imitação possível de Deus: as luzes que guiam e lideram a essa perfeição sagrada são os primeiros seres ao redor de Deus. Eles generosamente e, proporcionalmente à capacidade de compreensão de cada um, transmitem o conhecimento sempre divinizador que foi dado a eles aos demais seres espirituais pela Divindade santificadora que é fonte de sabedoria aos seres inferiores a ela própria. A ordem subordinada à primeira, a dos líderes da iluminação da suprema Divindade, é a ordem dos iniciados.

V 4 – Após a hierarquia celestial e sobrenatural, agora, a Divindade transmitiu, beneficamente, seus dons mais sagrados àqueles que, nas Sagradas Escrituras, são menores. Ela nos deu a hierarquia da Lei, que concedeu luz apropriada para não ferir olhos frágeis. Essa hierarquia manteve a contemplação da verdade daqueles olhos por visões obscuras, usando cópias distantes de seus arquétipos, enigmas difíceis de se entender e figuras cujo sentido é difícil de se entender. O mistério dessa hierarquia da Lei é a elevação à adoração espiritual. Nossos líderes dessa adoração foram homens santamente iniciados no que diz respeito ao sagrado tabernáculo por Moisés, o primeiro iniciador e líder dos pontífices pela Lei. Quando ele descreveu, de maneira santa e instruída, a hierarquia da Lei, no que tange ao tabernáculo, ele chamou todas as cerimônias sacerdotais da Lei de imagens de um arquétipo revelado a ele no Monte Sinai.

V 5 – Os iniciados nesses símbolos são aqueles conduzidos, tanto quanto possível, dos símbolos à Lei rumo a uma instrução mais perfeita. A Teologia, porém, chama nossa hierarquia de uma iniciação mais perfeita porque anuncia a completude da anterior e sua completude sagrada. Ela é tanto celestial quanto legal, devido à sua posição central entre dois extremos, participando naquela por contemplações espirituais e nesta pela variedade de símbolos sensíveis pelos quais é guiada, sagradamente, ao divino. Há, também, uma divisão da hierarquia entre as mais sagradas cerimônias dos mistérios, os locais sagrados onde ocorrem ações sagradas, e a condução dos ministros conforme a sua capacidade de participar das ações sagradas.

V 6 - Como a hierarquia da Lei e a hierarquia mais divina do que a nossa, cada uma das tríplices divisões de nossa hierarquia é organizada em primeira ordem, ordem média e ordem final. Cada uma guarda a proporção digna de seu objeto sagrado e categoriza todos os elementos em uma ordem e coesão harmoniosa.

V 7 - O mais sagrado dos mistérios, portanto, tem como seu primeiro poder divino a sagrada purificação do imperfeito; seu poder intermediário é a instrução iluminadora do purificado; seu poder último é o aperfeiçoamento do instruído em uma compreensão de seus próprios mistérios. Trata-se de uma recapitulação dos dois anteriores.

V 8 - Em seu primeiro poder, a ordenação das cerimônias sagradas purifica o imperfeito mediante os mistérios. No poder intermediário, ela ilumina o purificado. No último e maior dos poderes sagrados, ela aperfeiçoa, com o conhecimento mais avançado de suas iluminações contemplativas, aqueles que se tornaram participantes da luz divina.

V 9 - O primeiro poder daqueles que são iniciados é o purificador; o intermediário, após a purificação, é o de tornar iluminado[211] e de contemplar alguns dos mistérios; o último, mais divino que os outros, brilha com o entendimento perfeito das luzes sagradas cuja contemplação é garantida a eles.

V 10 - O tríplice poder dos mistérios da santa cerimônia é louvado porque foi mostrado, pelas Sagradas Escrituras, que o santo e divino renascimento é uma purificação e uma iluminação iluminadora, que o mistério da sinaxe e o da santa unção são um conhecimento aperfeiçoador e compreensão das obras de Deus pelas quais a elevação unificadora e mais abençoada comunhão com Deus é sagradamente obtida. Seguindo a ordem, agora nos resta examinar a classe sacerdotal, dividida em uma ordem purificadora, uma iluminadora e uma aperfeiçoadora.

V 11 - A mais santa Lei da Divindade é que o segundo seja conduzido pelo primeiro rumo à sua luz mais divina.

---

211. Na tradução de Stein para o alemão, respectivamente, "*die zum Entsühntwerden*" (de tornar purificador) e "*die zum Erleuchtwerden*" (de tornar iluminado).

Nós não vemos que já os seres sensíveis elementares (as substâncias dos elementos) se aproximam do que tem maior afinidade com eles e, por meio deles, difundem sua energia a outros? Naturalmente, a fonte e o fundamento de toda boa ordem, tanto visível quanto invisível, permite seus raios divinizantes se aproximarem, primeiro, dos seres mais divinos e, através deles, como espíritos mais translúcidos, mais bem dispostos a receber e a transmitir luz, brilhando e sendo manifestos aos seus inferiores, proporcionalmente à sua capacidade de compreensão.

V 12 - Então, é tarefa dos primeiros contempladores de Deus revelar, sem contenda e em devida medida, as visões divinas que se olha com reverência aos [contempladores] do segundo escalão, e revelar elementos da hierarquia, pois eles foram bem instruídos em tudo que diz respeito à sua hierarquia por uma ciência aperfeiçoadora no que é divino. Eles receberam o poder divino da iniciação. A função daqueles que participam mais compreensivelmente e completamente em coisas sacerdotais é comunicar coisas sagradas àqueles que são dignos. - A ordem divina de bispos é a primeira ordem daqueles que contemplam Deus.

V 13 - Ela é, ao mesmo tempo, a mais elevada e a última, porque toda ordem de nossa hierarquia é resumida e completada por ela. Assim como nós vemos que a hierarquia como um todo termina em Jesus - assim, cada hierarquia individual tem seu termo no próprio sumo sacerdote. O poder da ordem pontifícia permeia todas as ordens sagradas, e cumpre todos os mistérios peculiares a seu escalão hierárquico em cada ordem sagrada. A lei divina atribui a essa ordem pontifícia, especificamente, ao invés de outras ordens, o mais divino dos ritos sagrados como sua obra especial.

V 14 - Esses ritos são as imagens aperfeiçoadoras do poder supremamente divino que consuma todos os símbolos mais divinos e ordens sagradas. Embora alguns dos símbolos sagrados sejam consagrados aos sacerdotes, nunca os sacerdotes efetuarão o renascimento divino sem o óleo mais divino; tampouco os sacerdotes consagrarão os mistérios da Divina Comunhão a não ser que os símbolos da comunhão sejam colocados no mais divino altar. Tampouco um homem será sacerdote, a não ser que ele tenha sido escolhido para isso por consagrações pontifícias. Por isso, a Lei Divina reservou, unicamente para a consagração das ordens hierárquicas, a confecção do óleo divino e a santificação do santo altar aos poderes aperfeiçoadores dos bispos divinos.

V 15 - Portanto, também o fato de que a ordem sumo-sacerdotal ou o bispado (*pontificatus seu episcopatus*) que é plena do poder consagrador o qual cumpre, preeminentemente, as funções aperfeiçoadoras da hierarquia, isso claramente revela suas respectivas perspectivas e poderes.

V 16 - Porém, sob a direção da ordem dos bispos divinos, a ordem iluminadora dos sacerdotes conduz aqueles sendo iniciados às visões divinas dos mistérios e celebra seus próprios mistérios junto com isso. Ao fazê-lo, ela revela as obras divinas sob os símbolos mais sagrados e proporciona que os contempladores se tornem participantes dos santos mistérios; porém, ela mostra ao bispo aqueles que aspiram ao entendimento das sagradas cerimônias que eles contemplaram.

V 17 - A ordem dos ministros, ou diáconos, que purifica e discrimina aqueles que são inadequados antes de se aproximarem das santas cerimônias dos sacerdotes, purifica aqueles que se aproximam, tornando-os inteiramente livres de coisas contrárias e os proporcionando adequação à visão e à comunhão santificadoras. É por isso que os diáconos rasgam as vestes antigas do homem que se aproxima para o rito de divino renascimento e, inclusive, retiram suas sandálias. Eles o fazem permanecer em pé diante do oeste para abjurar e, em seguida, o conduzem ao leste (pois a ordem e o poder deles reside na purificação); eles comandam aqueles que se aproximam a retirar inteiramente suas vestes de sua vida anterior e mostram a eles as trevas nas quais eles viviam anteriormente. Eles ensinam àqueles que deixaram as trevas como e voltar às <<coisas>> iluminadas. A ordem dos diáconos, portanto, é a que purifica, guiando os purificados às luminosas cerimônias dos sacerdotes. Ela purifica o imperfeito e o leva ao nascimento pelas luzes purificadoras e pelos ensinamentos das Sagradas Escrituras. Ela expulsa os profanos dos sacerdotes. É por isso que a Legislação Eclesiástica os dispõe nos santos portões, sugerindo que o acesso para aqueles que se aproximam do que é sagrado é feito pela total purificação. A ordem dos diáconos conduz sua introdução às santas visões e comunhões mediante seus poderes purificadores e, por meio deles, dá boas-vindas a eles, imaculados.

V 18 – Nós mostramos que a ordem dos bispos tem o poder de consagrar e de aperfeiçoar, que a ordem dos sacerdotes tem o poder de iluminar e de conduzir à luz, e que a tarefa dos diáconos é de purificar e de discriminar. Claramente, a função da ordem pontifícia é não apenas de aperfeiçoar, mas, igualmente, de iluminar e de purificar.

V 19 – Porém, é impossível às ordens inferiores saltarem rumo às funções de seus superiores; não é certo para eles tentarem tal audácia. Ainda assim, os poderes mais divinos têm, junto com suas próprias iluminações, os poderes subordinados na perfeição de seus próprios poderes. Não obstante, uma vez que as ordens sacerdotais são imagens de operações divinas e são arranjadas em distinções hierárquicas que mostram iluminações (ordenadas em primeira, média e última) da ordem harmoniosa e indistinta das divinas energias, eles manifestam, neles próprios, o caráter distinto e regulado das divinas operações. Uma vez que a Divindade, em primeiro lugar, purifica as almas nas quais Ela pode entrar e, então, as ilumina e, uma vez iluminadas, conduz elas a uma perfeição divina, naturalmente, a imagem hierárquica do divino se divide em ordens bem-definidas e em poderes que, claramente, manifestam as operações supremamente divinas como firmemente estabelecidas na mais sagrada ordem e grau, sem confusão. Agora que nós falamos, tanto quanto nos é permitido, acerca das ordens eclesiásticas, de suas tarefas, seus poderes e suas operações, nós devemos considerar suas consagrações sagradas, tanto quanto pudermos.

V 20 – II. O mistério da consagração do alto clero

Quando um bispo é elevado à consagração episcopal, ele se ajoelha com os dois joelhos diante do altar. Ele tem as Sagradas Escrituras e a mão de um bispo sobre sua cabeça. Dessa forma, ele é consagrado pelas sacrossantas invocações do bispo que consagra. De modo semelhante, o sacerdote se ajoelha com os dois joelhos diante do divino altar, com a mão direita do bispo sobre sua cabeça. Dessa forma, ele é santificado por meio das invocações santificadoras do bispo que lhe ordena. O diácono se ajoelha diante do divino altar, o bispo <...> põe a mão direita sobre sua cabeça, e é ordenado por ele com as preces usadas para a consagração de diáconos. O bispo que faz a consagração assinala a cabeça de cada diácono com um sinal da cruz. Para cada um, há uma nomeação sagrada e uma saudação consagratória. Junto com o bispo que ordena, todos os membros do clero presentes beijam os que foram ordenados em qualquer ordem sacerdotal de que nós falamos.

V 21 - Interpretação do significado

O que é comum às consagrações sacerdotais de bispos, sacerdotes e ministros: a aproximação do divino altar, o ajoelhar-se, a imposição da mão episcopal, o sinal da cruz, a pronúncia do nome e o beijo da consagração. O rito especial e distinto para os bispos é a situação das Sagradas Escrituras sobre sua cabeça, pois as ordens inferiores não apresentam isso; para os sacerdotes, é ajoelhar ambos os joelhos, pois a consagração dos ministros não apresenta isso; os ministros, como foi dito, põem-se apenas em um joelho.

V 22 - A abordagem ao divino altar e o ajoelhar-se sugerem a todos que recebem a consagração sacerdotal que toda a sua vida deve ser colocada inteiramente em Deus, o Autor de toda consagração, de modo que toda sua alma chegue a Ele, toda pura, santa e uniforme, para ser tão digna quanto possível do supremamente divino e santo altar que consagra mentes próximas do divino para o sacerdócio.

V 23 - A imposição da mão sobre o bispo significa a proteção consagratória sob a qual eles são estimados paternalmente como crianças santas. Isso lhes confere o estado e o poder sacerdotal, e afasta forças contrárias a eles. Ao mesmo tempo, ensina como executar todas as funções sacerdotais, como se essas consagrações estivessem sendo feitas por Deus, que eles têm como líder em todas as suas atividades.

V 24 - O sinal da cruz significa a cessação de todos os desejos carnais e a imitação da vida divina que continuamente contempla a vida teândrica de Jesus, que foi para a Cruz, e até mesmo rumo à morte, com divina impecabilidade, assinalando, com o sinal da cruz da sua ausência de pecado, para que os demais vivam de modo a ser imagens dele.

V 25 - O bispo faz a santa proclamação das ordenações e dos ordinandos, misteriosamente significando que o santo consagrador, amado por Deus, é o intérprete da escolha de Deus. Ele não lidera os ordinandos à consagração sacerdotal por graça própria, mas como que movido por Deus a todas as suas santificações hierárquicas.

V 26 - Então Moisés, o consagrador perante a Lei, não liderou seu irmão Aarão à consagração sacerdotal - embora ele soubesse que este era querido por Deus e digno do sacerdócio - até que, movido por Deus, ele tivesse cumprido, pelos ritos hierárquicos, a consagração sacerdotal em nome de Deus, o Autor de toda consagração. Nosso primeiro e divino consagrador (por seu amor ao homem, Jesus se tornou apenas isso para nós), ele não glorificou a si próprio, mas quem falou sobre disse: ["...]que necessidade havia de outro sacerdote segundo a ordem de Melquisedeque e não segundo a ordem de Aarão["][212]. Portanto, quando Ele levou seus discípulos à consagração sagrada, ainda que, como Deus, Ele seja o consagrador principal, Ele não obstante referiu esse ato hierarquicamente ao seu mais santo Pai e ao seu espírito supremamente divino, como dizem as Sagradas Escrituras: ["]Enquanto estava comendo com eles, mandou-lhes que não se afastassem de Jerusalém mas esperassem a promessa do Pai, 'que de mim ouvistes', disse ele. 'Porque João batizou com água, mas vós sereis batizados com o Espírito Santo daqui a poucos dias'["][213]. Quando o Príncipe dos Apóstolos se juntou com seus dez colegas bispos para a consagração sacerdotal do décimo segundo apóstolo, ele reverentemente deixou a escolha a Deus, dizendo ["]Senhor, tu que conheces os corações de todos, mostra qual destes dois escolheste["][214]. Ele acolheu no número hierárquico dos santos doze o homem que havia sido designado divinamente pela escolha de Deus. Alguns disseram uma coisa, outros, outra coisa sobre a sina divina que havia caído sobre Matias, e incorretamente, penso eu. Parece-me que as Sagradas

---

212. Hb 7,11. Cf. Hb 7,11-15; Sl 110.

213. At 1,4-5.

214. At 1,24.

Escrituras querem dizer, por sina, certo sinal supremo divino que indicava um conhecimento pontifício que apontava, dentro do grupo do pontificado, ao que havia sido designado por escolha divina, pois não é pelo seu próprio movimento que o divino bispo deveria executar as consagrações sagradas, mas é pelo movimento de Deus que ele deveria executá-las de maneira hierárquica e celestial.

V 27 - O beijo ao final da consagração sacerdotal tem uma importância sagrada. Tanto os membros das ordens sacerdotais presentes quanto o bispo presente beijam o ordenado. Quando uma santa alma obtém consagração sacerdotal mediante qualidades e poderes sacerdotais, por intermédio da vocação e da santidade divina, ela é amada por seus iguais nas ordens sagradas. Elevada a uma beleza mais divina, ela ama almas que se assemelham a si própria e, em troca, é amada por elas de modo sagrado. Logo, o beijo mútuo dos sacerdotes é executado para mostrar a sagrada comunhão em mentes semelhantes e seu prazer amoroso em cada um, pelo que a beleza mais divina da ordem sacerdotal é conservada em sua integridade.

Isso é, como foi dito, o elemento comum a toda consagração sacerdotal.

V 28 - Porém, apenas o bispo tem como traço distintivo a imposição das Sagradas Escrituras sobre sua cabeça. Uma vez que o poder aperfeiçoador e a doutrina de todo o sacerdócio são conferidos aos divinos bispos pela Divindade supremamente divina e que concede, originariamente, a perfeição, naturalmente, as Sagradas Escrituras transmitidas de modo divino explicam plenamente e de modo compreensivo o todo da Teologia: as operações de Deus e suas manifestações, as palavras e obras sagradas: em uma palavra, todas as palavras e obras sagradas dadas a nossa hierarquia pela Divindade benévola. Uma vez que o bispo divino participa plenamente no poder hierárquico como um todo, ele não só será iluminado na doutrina boa e dada por Deus de todas as palavras sagradas e nas obras da hierarquia, mas ele também as transmitirá aos demais proporcionalmente ao seu escalão na hierarquia, conforme a capacidade de compreensão de cada um. Pelo seu poder pontifício, ele cumprirá todas as consagrações mais aperfeiçoadoras de toda a hierarquia, mediante as ciências mais divinas e as mais sublimes instruções.

V 29 – A marca mais distintiva dos sacerdotes é a genuflexão dos dois joelhos <...>[215]. Ela significa a abordagem humilde daquele que se apresenta e que submete seu santo avanço a Deus. Eu falei frequentemente que as três ordens de consagradores presidem sobre as três ordens dos consagrados mediante os três mais santos mistérios e poderes e efetuam, de maneira santa, sua abordagem salutar sob a Divina Providência. Uma vez que a ordem dos ministros é apenas purificadora, é natural que ela conduza sagradamente a abordagem única daqueles sendo purificados e que a termine aos pés do divino altar, para que as almas sendo purificadas possam ser santificadas de uma maneira sobrenatural.

Os sacerdotes, porém, põem-se de joelhos porque aqueles que são santamente apresentados a eles não estão apenas sendo purificados, mas, quando a vida deles é purificada e elevada, eles também são aperfeiçoados rumo a um poder contemplativo e à condição de suas funções mais iluminadoras.

O bispo se põe com os dois joelhos porque, como bispo, ele guia aqueles que a ordem dos ministros purificou e a ordem dos sacerdotes iluminou rumo ao entendimento das ações sagradas, conforme a capacidade de compreensão de cada um. Mediante essa contemplação, ele aperfeiçoa aqueles trazidos para a mais perfeita santificação.

III.VI. Sobre os ministérios daqueles que são levados à perfeição

VI 1 – Agora, estas são as ordens sacerdotais, suas ações, seus poderes, funções e consagrações. Em seguida, nós temos que explicar as três ordens daqueles sendo iniciados sob eles. – Nós dizemos, então: as ordens sendo purificadas consistem em grupos dispensados das cerimônias e das consagrações sagradas. Nós já as mencionamos. Uma ainda está sendo moldada e preparada para o parto pelos ministros e pelo fomento da Palavra; a outra ainda está sendo chamada de volta, pelo belo ensinamento das Sagradas Escrituras, à vida santa da qual uma vez partiram. A outra, ainda aterrorizada pelos medos opostos devido à falta de virilidade, está sendo fortalecida

215. Mais uma vez, Edith Stein omite partes do texto original. Nesse contexto, também se trata de uma passagem pequena sobre detalhes do ritual.

pelas Sagradas Escrituras revigoradoras. Outra, ainda, é levada de volta do mal a ações santas, e há ainda outra, que de fato foi trazida de volta, mas ainda não tem constância em hábitos mais divinos e imutáveis. Essas são as ordens sendo purificadas pela atividade cuidadora e pelo poder purificador dos ministros; os ministros aperfeiçoam-nas pelos seus poderes sagrados para que possam ser levadas à contemplação e à participação nas cerimônias mais divinas com que elas foram completamente purificadas.

VI 2 - A ordem do meio é contemplativa de certas coisas e uma participação nelas em toda pureza e em devida proporção à capacidade de compreensão. Ela foi atribuída aos sacerdotes para a graça de sua iluminação. É evidente, creio eu, que essa ordem é levada de volta à capacidade e ao poder contemplativo mediante sacramentos contemplativos, após ter sido purificada de toda impureza e após a imovível firmeza de sua mente ter sido estabelecida em pureza perfeita. Ela participa dos mais divinos símbolos e é cheia de santo prazer com suas contemplações e comunhões. Ela é elevada, até o possível, ao amor divino pelo conhecimento sobre o divino. Eu também chamo essa [ordem] o povo santo; porque ela passou por completa purificação e é considerada digna da santa visão dos mais excelentes sacramentos e da participação neles, tanto quanto permitido.

VI 3 - A mais elevada ordem de todas as iniciadas é a santa ordem dos monges, que foi limpa por uma purificação completa. Mediante seu poder integral e a pureza absoluta de suas atividades, ela adquiriu a habilidade de contemplar, com visão e comunhão espiritual, cada obra sagrada o tanto quanto permitido. Conduzidos pelos poderes aperfeiçoadores dos bispos, instruídos por suas divinas iluminações e pelas tradições pontifícias nos ritos sagrados dos santos mistérios que eles contemplam em devida medida, eles são proporcionalmente elevados ao saber sagrado correspondente à capacidade deles, conduzida à mais completa perfeição.

Por esse motivo, nossos mestres sagrados consideram esses homens dignos de nomes santos; eles os chamam ministros <*θεραπεύτας; cultores*> por causa de seu puro serviço e culto a Deus, bem como um arrazoado de sua vida indivisa e unificada, que os unifica mediante santas combinações de suas diferenças na unidade divina e na perfeição do divino amor; portanto, também a Lei sagrada impôs a eles uma graça aperfeiçoadora e os considerou dignos de certa invocação santificadora que não é pontifícia – uma vez que é reservada apenas para as ordens sacerdotais –, mas consagratória, sendo usada para santos sacerdotes em imitação da hierarquia em segundo grau.

VI 4 – O mistério da consagração monástica

O sacerdote se posiciona diante do altar e pronuncia as preces de invocação monástica. Aquele a ser consagrado fica atrás do sacerdote. Ele não se genuflecta nos dois joelhos, nem sequer em um, tampouco recebe as Sagradas Escrituras dadas por Deus em sua cabeça. Ele apenas fica próximo do sacerdote que está pronunciando, de modo santo, as invocações místicas para ele. Após ele encerrar isso, o sacerdote aborda o que está sendo consagrado e lhe pergunta se ele renuncia tudo divisivo, não apenas na ação <ζωαῖς, poderia também se chamar: diferentes modos de vida>, mas também nas imagens da fantasia. Em seguida, ele explica a ele o modo mais perfeito de se viver e o avisa que ele deve se erguer acima do modo mais medíocre de vida. Quando o consagrado promete, com firmeza, tudo isso, o sacerdote faz nele o sinal da cruz e corta o seu cabelo, enquanto invoca as três Pessoas da Divina Beatitude. Ele despe as roupas do homem e lhe cobre com uma nova veste. Junto com outros homens santos presentes, ele dá ao homem o beijo da paz e lhe confere participação nos mistérios divinos.

VI 5 – Interpretação do significado

O fato de que nenhum joelho é flexionado, de que as Sagradas Escrituras transmitidas de maneira divina não se depositam sobre a cabeça do consagrado, e de que alguém fica próximo ao sacerdote que está recitando a sagrada invocação significa que a ordem monástica não é para liderar os demais, mas que permanece à parte, em uma disposição santa e solitária. Ela obedece às ordens sacerdotais e é prontamente elevada a elas, como um seguidor, ao divino saber sobre as coisas sagradas. – A renúncia não só de ações, mas mesmo de coisas divisivas manifesta a mais perfeita sabedoria dos monges, que é exercitada na ciência dos mandamentos unificadores.

Como eu disse, seu escalão entre os iniciados não está no meio, mas é maior que todos eles. Portanto, muitas coisas que são feitas pela ordem do meio sem reprovação estão, de todo modo, proibidas para os monges unificados, uma vez que eles deveriam se unir ao Um, sendo unidos em uma unidade sagrada, e inspirados pela vida sacerdotal o tanto quanto permitido. Como eles têm uma afinidade com ela sob muitos aspectos, eles estão mais próximos dela que o restante das ordens dos iniciados. Como foi dito, o sinal da cruz significa o afastamento de todos os desejos carnais. O corte do cabelo indica a vida absolutamente simples e pura que não camufla a feiura da alma com adornos estranhos e artificiais, mas que a eleva à semelhança mais próxima de Deus a si próprio, não com adornos humanos, mas singulares e unificadores. – A retirada de roupas anteriores e o ato de colocar novas roupas significam a transferência da vida mediocremente santa rumo a uma mais perfeita, assim como, no divino renascimento, a troca de roupas representa a elevação de uma vida purificada a uma vida contemplativa e a um estado iluminado. Se, até agora, o sacerdote e todos os homens santos presentes oferecem o beijo da paz ao consagrado, aqui se vê a santa sociedade dos homens sagrados, que alegremente parabenizam uns aos outros com uma alegria divina.

VI 6 – No fim de tudo, o sacerdote convida o iniciado a uma comunhão divina com Deus, mostrando, de modo sagrado, que, se a consagração chegasse, de fato, à elevação monástica e uniforme, ele não apenas contemplaria as ações sagradas pertencentes a ele próprio, mas, com um saber divino acerca das ações sagradas de que ele participa, ele obteria participação na comunhão supremamente divina de maneira diferente que o povo sagrado. A comunhão da Santa Eucaristia também é dada às ordens sacerdotais pelo bispo que as consagrou, durante suas cerimônias santificadoras, com a conclusão de suas ordenações mais sagradas. Esse é o caso não só porque a recepção dos mistérios sagrados é o ponto culminante de cada participação hierárquica, mas também porque todas as ordens sagradas participam, proporcionalmente à capacidade de compreensão de cada uma, desse dom comum e mais divino por sua própria elevação e perfeição na deificação.

VI 7 - Nós concluímos que as consagrações sagradas são purificação, iluminação e perfeição. Os ministros formam uma ordem purificadora, os sacerdotes são iluminadores, e os bispos divinos são aperfeiçoadores. A ordem a ser purificada é excluída da visão e da comunhão de ações sagradas enquanto está sendo purificada. A ordem que é contemplativa de ações sagradas é o povo sagrado. A ordem dos aperfeiçoados é a dos monges unificados. Portanto, nossa hierarquia é organizada de maneira sagrada, em ordens fixadas por Deus. Ela se conforma às hierarquias celestiais, conservando, tanto quanto possível aos seres humanos, seus modelos divinos e características divinas.

VI 8 - Porém, você objetará que não há absolutamente ordem alguma passando por purificação nas hierarquias celestiais - não é nem certo, nem errado dizer que qualquer ordem celestial é impura. Eu mesmo afirmo, a não ser que eu tenha desviado completamente do saber acerca das coisas divinas, que eles são totalmente imaculados e que possuem uma plenitude de pureza sobrenatural. Se qualquer um deles fosse sobrepujado pelo mal e caísse da harmonia celestial imaculada de mentes divinas, ele seria levado à ruína obscura das multidões rebeldes. Todavia, no que diz respeito à hierarquia celestial, pode-se dizer, de maneira santa, que a revelação de Deus das coisas até agora desconhecidas aos seres de natureza inferior é um tipo de purificação, pois os leva a uma compreensão mais perfeita de saberes supremamente divinos, e os purifica de alguma forma da ignorância daquilo que eles ainda não compreendiam, e, também, porque eles são conduzidos pelos primeiros e mais divinos seres aos mais claros e sublimes esplendores das visões de Deus. E, então, na hierarquia celestial também há ordens que são iluminadas, aperfeiçoadas e perfeitas, de modo que as naturezas mais elevadas, que se mostram mais divinas que as demais, purificam de toda a ignorância as naturezas que são subordinadas a elas e os coros celestiais (de modo celestial, apropriado a cada hierarquia); elas as preenchem com iluminações divinas e as aperfeiçoam mediante o mais claro saber de conhecimentos divinos. Nós já falamos, e as Sagradas Escrituras já o proclamaram, que nem todos os coros celestiais são de um só tipo e que não são idênticos no saber a partir de iluminações divinas, mas que os primeiros [coros] são iluminados imediatamente por Deus e os inferiores, por sua vez, são iluminados por aqueles, conforme sua atribuição e sua capacidade de compreensão, com o brilho iluminador do raio divino.

III.VII. O que ocorre aos falecidos

VII 1 – Agora, eu tomo por necessário que nós descrevamos aquilo que ocorre aos mortos. Não é o mesmo para os santos e para os profanos. Assim como a maneira de se viver é diferente para cada um, também é diferente quando eles chegam à morte. Quando aqueles que levaram uma boa vida consideram as promessas verdadeiras de Deus, uma vez que observaram a verdade delas, de algum modo, na Ressurreição, eles chegam ao fim da morte com um júbilo divino e uma firme e sincera esperança, como se estivessem chegando ao fim de uma batalha. Eles compreendem perfeitamente que, pela sua ressurreição, suas recompensas estarão em uma vida e em uma salvação perfeita e sem fim.

VII 2 – As santas almas podem, possivelmente, decair em uma mudança para o pior durante essa vida, mas, no renascimento, elas adquirirão a transição mais divina para um estado imutável de firmeza. Os corpos puros das santas almas, que suportaram os mesmos fardos e fizeram a mesma jornada, lutando os mesmos combates divinos, também receberão sua própria ressurreição na constância irremovível de suas próprias almas, de acordo com a vida divina: uma vez que elas se tornaram membros de Cristo, elas receberão uma imortalidade divina e imperecível como sua porção bem-aventurada, unida às almas santas às quais se uniram nessa vida. Por esses motivos, portanto, quando nós tivermos chegado ao fim das lutas divinas, o sono do justo será em paz e com segura esperança.

VII 3 – Alguns dos não iniciados pensam, tolamente, que existe um retorno ao nada. Outros acreditam que o elo unindo os corpos com suas almas será separado para sempre, porque não o pensam adequado às almas na vida bem-aventurada, ou ao propósito divino. Esses homens não foram instruídos o suficiente no saber divino que nossa vida em Cristo já proporcionou. Outros atribuem união com outros corpos às almas. Eles fazem injustiça, creio eu, aos corpos que trabalharam juntamente com as almas divinas, e eles privam, injustamente, esses corpos de suas recompensas sagradas quando eles alcançam o fim de sua trajetória mais divina. Ainda outros, e eu não sei como incorreram em concepções tão grosseiras, afirmam que a vida mais santa e bem-aventurada prometida aos homens santos é a mesma que a vida neste mundo, e aplicam, erroneamente, àqueles que são iguais aos anjos alimentos adequados a um tipo mutável de vida. Que um homem santo nunca incorra em tais erros! Nenhum dos homens mais santos, porém, sucumbirá a tais desvarios porque eles sabem que seus seres inteiros atingirão um destino cristiforme[216]. Quando eles se aproximarem do fim desta vida, eles verão mais claramente seu caminho para a incorrupção, uma vez que ela chega mais próxima. Eles louvarão os dons de Deus e ficarão plenos de uma alegria divina, uma vez que não mais temerão uma queda em uma condição pior, mas saberão ter posse, em breve, das coisas boas que mereceram, com firmeza e eternamente.

VII 4 – Porém, aqueles cheios de máculas e de crimes nefastos, ainda que tenham recebido certa instrução em assuntos sagrados, lançaram-se à sua perdição e sucumbiram livremente aos prazeres que corrompem. Quando estes chegarem ao fim desta vida, a Lei Divina das Sagradas Escrituras não mais parecerá tão desprezível aos olhos deles, mas eles olharão para a satisfação catastrófica de suas paixões com olhos inteiramente outros, abençoando a vida sagrada que eles tolamente abandonaram, sendo miseravelmente separados desta vida, contra a própria vontade, conduzidos à esperança nenhuma, devido à sua vida sinistra.

VII 5 – Nada disso acontece, contudo, na morte de homens santos. O homem santo que chega ao fim de suas lutas se encontra pleno de uma bem-aventurança sagrada e avança o caminho ao renascimento santo com grande rejúbilo. Os parentes do falecido, porém, louvam-no conforme o direito de parentesco e <...>[217] obtiveram as sinas de acordo com as vidas que foram conduzidas aqui. Por exemplo, se alguém conduziu

---

216. Na tradução de Stein para o alemão, "*ein christusförmiges Los*".

217. Edith Stein omite, também, essa sequência do texto original do Dionísio Areopagita. A passagem omitida versa sobre detalhes do funeral da pessoa que leva uma vida santa, e também o início parte sobre contemplação desse mistério, assim como a participação do bispo no processo.

uma vida muito santa e divina aqui embaixo, ele desfrutará para sempre na hora de chegar ao seu local divino e abençoado. Se alguém conduz a vida inferior à perfeição de divina semelhança, mas, não obstante, uma vida santa, esse homem receberá santas recompensas do mesmo tipo. Após o bispo ter agradecido por essa justiça divina, ele pronuncia uma santa prece, louvando a Santa Divindade que nos livra do poder tirânico injusto que oprime a todos nós, e nos conduz aos mais justos julgamentos dele.

VII 8[218] - Os cânticos e as leituras sobre as promessas divinas nos revelam aquelas moradas eternas, às quais aqueles com a perfeição divina são presenteados e elevados <...>[219] Eles se danificariam se participassem nelas de maneira indigna, e chegariam a um desprezo maior pelas coisas divinas e por eles próprios. Todavia, não é inadequado que eles estejam presentes no que está sendo feito, para que seja ensinado com clareza a eles e para que eles vejam a incerteza da morte para nós, as recompensas do sagrado que são louvadas nas verdades das Sagradas Escrituras, e que os sofrimentos ameaçando homens santos como eles mesmos serão sem fim. Pode, também, ser rentável para eles ver quem morreu uma morte santa ser proclamado em comemoração como um verdadeiro participante nas coisas santas, que são eternas. Talvez eles, também, tenham um desejo semelhante, e aprendam com o ensinamento dos ministros que a consumação em Cristo é, de fato, abençoada.

VII 10[220] - Então, o bispo divino se aproxima e oferece uma santa prece para o falecido. Após a prece, ele dá ao homem o beijo da paz e é seguido por todos os demais presentes. Essa prece suplica à Bondade supremamente divina que remeta todas as faltas dos falecidos à fragilidade humana, e a levar o falecido à luz e

218. A numeração do texto pula de VII 5 para VII 8, devido ao salto na tradução feito por Stein na subseção acima.

219. Pela última vez na tradução, Edith Stein salta um trecho do texto original do Dionísio Areopagita. A passagem omitida fala sobre detalhes da unção dos enfermos, enfatizando a capacidade de se compreender a luz divina que se recebe.

220. Mais uma vez, notamos um salto: desta vez, de VII 8 para VII 10. De novo, isso ocorre por causa do salto na tradução feito por Stein na subseção acima.

Terra dos Vivos, ao seio de Abraão, Isaac e Jacó, a um lugar longe do luto, da dor, de onde o pranto tenha fugido.

Estas são, como eu creio, as recompensas dos santos e abençoados homens. O que pode ser comparado a uma imortalidade inteiramente sem luto e cheia de luz? Especialmente, porque as promessas que ultrapassam toda nossa capacidade de compreensão se manifestam por sinais adaptados à nossa capacidade, e têm nomes que não estão à altura de sua verdade de fato. Nós devemos perceber que é totalmente verdadeira a palavra das Sagradas Escrituras: [“]Nem o olho viu, nem o ouvido ouviu, nem jamais penetrou no coração humano o que Deus preparou para os que o amam [”][221]. Em minha opinião, o seio é a mais divina e abençoada herança dos abençoados patriarcas e de outros homens santos, que se tornam todos homens divinos em sua perfeição, que é mais abençoada e que não envelhece.

VII 11 – Talvez, tu dirás que nós afirmamos essas coisas corretamente, mas há uma dúvida sobre por que o bispo suplica a divina bondade e pede pela remissão das faltas dos enfermos e pela mais luminosa herança pertencente a homens divinos da mesma ordem. Se todos receberão retribuição do julgamento divino pelo bem ou pelo mal que fizeram durante sua vida, e o enfermo encerrou suas atividades nesta vida, por que prece do bispo ele será transferido para um local além daquele que ele merece, e que corresponde a sua vida aqui embaixo?

VII 12 – De fato, eu sei que, conforme as Sagradas Escrituras, cada um terá a sina que merece, pois elas dizem: [“]Pois todos teremos de comparecer diante do tribunal de Cristo. Aí cada um receberá segundo o que houver praticado pelo corpo, bem ou mal[”][222]. As tradições verdadeiras das Sagradas Escrituras nos ensinam que as preces dos justos pelos vivos, mais ainda pelos mortos, servem apenas para os que merecem preces santas. Saul foi ajudado por Samuel? As preces do profeta trouxeram alguma ajuda ao povo hebreu? É como se, quando o Sol estava lançando sua luz em olhos sadios, alguém de-

221. 1Cor 2,9.

222. 2Cor 5,10.

vesse buscar desfrutar da luz solar enquanto arrancasse seus próprios olhos. Portanto, atém-se a vãs e impossíveis esperanças aquele que falha em ações sagradas naturais a ele, ao negligenciar os dons divinos, abandonando os mais brilhantes e bondosos mandamentos enquanto se implora pelas preces dos homens santos.

VII 13 - Não obstante, pela autoridade das Sagradas Escrituras, eu digo que as preces dos homens santos são proveitosas nesta vida, sob todo aspecto, da seguinte maneira: se qualquer um desejante de santos dons tem a santa disposição para sua recepção e, consciente de sua própria ausência de valor, pede a um dos santos homens para ser seu ajudante e companheiro na prece, ele certamente irá se beneficiar, sob todo aspecto, do auxílio superior desse homem. Ele obterá os dons mais divinos pelos quais orou, porque o Deus supremamente divino o auxilia em função do saber sagrado sobre Ele próprio, em sua reverência pelos homens santos, no desejo louvável de coisas sagradas e por causa da disposição harmoniosa e divina. Afinal, foi determinado por decretos adequados a Deus que os dons divinos devem ser conferidos àqueles que merecem recebê-los por aqueles dignos de distribuí-los em uma ordem mais adequada a Deus. E, então, se alguém despreza essa ordem sagrada e é abandonado em um desprezo deplorável, ele se considera suficiente para uma familiaridade com Deus e passa a desprezar homens santos. Caso ele faça pedidos ímpios e indignos a Deus, e tenha uma disposição que não é consonante com o que é divino nem adequado para ele, ele não perderá em função de sua petição imprudente.

VII 14 - Nós devemos contar a tradição que chegou a nós por nossos líderes divinos, no que diz respeito à oração que nós mencionamos e é oferecida, que o bispo oferece aos enfermos. - Como dizem as Sagradas Escrituras, o bispo divino é o intérprete dos juízos divinos e o mensageiro do Senhor Deus onipotente. Portanto, ele aprendeu com as Sagradas Escrituras que a vida divina mais luminosa é premiada conforme seus méritos em escalas que são mais exatas para aqueles que viveram uma vida santa, e que o amor supremamente divino de Deus pelo homem, em sua clemência, desconsidera máculas que foram contraídas pela fragilidade humana, pois, como dizem as Sagradas Escrituras, ninguém é puro de sujeira. O bispo conhece o que é prometido pelas verídicas Sagradas Escrituras, portanto ele pede que isso venha a ocorrer, e que recompensas santas sejam dadas àqueles que viveram uma vida santa. Ao mesmo tempo, uma vez que ele é moldado à imagem da bondade divina, ele pede por dons para os outros como favores a ele próprio.

VII 15 – Em seguida, o bispo sabe que as promessas serão cumpridas sem falha e, então, explica claramente aos presentes que as coisas pelas quais ele orou, segundo uma regra sagrada, serão realizadas por completo para aqueles que têm uma vida divina. O bispo, porta-voz da justiça divina, nunca pediria por coisas que não fossem as mais agradáveis a Deus e que não fossem dadas por Ele conforme promessas divinas. É por isso que ele não oferece essas preces àqueles que morreram uma morte em pecado, não apenas porque, nisso, ele se desviaria de seu papel como porta-voz e, arrogantemente, buscaria uma função para si próprio na hierarquia sem ser inspirado ao mínimo pelo Autor dos mistérios, também [se desviaria] porque ele falharia em obter esse pedido abominável, não sem razão, ouvindo as palavras justas das Sagradas Escrituras: [“]Pedis e não recebeis porque pedis mal[”][223]. Portanto, o bispo divino pede coisas que agradam a Deus e coisas prometidas por Ele, que serão completamente garantidas. Ele indica como sua própria boa conduta é uma imagem do Deus que ama o que é bom, e abertamente declara àqueles presentes os dons que a santa vontade recebe.

VII 16 – Como os intérpretes da divina justiça, os bispos têm poder de discernimento, mas não é como se o Deus Todo-poderoso (para expressar com termos leves) seguisse seus impulsos irracionais, mas como se eles, como porta-vozes de Deus, discernissem pela mensagem do Espírito e Autor dos mistérios aqueles que já foram julgados por Deus segundo seus méritos. Pois Ele disse: [“]Recebei o Espírito Santo. A quem perdoardes os pecados serão perdoados. A quem não perdoardes os pecados não serão perdoados[”][224]. Ao que foi iluminado pelas revelações de Deus,

223. Tg 4,3.

224. Jo 20,22-23.

o mais Santo Pai, dizem as Sagradas Escrituras: ["]Tudo o que ligardes na terra, será ligado no céu, e tudo que desligardes na terra, será desligado no céu["][225], de modo que ele, e todo bispo como ele, de acordo com as revelações dos juízos do Pai dados a ele como intérprete e mensageiro, admitem aqueles próximos a Deus e excluem aqueles contra ele. Além disso, como dizem as Sagradas Escrituras, ele pronunciou a sagrada profissão de Deus não por sua própria inspiração, nem como se carne e osso tivessem o revelado, mas como alguém inicialmente iniciado por Deus nas coisas divinas.

VII 17 - Os bispos divinos devem exercitar suas discriminações e todos os poderes hierárquicos de modo que Deus, o Autor dos mistérios, os inspire. Outros homens devem ceder aos bispos, quando eles agem como bispos, como a homens inspirados por Deus. Afinal, Ele disse: ["...] e quem vos rejeita a mim rejeita [..."][226].

VII 18 - Sigamos ao que vem após a prece. Quando o bispo a termina, ele dá o beijo de paz ao falecido. Então, todos os presentes o fazem, pois alguém que encerrou uma vida divina é querido e honrável a todos os divinos. Após o beijo da paz, o bispo despeja óleo sobre o enfermo. Lembre-se de que, durante o divino renascimento em Deus, antes do mais divino batismo, quando todas as roupas anteriores foram removidas, o óleo da unção é dado àquele sendo iniciado como a primeira participação nas santas disputas, mas, agora, o despejo do óleo significa que o falecido lutou até o fim nessas mesmas lutas sagradas.

VII 19 - Após o bispo encerrar isso, ele deposita o corpo em um lugar honrável entre outros corpos de homens santos da mesma ordem. Se o enfermo viveu uma vida agradando a Deus tanto na alma quanto no corpo, o corpo será honrado juntamente com a alma santa, uma vez que participou com ela nas santas disputas. Logo, a justiça divina dá recompensas iguais à alma e ao seu próprio corpo, porque eles foram companheiros e compartilharam a vida santa ou contrária. A divina Lei das coisas sagradas confere a comunhão supremamente divina a ambos: à alma, em pura contemplação e compreensão das coisas que aperfeiçoam, ao corpo,

225. Mt 18,18.

226. Lc 10,16.

mediante a imagem do óleo mais divino e dos símbolos mais sagrados da Comunhão supremamente divina, que santifica o homem inteiro, efetua a obra sagrada de sua salvação completa e anuncia, por meio de todas as santas cerimônias, que sua ressurreição será absolutamente perfeita.

Não é correto interpretar as invocações consagratórias na escrita, nem podemos aduzir seu sentido oculto, ou os poderes divinos operando neles do segredo ao conhecimento público, mas, como nossa tradição sagrada mantém, é ao aprender essas coisas nas instruções privadas, ao ser aperfeiçoado a uma condição mais divina e à elevação ao amor divino e às ações sagradas que você será elevado ao entendimento mais sublime delas, iluminado pelo Autor dos mistérios.

VII 20 – O fato de que as crianças ainda não capazes de compreender coisas divinas se tornam recipientes do santo renascimento em Deus e dos símbolos mais sagrados da comunhão supremamente divina parece, como você diz, merecer o riso dos não iniciados, pois é como se os bispos ensinassem coisas divinas àqueles que não ouvem, e em vão transmitissem as tradições sagradas àqueles que não compreendem. Não menos risível é o fato de que outros pronunciam a abjuração e os poderes sagrados para eles. Seu juízo hierárquico, todavia, não deveria ser muito duro com aqueles que estão em erro. Você deve, em segredo, iluminá-los e, de modo caridoso, dar respostas às objeções que eles levam adiante, acrescentando esse fato conforme a lei sagrada: nem todas as coisas divinas podem ser compreendidas por nossa inteligência, mas muitas coisas desconhecidas por nós têm razões dignas de seu caráter divino que escapam de nós, mas são compreendidas por ordens superiores. Muitas coisas estão ocultas até aos seres mais sublimes, sendo conhecidas distintamente apenas pelo Deus onisciente e doador de sabedoria.

VII 21 – Não obstante, nós afirmamos essa questão com o que nossos instrutores divinos, iniciados em tradições antigas, transmitiram para nós. Eles afirmam – e essa é a verdade – que as crianças educadas conforme a lei sagrada adquirirão um hábito de santidade, estarão protegidas de todo erro e não terão experiência em uma vida má. Quando nossos líderes santos chegaram a essa conclusão, eles decidiram receber crianças dessa maneira santa, na condição de que os pais físicos da criança presente confiassem a criança a algum dos iniciados nas coisas divinas e que fosse um bom professor. Logo, a criança estará sob seu cuidado para se aperfeiçoar; ele será seu padrinho e o patrono de sua santa salvação. Quando essa pessoa tiver concordado em educar a criança em uma vida santa, o bispo pede a ela para pronunciar as abjurações e as promessas sagradas e não, como dizem os que riem, que o padrinho seja iniciado em coisas divinas ao invés da criança, porque ele próprio não diz "eu abjuro", e tampouco faz as promessas no lugar da criança, mas a própria criança que abjura e que promete. Em outras palavras, ele diz "eu prometo, por minhas instruções em coisas sagradas, persuadir essa criança, quando ela for capaz de compreender as coisas sagradas, e [a persuadí-la] a renunciar tudo o que é contrário, e a professar e a realizar as promessas divinas". Eu não acho que haja nada absurdo se a criança for criada em uma educação religiosa, uma vez que ela tem um mestre e um santo patrono que infunde nela um hábito nas coisas divinas e a mantém longe do que é contrário.

VII 22 - Em seguida, o bispo confere à criança participação nos mistérios divinos, de modo que ela possa ser nutrida por eles e não tenha outra vida além da contemplação das coisas divinas, participando neles por uma santa comunidade e adquirindo uma constituição sagrada do ser por eles, sendo educada para a santidade por seu padrinho santo.

VII 23 - Meu filho, são essas as visões tão grandes e soberanamente uniformes de nossa hierarquia que me foram reveladas. Talvez outros espíritos com visão mais clara e penetrante tenham visto não apenas essas coisas, mas coisas muito mais luminosas e divinas. Sim, também tu, eu creio, verás belezas ainda mais claras e mais divinas, se te elevares aos degraus de que te falei, se te elevares a um raio mais sublime. Conta-me, tu mesmo, de uma iluminação mais perfeita, e indica a meus olhos as belezas mais graciosas e uniformes e que tu podes ser capaz de ver. Eu confio que, com minhas palavras, atrairei as faíscas do fogo divino que estão dormentes em ti.

IV
TEOLOGIA MÍSTICA

[*227]

IV.I. O que é Escuridão Divina

IV.I.1 – Invocação da Santíssima Trindade

A Trindade sobrenatural, supradivina, superboa[228], que tu vigias acima de toda Sabedoria Divina dos cristãos, guia-nos ao supracognoscível e superbrilhante[229] ápice das palavras místicas, onde os mistérios simples, absolutos, imutáveis da Teologia são ocultados nas trevas superbrilhantes do silêncio induzido no mistério: nas trevas mais escuras, ele irradia superbrilhantemente e, no intocável e no invisível, ele brilha com raios superbelos no que foi cego <= sem olhos>.

Ora, isso é meu desejo. Tu, porém, amado Timóteo, exercita-te intensamente em visão mística, abandona o conhecimento sensível e a atividade do entendimento, tudo o que incide sobre os sentidos e que é apreensível intelectualmente, todo existente e não existente, e eleva-te, na medida em que é possível, sem conhecimento para a unificação com aquele que está além de toda essência e de todo saber. Mediante livre, completo e puro desembaraço de si mesmo e

227. No texto de Edith Stein, nesta página está escrita a referência latina e a grega do texto: "*Τοῦ ἐν Ἁγιοις Διονυσίου Ἀρεοπαγίτου πρὸς Τιμόθεον περὶ μυστικῆς θεολογίας Sancti Dionysii Areopagitae ad Timotheum De Mystica Theologia: Interprete Balthasare Corderio Societatis Jesu Doctore Theologo*".

228. Na tradução de Stein para o alemão, "*übergöttliche*" e "*übergute*", respectivamente.

229. Na tradução de Stein para o alemão, "*übererkennbaren*" e "*überhellen*", respectivamente.

de todas as coisas, tu obterás o raio supraexistente da Divina Escuridão, caso tu tenhas retirado tudo e se libertado de tudo.

IV.I.2 – Os segredos não devem, de modo algum, ser compartilhados com os não iniciados

Vê, porém, que nenhum não iniciado ouve o seguinte: eu quero dizer as coisas que se atêm ao existente <finito> e que pensam nele; que não são supraexistentes, além do existente, mas acreditam que, com seu conhecimento natural, sabem sobre Ele que fez da escuridão sua morada oculta. Todavia, se a iniciação nos mistérios divinos for muito elevada para eles, o que dizer, em primeiro lugar, dos ainda menos iniciados, que atribuem a causa suprema de todas as coisas aos últimos entre os existentes e dizem que isso não ultrapassa em nada suas próprias criações ateias e com muitas formas[?] E deve-se afirmar e testemunhar, a respeito dele, tudo o que é válido para os existentes, pois Ele é a causa de tudo, e com ainda mais razão [se deve] negar tudo sobre Ele, pois Ele está acima de tudo supraexistente, e não se deve acreditar que afirmante e negador estão em contradição, mas que Ele é anterior a, e acima de toda privação, toda negação, assim como toda postulação.

IV.3 – A Teologia brevemente sumarizada

Então, afirma o divino Bartolomeu[230], a Teologia é ao mesmo tempo omniabrangente e inteiramente pequena, o Evangelho é, simultaneamente, amplo e vasto, e brevemente resumido. Parece-me que, no conhecimento excelente daquele, o conhecimento beatífico de todas as coisas é, simultaneamente, expressivo e resumido e, todavia, sem linguagem, uma vez que é sem palavra e sem conhecimento em sua precedência supraexistente em relação a todas as coisas; e esse conhecimento se mostra desvelado e verdadeiramente apenas àqueles que atravessaram tudo o que é impuro e puro; e que ultrapassam a ascensão de todos os ápices divinos, toda luz divina, deixaram todos os sons e palavras celestes para trás e se afundaram nas trevas, em que, como dizem as Sagradas Escrituras, aquele que está acima de tudo realmente é. Não de modo simples,

230. Um dos doze apóstolos, também chamado "Natanael".

aqui, o divino Moisés respeita o mandamento de, em primeiro lugar, purificar-se e, então, separar-se dos impuros e, após toda a purificação, ele ouve os trompetes multíssonos e vê muitas luzes, que enviam vários e puros raios; então, ele se separa da multidão e, com sacerdotes eleitos, atinge o topo da ascensão divina. E, com isso, ele ainda não se comunica com o próprio Deus, ele não o vê (Ele, de fato, é invisível), mas <apenas> o lugar, onde Ele está. Isso significa, eu acredito, que as coisas mais divinas e elevadas que podem ser vistas e contempladas são apenas noções estimativas daquilo a que estão submetidas, que transcende a tudo; por meio delas, indica-se sua presença que está acima de todo conhecimento, como alcançando os mais elevados ápices espirituais dos locais mais sagrados: e, então, [Moisés] se desprende de tudo o que é intuído e de tudo o que é visível e mergulha nas trevas verdadeiramente misteriosas da incognoscibilidade; então, ele interrompe toda mediação do conhecimento e permanece no totalmente inapreensível e invisível, inteiramente próprio a Ele, que está acima de tudo. Ele não pertence a ninguém, nem a si mesmo, nem a outro; [Moisés] se une, com a melhor parte de si mesmo, ao Totalmente Incognoscível pelo silenciar de todo conhecimento, e, pelo fato de que aquele não conhece nada, passa a conhecer além de todo entendimento.

IV.II. Como o ser humano se unifica com o Autor de todas as coisas, que está sobre todas elas, e como deve oferecer a Ele canções de louvor

Nós desejamos chegar a essa escuridão superbrilhante e, por intermédio do não ver e do não conhecer, atingir o que ultrapassa o ver e o conhecer, o próprio não ver e não conhecer; pois estes são o verdadeiro ver e conhecer e a glorificação supraessencial do supraessencial mediante interrupção de todos os existentes <finitos>, de modo semelhante àqueles que trabalham em imagens de Deus e que, para isso, retiram tudo o que impede a pura visão da forma oculta e, por meio da simples eliminação, trazem à luz a beleza oculta que é própria a Ele. Eu acredito que se deve louvar a negação de modo oposto à postulação: as observações que nós fazemos, na medida em que iniciamos com o Primeiro e descemos, através do médio, rumo ao último; porém, aqui nós nos elevamos do último ao Primeiro, removemos tudo para conhecer, de modo desvelado, aquela incognoscibilidade que está oculta de tudo cognoscível em todos os existentes e para contemplar aquela escuridão supraessencial, que está escondida por toda luz nos existentes.

IV.III. As declarações afirmativas e negativas sobre Deus. Objeto dos Fundamentos teológicos

Nos *Fundamentos teológicos,* nós explicamos o essencial da Teologia positiva: em que sentido se fala da natureza boa e divina como uma única e, em que sentido, [como] tríplice: o que se afirma apropriadamente sobre a paternidade e sobre a filhidade, e o que a Palavra de Deus quer revelar sobre o Espírito; como, a partir do Bem imaterial e indiviso, as luzes do coração emanam do Bem e como, em seu perseverante permanece, cada uma em si, todas em si e uma na outra, sem se desprender da propagação do divino a partir de si. [Também explicamos] como o Jesus supraessencial se tornou real na verdadeira natureza humana e outras coisas que, nos *Fundamentos teológicos,* são demonstradas a partir das palavras das Sagradas Escrituras. - No livro *Sobre os nomes divinos,* porém [, demonstramos]: em que sentido Ele é chamado o Bem, o Existente, Sabedoria e Poder, e o que mais ainda é chamado e apreendido intelectualmente como nomes divinos. Já na *Teologia simbólica,* [explicamos] quais nomenclaturas são transferidas das coisas sensíveis ao Divino: o que são as formas divinas e figuras divinas, os membros, as ferramentas, os lugares divinos, o adorno, os movimentos mentais, tristeza e ira, embriaguez e frenesi, quais as promessas, e quais as maldições? Qual é o sono, o despertar e outras imagens sagradas da apresentação simbólica do divino. Eu creio, e também tu observaste, que as últimas coisas são expressas com maior extensão que a Primeira: Os *Fundamentos teológicos* e a explicação dos nomes divinos deveriam ser tratados mais brevemente que a *Teologia simbólica.* Certamente, quanto mais alto nos elevamos, mais se limitam as palavras devido à visão geral do conhecido. Então agora, ao mergulhar nas trevas além de todo entendimento, encontramos não apenas escassez de palavras, mas total ausência de palavras e ausência de entendimento. Pois lá, na descida do mais alto ao mais baixo, o discurso se expande conforme a medida da descida, em razão diretamente proporcional. Ora, mas na subida do mais baixo ao mais alto, ocorre contração [do discurso] conforme a subida e, após a conclusão da subida, fica-se totalmente em silêncio e plenamente unificado com o Impronunciável. Mas com que motivo, tu dizes, nós sequer empreendemos essa união divina, partindo do mais baixo, se nós estabelecemos, inicialmente, predicações divinas para o primeiro? Porque, à medida que conferimos atributos ao que está acima de toda atribuição, é necessário determinar o fundamento para a predicação com ajuda daquilo que está mais próximo dele. Porém, se nós negamos do discurso o que está acima de toda negação, nós devemos iniciar com a negação naquilo que está mais distante dele; Ele não é, então, em maior grau vida e bem do que ar ou rocha? E não é válido em maior grau afirmar que Ele não está embriagado ou irado, do que afirmar que ele não é chamado e que não pode ser chamado?

IV.IV. Nada do que se manifesta aos sentidos é superior ao Autor de tudo o que se manifesta aos sentidos

Ora, nós dizemos que a Causa de todo existente, que está além de todo existente, não é nem sem ser próprio, nem sem vida, razão ou intelecto; porém, ela também não tem corpo, figura ou forma, nem qualidade, grandeza ou medida, ela também não está em lugar algum, nem é vista, tampouco percebida com o sentido do tato, ela não é percebida sensivelmente e não é apreendida com os sentidos, ela não experiencia confusão e desorientação alguma mediante paixões materiais, ela não é impotente e submetida ao acaso dos sentidos; ela não precisa da luz; ela não é, nem tem modificação ou corrupção, divisão ou privação, ou qualquer outra coisas dos objetos que incidem sobre os sentidos.

IV.V. Nada das coisas espiritualmente compreensíveis é superior ao Autor de todo o espiritual

Por outro lado, em ascensão, nós dizemos: Ele não tem nem alma, nem espírito, não tem imaginação, tampouco opinião, conhecimento racional ou intelectual; ele não é nem palavra, nem compreender, não é dito nem conhecido; ele não é nem número, nem ordem, nem grandeza, tampouco pequenez, nem igualdade, nem desigualdade, nem afinidade, tampouco disparidade; Ele nem permanece, nem está em movimento; Ele não tem poder, tampouco Ele é poder ou luz; Ele não vive, tampouco Ele é vida; Ele não é essência individual alguma <*οὐσία*>, nem eternidade, nem tempo, Ele não é tangível espiritualmente, nem saber ou verdade, nem reino ou sabedoria, nem um, nem unidade, nem divindade, nem bem, não é espírito, como nós o compreendemos; não é filhidade, nem paternidade, nem outra coisa entre aquelas que nós reconhecemos ou que um outro existente reconhece; Ele não é nada de não existente ou de existente: nem o existente como existente o reconhece, nem Ele reconhece o existente como existente, para Ele, não há nem conceito, nem nome e tampouco conhecimento; Ele não é nem trevas, nem luz, nem erro, tampouco verdade: e, para Ele, de modo geral não existe nem afirmação, nem negação. E, se nós afirmamos ou negamos algo que é atribuído a Ele, então nós nem o afirmamos, nem negamos; pois Ele, como a única e perfeita causa de todas as coisas, está além de toda afirmação e, como a superioridade do Simplesmente Desprendido de todas as coisas e além de todas, está além de toda negação.

V
CARTAS

V.I. Carta (ao monge Gaio)[231]

As trevas se reduzem (são suprimidas) pela luz - em grau maior, por muita luz. Conhecimentos fazem a incerteza evanescer - em maior grau, muitos conhecimentos. Compreende isso no sentido preeminente, não no sentido de privação, e afirma de modo superverdadeiro que aquilo que tem a luz existente e o conhecimento do existente, o não conhecer, que é conforme a Deus é o oculto; e as trevas que pairam sobre ele são ocultas por toda a luz e são abstraídas de todo conhecimento. E, se alguém, após ter visto Deus, reconhece que o viu, essa pessoa não o viu, mas viu uma de suas criaturas <*αὐτοῦ ὄντων*> e seres conhecidos. Ele próprio, no entanto, permanece acima de todo intelecto <*νοῦν*> e de todo existente <*οὐσία*>; e, justamente por esse não tornar conhecido e não ser, Ele é supraexistente e Ele é chamado supraintelectual <*ὑπὲρ νοῦν*>. E o total não conhecer no bom sentido é o conhecimento daquele que está sobre todo o cognoscível.

<Elucidação do "não conhecer" a Deus na *Teologia mística*>[232]

---

231. Gaio, ou Caio, bispo de Éfeso, é aquele a quem João dedicou sua terceira epístola. Uma advertência importante: recordemo-nos de que Dionísio Areopagita é pseudônimo de um indivíduo desconhecido, possivelmente um monge sírio, que viveu por volta do século VI d.C. Portanto, todas as cartas, dedicadas a figuras importantes do século I d.C., como o Apóstolo João e bispos, são fictícias.

232. Na maioria das cartas do Dionísio Areopagita traduzidas por Stein, ela insere explicações ou detalhes no fim ou - o que é mais comum - no início das cartas. Como são intervenções de Stein no texto original, indicaremos entre colchetes angulares "< >".

V.II. Carta (a Gaio)

<Deus sobre a origem da Divindade e do Bem>

O que é aquele que está acima de tudo, inclusive acima da origem da Divindade e da origem do Bem? Caso se compreenda o conteúdo *<αὐτὸ τὸ χρῆμα = ipsam rem>* de ["]Divindade["] e de ["] Bem["] por ["]dom que faz o bem e que torna divino["], e a imitação inimitável do supradivino e superbom, segundo a qual nós nos tornamos divinos e nos tornamos bons; e se isso se tornar o início do tornar-se divino e tornar-se bom para aquele que se torna divino e se torna bom: então Ele, que é superorigem de toda origem, está além da chamada Divindade e Bem como Origem da Divindade e do Bem; como inimitável e inapreensível, Ele ultrapassa todo imitar e ter *<σχέσεων>* e aquilo que imita e participa.

<A respeito de *Sobre os nomes divinos,* [capítulos] 6 e 11, [§6], em que Deus é chamado Autor do Bem em si e Divindade em si.>

V.III. Carta (a Gaio)

<Mistério do tornar-se homem>

"Súbito" é o que, contrariamente às expectativas, e a partir do oculto, é conduzido ao revelar-se. No que diz respeito a Cristo, porém, relativamente ao amor humano <= tornar-se humano>, eu acredito, as Sagradas Escrituras querem insinuar isso também de modo obscuro: que Ele, o supraexistente, também surge a partir do ocultamento, sendo visível para nós quando deslocado para o modo de ser humano *<ἀνθρωπικῶς οὐσιοθέντα>*. Todavia, Ele também está oculto ao se revelar ou, para expressar de maneira mais divina, no próprio revelar-se, pois esse mistério de Jesus é oculto e não é exprimível de maneira adequada a ele por palavra alguma e por intelecto algum <ou expresso, *ἐξῆκται*>, mas na medida em que é dito, permanece não dito, e na medida em que é apreendido, permanece desconhecido.

<Cordério, p. 1071 s., ele interpreta como de Ml 3,1>

V.IV. Carta (a Gaio) <: Ser Deus-humano>

Tu dizes[: "]Como Jesus, que está acima de tudo, está classificado no modo de ser de todos os seres humanos? Ele não é nomeado Autor dos homens, porém homem, mas como, segundo o próprio gênero como um todo <*οὐσία*>, existente verdadeiramente homem. Contudo, nós não definimos Jesus de maneira humana; pois Ele não é um mero humano (Ele não seria supraexistente, se Ele fosse simples ser humano); mas verdadeiramente humano, Ele, o supraexistente, acolheu o ser <*οὐσιωμένο*> em extraordinário amor humano, acima da espécie humana e de acordo com a espécie humana, a partir do ser <*οὐσία*> humano. Não obstante, ele é transbordante do superser, o sempre supraexistente, verdadeiramente pela profusão do ser. E tão verdadeiramente pleno de ser <*οὐσία*> que ele emerge supraexistentemente do ser e efetua o que é humano de maneira sobre-humana. Isso é indicado pela Virgem que concebe de modo sobrenatural, e pela água que não é firme e, no entanto, suporta o peso dos pés, que consistem em matéria e terra, e não cede, mas se mantém coesa pelo poder sobrenatural e não se dispersa. Quem gostaria de passar por todo o restante, que é muito? Quem considera essas coisas de maneira divina, também conhecerá de modo supraintelectual <*ὑπὲρ νοῦν*>, o que é afirmado sobre a natureza humana <= amabilidade humana> de Jesus e tem um poder de extraordinária negação. Dizendo de modo brevemente resumido: Ele não foi humano, não como não humano, mas como o que surgiu, a partir do ser humano, além do ser humano e que se tornou humano de maneira verdadeiramente sobre-humana. A propósito, Ele não faz nem o Divino de maneira divina, tampouco o humano de modo humano, mas, como Deus tornado humano, Ele vive entre nós em um ser-ativo divino-humano[233] <(...) *ἀνδρωθέντοϹ Θεοῦ, καινήν τινα τὴν θεανδρικὴν ἐνέργειαν πεπολιτευμένοϹ*>.

<Cordério – p. 1073s –: "Xs = Cristo não é chamado homem do mesmo modo que Deus [é chamado] em *Os nomes divinos*, 'Luz', 'Vida', 'Sabedoria'".>

233. Na tradução de Stein para o alemão, "*gottmenschlischen Tätigsein*".

V.V. Carta (ao diácono Doroteu)

<A escuridão divina, da qual se fala na *Teologia mística*. Cf. Carta 1.>

A escuridão divina é a luz inacessível na qual Deus habita, como se diz[234]. E lá, Ele é invisível por causa do revelar demasiado e, da mesma forma, inacessível por causa da exorbitância do desaguamento supraexistente, de modo que todo aquele que é digno de contemplar Deus e de conhecê-lo, o faz precisamente pelo verdadeiro não ver e pelo não conhecer a aquele que está além do ver e do conhecer; reconhecendo justamente o fato de que Ele está acima de tudo o que é sensível e espiritual, e dizendo com os profetas: ["]Tal conhecimento é para mim maravilhoso, tão elevado que não o posso atingir["][235]. Então, também é dito, pelo divino Apóstolo Paulo, que ele conheceu Deus, na medida em que ele reconheceu que Ele está acima de todo saber e conhecer. Por isso, ele também diz que ["]quão insondáveis são as suas decisões e impenetráveis os seus caminhos![”][236], e que seus dons são inefáveis[237], e que sua paz ultrapassa toda a compreensão[238]; ali, ele encontrou aquele que está acima de tudo, e conheceu aquilo que está acima de todo conhecer, pois Ele, o Autor de todo existente, ultrapassa tudo.

<Cordério, p. 1075s. -: sobre 1Tm 6,16>

V.VI. Carta (ao Padre Sosípatro)

<Não refutar os outros, mas demonstrar a verdade de modo refutatório>[239]

Não imagine que seja uma vitória, bem-aventurado Sosípatro, repelir uma crença ou uma opinião que não parece boa, pois, ainda que tu também tenhas refutado de modo excelente, com isso não é, consequentemente, boa a opinião de Sosípatro; certamente

234. 1Tm 6,16.

235. Sl 139,6.

236. Rm 11,33.

237. 2Cor 9,15.

238. Fl 4,7.

239. Sosípatro de Icônio, ou Sópatro ou, ainda, Sópater, um dos Setenta Discípulos. Ele é mencionado em At 20,4 e Rm 16,21.

é possível que tanto a ti quanto a outros, o verdadeiro - que é um e escondido - permaneça oculto sob muitas aparências ilusórias. Afinal, se algo não é vermelho, não significa que seja branco; e se uma coisa não é um cavalo, isso não significa que ela, necessariamente, seja uma pessoa. Portanto, se tu ouves a mim, agirás da seguinte maneira: tu desistirás de falar contra outros, mas tu falarás sobre a verdade de tal modo que o dito será completamente refutatório.

<Cordério: Cf. Tt 3,9>

V.VII. Carta (ao bispo Policarpo)

§ I[240]

<como na carta VI>

Eu não sabia que eu havia falado contra os helenos[241] ou contra outros; pois, para pessoas honestas, parece-me o suficiente conhecer a verdade em si e dizer como a verdade em si se porta. Certamente, se algo se prova, como sempre é desejado que seja, conforme a lei da verdade e é estabelecido em mais alta clareza, então tudo o que finge a verdade e se porta de outro modo também é refutado como algo que se desvia do existente verdadeiro, sendo não semelhante a ele, ainda que parecendo com ele. Logo, é supérfluo, para aqueles que mostram a verdade, lutar contra esse ou aquele. De fato, observa-se por si mesmo que ele possui a moeda real, e talvez tenha uma imagem ilusória de uma parte verdadeira; se tu o refutas, em seguida, sempre haverá um outro com o mesmo assunto. Porém, se a verdadeira questão <*λόγοϛ ἀληθόϛ*> for estabelecida corretamente, permanecendo irrefutável em relação a todas as demais, então tudo o que não concorda corretamente com ela irá sucumbir pela intransponível marca do plenamente verdadeiro. Como eu reconheci isso, como eu creio, verdadeiramente, eu não me empenhei inteiramente em falar contra os helenos ou contra outros; antes, basta-me - e isso me é dado por Deus! -, em primeiro lugar, saber me informar sobre a verdade e, então, falar como especialista na verdade, como manda o figurino.

---

240. Uma aula de Pierre Grimes sobre essa carta se encontra em: https://archive.org/details/20120511NSFRI.

241. Isto é, os gregos.

§ II

Confronto com Apolófanes: fenômenos celestes milagrosos como indícios da existência de Deus

Porém, tu dizes que o sofista Apolófanes me envergonha e me chama um parricida, porque eu utilizo, de maneira ímpia (desonesta) os helenos contra os helenos. No entanto, nós poderíamos dizer, com maior verdade que ele, que os helenos utilizam, de maneira ímpia, o divino contra o divino, uma vez que eles buscam, mediante a sabedoria de Deus, expulsar a veneração a Deus. E eu não falo da opinião das massas, segundo a qual as invenções dos poetas prendem à matéria e aderem apaixonadamente a ela, servindo mais à criação do que ao Criador[242], mas que, também, o próprio Apolófanes utiliza, de maneira ímpia, o divino contra o divino; afinal, pelo conhecimento do existente que ele próprio chama ["]Filosofia["], e que o divino Paulo indicou como ["]sabedoria predestinada por Deus["][243], levou verdadeiros filósofos ao Autor do próprio existente e deve conduzir ao conhecimento dos existentes. E, para não refutar mais a opinião de outros do que a sua, contrariamente à minha intenção: Apolófanes, como um sábio, deveria saber que a ordem celeste e o movimento dos céus jamais poderiam ser mudados, sem que sejam movidos pela mesma causa que os criou e conserva. Pois essa causa, como dizem as Sagradas Escrituras, é quem ordena os tempos e as circunstâncias[244]. Porque, então, ele não adora àquele a quem todos reconhecemos Deus do universo? Por que não se admira diante daquele que, com seu poder, cria todas as coisas, e que é impronunciável? Graças a Ele, o Sol e a Lua, obedecendo a um poder totalmente extraordinário para interromper seu curso, foram determinados à plena ausência de movimento e o cosmos permaneceu sob esses sinais durante um dia inteiro, de fato, o que é ainda mais que isso: dado que mesmo circulando cada vez mais forte e abrangendo <esferas> não incluídas na rotação seguiram em seu movimento circular[245]. Outra maravilha foi aquela

242. Rm 1,25.

243. 1Cor 2,7.

244. Dn 2,2; Am 5,8.

245. Js 10,12-14.

que durou quase três vezes mais que o normal. Devido a isso, o mundo retrocedeu, forçadamente, vinte horas e, logo, voltou ao seu curso, duplicando a velocidade de maneira prodigiosa e, ainda, um outro dia foi quase triplicado por extensão e, por vinte horas inteiras, viajou pelo cosmos no decurso oposto e retornou no contraimpulso mais maravilhoso, enquanto o Sol, em seu próprio curso, contraiu seu quíntuplo movimento em dez horas e, novamente, atravessou o mesmo [curso] para trás nas dez horas posteriores, exercitando-se em um novo caminho, retornou; isso também amedrontou os babilônicos e lhes submeteu, sem luta, a Ezequias como um super-homem divino[246]. Eu passo às façanhas no Egito a outros sinais das obras de Deus que ocorreram em outros lugares, e cito apenas os indícios gerais ocorridos nos céus que foram louvados em todo lugar e por todos. Mas Apolófanes, de qualquer maneira, observa que isso não é verdade; ora, certamente isso é apresentado nas sagradas tradições dos persas, e também os magos do Mitra de três formas ainda cuidam da lembrança disso. Porém, ele é livre para crer nessas coisas por ignorância ou desconhecimento; todavia, ele diz: [“]O que você diz sobre o eclipse solar que ocorreu perto da cruz que traz a cura?[”] Naquele tempo, certamente, nós estávamos juntos em Heliópolis e estávamos perto um do outro e vimos como a Lua chegou, de modo inapreensível, a cobrir o Sol (não era o momento [previsto] para uma coincidência); e, por outro lado, ela se opôs, de modo sobrenatural, diametralmente ao Sol da nona hora até a tarde. Lembra-o, também, de ainda outra coisa: Ele sabe, de fato, que nós vimos esse ocultamento começar do oeste em diante até a borda do Sol e, então, o ocultamento e o clareamento ocorrer não no mesmo lado, mas no oposto. Isso é o que, então, ocorreu sobrenaturalmente e que só foi possível mediante o Cristo, o Autor de todas as coisas, aquele que faz inúmeras coisas grandes e admiráveis.

246. No original alemão, “*wie einem gottähnlichen Übermenschen*”.

§ III

Exclamação surpresa de Apolófanes. Possibilidade de convertê-lo.

Diz o seguinte, se te for possível: [“]E tu, Apolófanes, refuta o seguinte, se tu puderes[”]: e isso frente a frente, eu que estive naquele tempo presente junto de ti contemplei junto de ti, perguntei junto de ti e me abismei junto de ti. A propósito, naquela ocasião também começou Apolófanes - eu não sei de onde <ele veio> - pressagiando e falou para mim, como se tivesse pressagiado o que ocorreu: [“]Ó bom Dionísio, isso ocorre devido a coisas divinas <*ταῦτα (...) θείων ἀμοιβαὶ πραγμάτων* = este é o presente de volta, ou a resposta a (...)> tanto quanto foi dito agora a ti, brevemente, por mim. Sim, tu és capaz de corrigir o que falta e de conduzir o homem completamente rumo a Deus, que é sábio sob vários aspectos; e, talvez, ele não se envergonhe de aprender, obedientemente, a verdade supersábia de nossa fé <*πρᾶοϚ*, dócil>.

V.VIII. Carta (ao monge Demófilo)

V.VIII § 1 – Exemplos da clemência a partir do AT e do Xs = próprio Cristo. Procedimento desumano de Demófilo. Defesa da ordem imposta por Deus

Os livros de história dos hebreus relatam, nobre Demófilo, que também o santo Moisés foi, por sua grande suavidade, digno de ver Deus[247]. Sempre que se atrevia a agir contra os planos de Deus, os livros mostram que o Senhor se enfurecia com ele[248]. Porém, quando narram como a justiça de Deus o julgava digno de seus favores, descrevem, primeiramente, a maneira como ele imitava a Deus de modo excelente. Por isso, as Sagradas Escrituras lhe chamam Servo de Deus[249] e o consideram mais digno de ver a Deus que os demais profetas.

247. Nm 12,3;8.

248. Ex 4,14-26.

249. Nm 12,3-7.

Certamente, quando alguns insolentes protestaram contra ele e contra Araão, devido a seu pontificado e a seu governo, sem ter em conta a própria honra e poder político, dispôs-se a renunciar, deixando a direção do povo nas mãos de Deus. Porém, quando lhe afrontaram com ameaças por causa do passado, esse homem humilde pediu salvação ao bom <Deus> e, com notável mansidão, defendeu-se das acusações pelos infortúnios passados de seu povo[250]. Ele sabia que aquele que vive em intimidade com Deus deve se assemelhar a Ele o máximo possível, tendo consciência de haver praticado o bem em suas obras. O que, então, fez de Davi, ancestral divino, amigo de Deus? Bem, o fato de que ele foi bom e também bom em relação aos inimigos: ["]Testemunho: Achei Davi, filho de Jessé, homem segundo meu coração, que em tudo fará minha vontade["][251], disse o superbom e amante do Bem. Sim, uma determinação benévola o fez também ter em vistas cuidar do gado de seu inimigo. Também Jó foi justificado como aferrado na inocência. E José não se vingou de seus irmãos traiçoeiros, e Abel seguiu em frente de maneira inocente e ingênua rumo a seu fratricídio.

E as Sagradas Escrituras louvam como bom tudo o que nem temeu o mal, nem foi estabelecido e que, nenhuma vez, se deixou esvaziar do bem diante da maldade de outros [e que], ao contrário, foi provado um bem divino mesmo diante do mal, desaguando acima deste e, amigavelmente, convidando-o a ser semelhante. Todavia, nós queremos elevar a cabeça às alturas; nós ainda não queremos proclamar os bens dos anjos caridosos, que têm piedade dos povos e clamam por algo bom a esses <ou: pelo bem desses – *ἀγαθοῦ*>, e fazem recriminações à quantidade de malfeitores e malvados, compaixonam[252] com nossos infortúnios e se alegram com a salvação daqueles que se mantiveram no bem – em suma,

250. Nm 16,1-11.

251. At 13,22.

252. Na tradução de Stein para o alemão: "*mitempfinden*". Literalmente, é "sentir junto", "sentir com". O termo é particularmente interessante no caso de Edith Stein, pois ela trabalhou o tema da empatia em sua tese de doutorado, *Zum Problem der Einfühlung* (*Sobre o problema da empatia*), de 1917. "*Mitempfinden*" envolve algo ainda mais que a empatia, tratando-se de um envolvimento ativo com o ponto de vista do outro e com suas emoções, ou paixões.

[os bens] daqueles que as Sagradas Escrituras relatam sobre os benfazejos anjos; antes disso, nós queremos receber em silêncio os raios benfazejos do verdadeiramente bom e superbom Cristo, e ser conduzidos por eles rumo à luz de suas divinas bênçãos. Ora, então - não é o Bem impronunciável e inapreensível, Ele, aquele que é, que conduziu seu poder e tudo rumo ao ser e que deseja que tudo seja sempre semelhante a Ele, participando dele de acordo com a capacidade de compreensão de cada um? Além disso, Ele mesmo pergunta, amando e com dedicação, pelos que se desprendem dele e pede que eles não sejam desdenhados quando eles se afastam e agem com fragilidade <*τῶν ἐρωμένων καὶ θρυπτομένων αὐτῶν*>; de fato, Ele também os tolera, quando eles o acusam sem fundamento e se desculpam; e Ele se prontifica a fazer ainda mais para curá-los. E se eles ainda estão distantes, mas, todavia, simultaneamente se aproximam, Ele corre ao encontro deles e os abraça intimamente (por inteiro), beija-os e não os acusa mais do passado, mas ama o presente e celebra uma festa, convoca os amigos e ama os bens com os quais há uma moradia para todos os que se alegram. Agora, então, Demófilo, se mais alguém enfrenta o bom com hostilidade, ele será repreendido com razão, ensinado sobre o Bem e encorajado rumo a ele <*ἀγαθύνεται*>. Então, <ele disse>, o Bem não deveria se contentar além da salvação dos perdidos e além da vida dos diferentes? Porém, quando ele eleva acima de seus ombros os que já se voltaram do erro, e invoca os bons anjos à amizade, sendo também benigno em relação aos invejosos, deixando seu Sol nascer tanto para os justos quanto para os injustos, empenhando sua própria vida pelos que fogem. Porém, não te lança, como sua carta indica, ao sacerdote e escorraça aqueles que tu chamas ateus e pecadores, por conta própria <=pessoalmente presente>, eu não sei como. Em seguida, aceita-o e assegura-te que ele tenha chegado para a cura dos maus; porém, ainda insulte sem timidez a irreverência do bom sacerdote, pois ele tem compaixão dos arrependidos e defende os ateus; e, finalmente, fala ao sacerdote: sai, com pessoas que, como ti, vandalizaram injustamente o santuário e degradaram o santíssimo; e tu nos escreves que salvaste cuidadosamente o santíssimo e o preservas, agora ileso. Agora, então, ouve nossa opinião. Seria injusto, se um sacerdote fosse repreendido por diáconos, que estão um nível acima de

ti, ou por um monge que é do teu nível, caso ele também pareça ter cometido um ultraje contra o divino, ou se ele também tiver feito outra ação proibida. Afinal, se a desordem e indiscrição é uma transgressão das determinações e dos estatutos mais divinos, então não <existe> sentido <motivo> algum, para derrubar a ordem dada por Deus em nome de Deus. Ora, Deus não é dividido em si mesmo – como poderia, então, seu Reino subsistir? Pois, se o juízo está em Deus, como atestam as Sagradas Escrituras, os sacerdotes, todavia, são [como] anjos e, após os bispos, intérpretes das sentenças divinas, então, aprende sobre o divino com eles, como é adequado a ti, pela mediação dos diáconos, quando for a hora – aprende deles, pelo que te tornas digno de ser monge. Não é precisamente isso que comunicam também os símbolos sagrados? Afinal, o santíssimo não é simplesmente separado de tudo; mas o cargo de bispo se aproxima mais dele, em seguida, o cargo de sacerdote, posteriormente, segue-lhe o [título] de diácono; os portões do santuário são atribuídos à ordem dos monges, pelo que eles também são consagrados e têm seu estamento. Não para protegê-los, mas em função da ordem e, com isso, eles reconhecem que não se aproximam mais do povo que os sacerdotes. Então, assim é estipulada de maneira santa a santa condução das coisas sagradas, pois elas devem participar no divino, enquanto outras [coisas], a saber, aquelas que estão mais adentro, transferem a participação a elas. Porém, aquelas coisas que, sensivelmente, sempre cercam o altar, veem e ouvem o divino que, irradiando mais longe, torna-se oculto e progride benevolamente até elas, que estão de fora da cortina do santuário, até seus monges subordinados e tornam o Sagrado conhecido, conforme o merecimento, a todo o povo e todas as ordens que estão em purificação: isso foi conservado ileso até que tu, assaltando-o soberbamente, tu forçaste que o Santíssimo fosse entregue a ti a contragosto; e tu observaste que tinhas de preservar o santuário e, embora tu tenhas visto e ouvido, não [fizeste] nada do que convém aos sacerdotes; pois tu não reconheces a verdade das Sagradas Escrituras, uma vez que tu combates diariamente palavras para arruinar os ouvintes. Afinal, se alguém tivesse buscado astutamente a posição de líder no povo, sem que ela tivesse sido transferida pelo rei, ele seria justamente punido. E se um príncipe fosse julgar as pessoas ou condená-las, e se um de seus subordinados presentes ousasse desafiar sua sentença, ele não estaria - eu digo - insultando-lhe e o privando da autoridade? Porém tu, homem, estás tão ousado nos assuntos do Clemente e Bondoso e em relação ao ministério conferido por ele. E isso deve ser dito quando alguém se arroga algo acima de sua posição, mas, no processo, faz algo justo; pois também isso não é permitido a ninguém. Afinal, o que fez Ozias de errado, quando ele acendeu incenso ao Senhor? O que Saul [fez de errado], quando ele fez sacrifício? O que [fizeram de errado] os maus espíritos tiranos, quando eles anunciaram a verdade correspondente a Jesus? Todavia, nas Sagradas Escrituras, é indicado a todos que cuidam de assuntos desconhecidos que todos devem permanecer na ordem de seu serviço, e apenas o pontífice deve adentrar no Santíssimo, e isso uma vez por ano, e na mais perfeita pureza sacerdotal que é prescrita pela lei. E os sacerdotes cuidam do Sagrado, e aos levitas não é permitido entrar em contato com o Sagrado, para que não morram. E o Senhor deflagrou em cólera contra a audácia de Ozias e atingiu Miriãm com lepra, pois ela tentou dar uma lei ao legislador[253]: e em relação aos filhos de Ceva[254], [o Senhor] enfrentou demônios e disse: ["]Eu não lhes enviei <*καί αὐτοῦ*>, e eles se foram; eu ainda não falei com eles, e eles profetizaram["][255]; e: ["]O ateu, que sacrificou um bezerro, é como alguém que mata um cão["]. E, para dizer de modo simples: a justiça completa de Deus não gera o transgressor da lei; porém, quando eles dizem ["]Em teu nome, nós fizemos muitas grandezas <*δυνάμειϚ πόλλαϚ*>["], Ele respondeu ["]Eu não os conheço. Afasta de mim todos os que te fazem mal["]. Portanto, também é injusto, como dizem as Sagradas Escrituras, fazer até o que é justo contra o merecimento de alguém. Então, todos devem estar atentos para não buscar compreender o que é muito elevado ou muito profundo para si, mas apenas o que é atribuído a si, de acordo com seu merecimento.

253. Nm 12,1-12.

254. Um Sumo Sacerdote judeu. Cf. At 19,14-17.

255. Na tradução de Stein para o alemão: "*weissgesagen*".

V. VIII § 2 – Padres indignos

Tu dizes: ["]Como, então, não se deve repreender sacerdotes abjetos, ou aqueles que se pega em flagrante erro, e será permitido apenas que se gabem da lei para despeitar a glória de Deus mediante a transgressão da lei? E como os sacerdotes são intérpretes de Deus? Como, então, eles proclamam as virtudes divinas ao povo, se eles não reconhecem o poder destas? Ou como iluminar aqueles que estão nas trevas? Como comunicar o Espírito Divino àqueles que não acreditam de fato em verdade <*ἕξει καὶ ἀληθείᾳ*> no Espírito Santo?["] A isso, eu respondo a ti mesmo; pois Demófilo não é meu inimigo, e tampouco eu suportarei que Satã te enleie. As ordens que estão ao redor de Deus são mais divinas quanto mais distantes; e ao mesmo tempo são mais claras e mais ricas em luz[256] <*φωτεινότερα καὶ φωτιστικότερα*>, quanto mais se aproximam da verdadeira luz. Porém, tu não deves compreender a proximidade no sentido de ["]lugar["], mas no sentido de capacidade de acolher a Deus. Ora, se o hábito tem o poder de iluminar, então aquele que não consegue conferir luz é inteiramente diminuído em relação ao sacerdote e ao poder sacerdotal; e tão mais no caso daquele que não é iluminado <por si mesmo>. E eu, de minha parte, tomo por muito ousados os homens que se arrogam deveres oficiais do sacerdócio e nem temem, tampouco se envergonham de perseguir coisas que ultrapassam suas capacidades, e quando ele pensa ser oculto a Deus aquilo de que ele é consciente, e quando ele acredita enganar aquele que ele chama, falsamente, ["]Pai["]; e quando ele ousa pronunciar suas blasfêmias ultrajantes (pois eu não as chamaria orações) sobre os símbolos divinos à maneira de Cristo. Isso não é sacerdote algum, mas um inimigo, um malicioso, alguém que se ludibria e um lobo que se equipa com uma pele de cordeiro contra o povo de Deus.

256. Na tradução de Stein para o alemão: "*lichtreicher*". Uma tradução mais contemporânea seria "mais eufóticas".

V.VIII § 3 – Demófilo é colocado em seus limites e admoestado ao autocontrole

Todavia, Demófilo não pode ser admoestado por isso, pois, se as Sagradas Escrituras ordenam que o justo as siga de maneira justa (o justo seguir de modo justo significa, porém, merecer tudo o que é atribuído a ele), então ele deve buscar tudo de maneira justa, de modo algum além do que corresponde ao seu merecimento e à sua ordem. Afinal, não é justo se aos anjos fosse alocado e determinado o que corresponde ao seu merecimento, mas não a nós, ó Demófilo, na verdade, é-nos alocado de Deus por intermédio deles e a eles por intermédio de anjos superiores. E, para dizer de maneira simples, em todas as coisas, ao segundo é alocado algo de maneira correspondente ao merecimento pelo Primeiro entre todos os que ordenam os bens e Providência suprema e justa. Ora, aqueles que foram indicados por Deus para que ordenem sobre os demais alocam o que é devido àqueles que vem após eles e que são submetidos a eles. Portanto, Demófilo deve moderar seu discurso, sua cólera e seus anseios, de modo a não violar a ordem estabelecida para ele, mas a razão superior deve prevalecer sobre a que é inferior a ele. Afinal, quando nós vemos no mercado que um servo ofende seu senhor, um jovem ofende um idoso ou um filho ofende seu pai, ao mesmo tempo ele também ataca a si próprio e transfere dano a si próprio, então nós claramente agimos de maneira injusta quando nós não nos apressamos e nos esforçamos em ajudar aqueles que são prioridade, ainda que eles tenham feito, inicialmente, errado; como nós não devemos nos envergonhar do fato de que a razão é ferida por cólera e anseios que afugentam-na da soberania dada por Deus? E quando nós despertamos em alvoroço perturbação e desordem abjeta e contrária à lei? Com razão, nosso legislador bem-aventurado e dado por Deus proibiu a direção da Igreja de Deus a alguém que, primeiramente, não administrou bem seu próprio lar; pois aquele que não consegue se controlar também será incapaz de repreender os outros; e quem não consegue repreender os outros não consegue controlar um lar; e quem não consegue controlar um lar não consegue controlar uma cidade; e quem não consegue controlar uma cidade, tampouco [consegue controlar] um povo. Em suma, segundo as palavras das Sagradas

Escrituras: [“]Quem é fiel no pouco também o é no muito, e quem no pouco é infiel também o é no muito[”][257].

V.VIII § 4 – A ordem apropriada. A desumanidade de Demófilo

Agora, tu determinas até mesmo os anseios, a valentia e a razão que compete a cada um, porém os diáconos <determinam> a ti; estes são determinados pelos sacerdotes, os sacerdotes pelos bispos, e os bispos pelos apóstolos e sucessores dos apóstolos. E, se em qualquer lugar um entre eles se desviar, ele será repreendido pelo mais santo de seu estamento, e os diferentes estamentos eclesiásticos não serão jogados como dados, mas cada um permanecerá em seu nível e no seu serviço. Eu te digo isso, com o que tu soubeste e fizeste o que cabia a ti. Porém, no que diz respeito à desumanidade em relação ao homem que - como tu disseste - é um abjeto e malfeitor, eu não sei como eu deveria lamentar o luto de meu amado <*σύντριμμα = contritio*>. Porém, qual ministro tu acreditas estar mais fortemente posicionado diante de nós? Se não for como ministro desse sumo Bem, então tu estás verdadeira e necessariamente alheio a nós e a todo o nosso serviço a Deus; e é hora de que tu busques um <outro> Deus e outros sacerdotes para ti, e que não seja tão iniciado quanto entrelaçado, e nem <se torne> um servo inexorável de seus amigos, da desumanidade. Afinal, nós não somos completos pela santidade mais completa e não precisamos mais da filantropia divina? Ou nós não cometemos pecados em dobro - como dizem as Sagradas Escrituras - à maneira dos abjetos, na medida em que nós não sabemos em que nós caímos, mas justificamos a nós mesmos, e acreditamos enxergar quando, na verdade, não enxergamos? O céu estava acima de si próprio diante disso, eu estava horrorizado e eu mal pude acreditar nisso. Eu creio que, se eu não tivesse lido tua carta (ó, se ao menos eu não o tivesse feito!), outros não teriam sido capazes de me convencer, ainda que tivessem tentado, que Demófilo acredita que o bom Deus não está acima de tudo com filantropia, e que ele próprio não precisa do Piedoso e Salvador. Sim, ele recusa aos sacerdotes

257. Lc 16,10.

por ele tomados dignos que tolerem a ignorância do povo, sabendo bem que também aderem a suas fraquezas. Porém, o completamente santificador divino primordial[258] foi por outro caminho, a saber: de um lado, como dizem as Sagradas Escrituras, separado dos pecadores, de outro lado, ele faz prova do amor a Ele devotar o carinho pastoral mais clemente para com as ovelhas. E ele chamou [“]indignos[”] aqueles que não perdoam seus colegas ministros e que não lhes mostram sequer uma fração da bondade que foi conferida plenamente a ele; com razão, ele recebe justamente o que merece, e isso é algo que também Demófilo e eu devemos temer. Afinal, Ele mesmo [Jesus], até no sofrimento, não pediu o perdão até mesmo para aqueles que pecaram contra ele, mas Ele repreendeu seus discípulos porque eles o pediram sem piedade que condenasse os samaritanos que lhe expulsaram pela impiedade destes. Porém, tu repetiste mil vezes em tua ousada carta e te asseguraste, repetidamente, de que não vingas a ti mesmo, mas a Deus. Diga-me: pela maldade, o Bem?

V.VIII § 5 – A clemência do Bom Pastor. Sorte do Bem e do Mal

Livra-te disso! Nós não temos sumo sacerdote que não possa coempatizar com nossas fraquezas, mas – mesmo sem culpa – Ele é piedoso. Ele não disputa e não grita; Ele próprio é clemente e, também, a salvação de nossos pecados. Por isso, nós não aprovamos, de modo algum, teus ataques contra invejosos, quando tu também lideras Pinchas e Elias mil vezes: pois os discípulos que nunca tiveram participação alguma do bom espírito, não agradam a Jesus, quando Ele os ouve sobre eles <de ti>. E, também, nosso divino professor na santidade <*ἱεροθέτης*> ensina com clemência os oponentes da doutrina de Deus; pois não é adequado ensinar aos ignorantes para castigar, como nós também não punimos os cegos, mas os guiamos pela mão. Porém, tu deste ao homem que acabou de iniciar a respirar na luz um sopro no ouvido e lhe empurraste de volta, e, quando ele se aproximou com grande timidez, tu o afastaste abusadamente (isso é terrível!) – ele, o Cristo, porque ele é bondoso, buscou-o quando ele vagava nas montanhas,

258. Na tradução de Stein para o alemão, “*urgöttliche Heiligvollender*”.

chamou-o de volta quando ele fugiu, e lhe elevou sobre seus ombros, quando Ele finalmente o encontrou. Eu te peço: não cuidemos tão mal de nós mesmos e não apontemos a espada para nós próprios. Certamente, quando se esforça para danificar os outros ou, ao contrário, para fazer o bem a eles, mas não se quer que isso seja executado em relação a si próprio, então se atrai ou o mal, ou o bem a si próprio e se enche ou de virtudes divinas, ou de paixões desenfreadas. E aqueles se tornam seguidores e companheiros dos bons anjos, em plena paz e livres de todos os males por toda a eternidade; salvando as partes mais bem-aventuradas e sempre estando em Deus: o maior de todos os Bens. Já no outro caso, dos que anunciam, ao mesmo tempo, a paz com Deus e com eles próprios, estarão com os terríveis demônios, aqui e após a morte. Por esse motivo, nós devemos exortar a todos para que alcancem o bom Deus e que sempre estejam próximos ao Senhor, e não sejam separados com o mal pelo altamente justo Juízo Final de Deus, sofrendo por causa da própria culpa que nos é devida. Se for correto para ti, eu também quero mencionar, ainda, o rosto divino de um homem santo, e não ri, pois eu falarei a verdade <contarei algo verdadeiro>.

V.VIII § 6 – A visão de Carpo

Uma vez, quando cheguei a Creta, o Santo Carpo me recebeu de modo acolhedor – um homem, que era alguém apto à contemplação de Deus por intermédio da grande pureza de seu espírito. De fato, ele não se aproximou para a Santa Comemoração dos Mistérios até que ele tivesse recebido, anteriormente, uma visão favorável nas santas orações preparatórias. Ora, ele contou que, há muito, havia entristecido um descrente; foi causa de tristeza que aquele pertencente à Igreja fora enredado ao ateísmo, quando os "dias joviais" (festa igualmente do dia e da noite) foram celebrados. Foi conveniente a ele orar bondosamente para os dois e ficar com Deus, o Redentor, como auxílio para um converter o outro, vencendo o outro mediante o Bem. E ele não deveria ter cessado, ao longo de sua vida, de exortá-lo até que pudesse liderá-lo de tal modo ao conhecimento divino, de tal maneira que aquilo que lhe parecia duvidoso se tornaria claro e, por meio de instrução legal, ele seria obrigado a sair do que se gabava irracionalmente rumo à razão. Porém, ocorreu algo que nunca havia ocorrido a ele antes - eu não sei como isso ocorreu -, naquela ocasião, ele estava em uma disposição muito mais hostil e amarga, tendo caído em repouso e adormecido nesse estado de espírito tão pior (de fato, era noite); por volta de meia-noite (vale dizer, ele cultivara o hábito de, nessa hora, despertar para os hinos divinos) ele se levantou de seu sono perturbado, sempre interrompido. Uma vez que ele estava precisamente em diálogo com Deus, deprimido e entristecido de modo não sagrado, disse ele, ele não estaria correto se viveram homens abjetos que deterioraram <inverteram> o caminho reto do Senhor. E na medida em que ele disse para buscar o Senhor, Ele pôde impiedosamente dar um fim às duas vidas por meio de um raio. Como ele o disse, então ele relata, ele viu subitamente como a casa na qual ele estava foi, primeiramente, impactada e, do mais alto cume, cindida ao meio e [viu] diante de si uma pira com brilho claro que descia do céu até ele (certamente, o lugar parecia estar embaixo dos céus); o próprio céu, porém, abriu-se, e, das costas dos céus <ἐπὶ τῷ νώτῳ>, Jesus [estava] cercado de numerosos anjos em figura humana. Ele viu isso nas alturas e se admirou. Porém, como Carpo olhara para baixo - assim ele disse -, lá ele também viu o chão diante de si permanecer nas margens do abismo, tremendo e digno de piedade, já quase caindo, porque seus próprios pés não queriam mais carregá-lo; porém, embaixo ele viu, a partir do abismo, serpentes rastejando e que se moviam ao redor de seus pés, ocasionalmente puxando-os, enquanto serpenteavam e o molestavam e seguiam contra ele; ocasionalmente, também, irritavam-lhe com os dentes ou com cortes <inflamados = *ὑποτυφόντας*> ou cintilavam e tentavam, de todo modo, correr rumo ao abismo; porém, também havia homens abaixo das serpentes, que iam com elas contra aqueles homens [acima], para sacudi-los <*διαδονοῦντας*> e derrubá-los; porém, cada homem pareceu quase cair, metade contra sua vontade, metade livremente, compelidos gradativamente pelo mal e, ao mesmo tempo, tornados mais frágeis <persuadidos>. Porém, Carpo disse que ele olhou para baixo e se contentou, mas não se preocupou com o que estava acima. Porém, ele se tornou descontente porque eles ainda não haviam caído, e ele frequentemente pisava abaixo para cair, e, por não conseguir fazer nada, ele estava irritado e o desejou. E mal ergueu ele a cabeça, e ele viu novamente o céu, como ele o vira anteriormente; Jesus, porém, totalmente piedoso diante daquilo que ocorreu, ergueu-se de seu trono supracelestial e, descendo até eles, estendeu a mão benevolente até eles e os anjos, junto com Ele, forneceram assistência e proteção aos homens – um daqui, outro de lá – e Jesus disse a Carpo: ["]Ora, estende a mão e também me acerta; pois eu estou pronto para sofrer novamente pela salvação dos homens, e eu quero isso muito, de modo que apenas os outros homens não pequem["]. Vê apenas se não é mais adequado a ti estar nesse abismo com as serpentes do que estar com Deus e os bons anjos amigos dos homens. Isso é aquilo que eu ouvi; e eu acredito que é verdadeiro.

V.IX. Carta (ao bispo Tito)

V.IX § 1 – <Exemplos de símbolos ousados das Escrituras. Dois tipos de Teologia>

Eu não sei, bom Tito, se o santo Timóteo não ouviu parte de minhas explicações sobre os símbolos das Sagradas Escrituras, enquanto ele partia. Na *Teologia simbólica*, eu claramente debati com ele sobre todas aquelas expressões das Escrituras, que parecem estranhas à multidão, pois, nas almas imperfeitas, os pais despertam a impressão de uma incongruência ainda maior, quando eles apresentam a verdade divina, mística e inacessível aos profanos, verdade de sabedoria indizível por meio de imagens enigmáticas desafiantes e ocultas. Por isso, com frequência nós praticamente não podemos acreditar nas palavras sobre os mistérios sagrados, uma vez que nós os vemos somente por meio dos símbolos sensíveis que estão vinculados a eles. Porém, deve-se também despir deles, como eles são em si mesmos, nus e puros. Então, de fato nós podemos venerar com os olhos a fonte da vida, que se desagua em si mesma, e a veremos como permanece em si mesma e como a única força simples que move a si mesma, é eficaz mediante si mesma, não deixa a si mesma, mas subsiste originariamente como conhecimento de todos os conhecimentos e sempre intui a si mesma por meio de si mesma. Nós também defendemos, para nós mesmos e para os demais, na medida do possível, explicar as figurações de todo tipo que apresentam a simbolização[259] sagrada <*συμβολική*

259. Na tradução de Stein, em alemão, "*Sinnbildformung*". Traduções mais literais seriam "formação de símbolos" ou "formação de imagens-sentido".

ἱεροπλαστία>, considerando Deus; pois como Ele é, em relação ao que é exterior a Ele, estranheza plenamente incrível e ludibriadora <πλασματώδους>! Por exemplo, quando você, na apresentação do nascimento de Deus, que está acima do ser, apresenta o seio de Deus como parturiente, ou descreve a palavra como jorrando no ar a partir dos corações dos homens, que Ele expectora, e enaltece o espírito como exalado da boca e o seio parturiente como abrangendo o Filho de Deus à maneira de um corpo ou à forma de uma planta <ler [“]φυτικῶς[”] ao invés de [“]φυσικῶς[”]?> e nos demonstra árvores e galhos, florações e raízes, ou fontes que jorram água, ou luz emitida pelas estrelas, ou outras descrições explicativas da palavra supraessencial de Deus. Em relação à Providência de Deus, compreensível espiritualmente, ou a seus dons, revelações, poderes, propriedades, quinhões, propriedades, processões, separações ou unificações, Deus a oculta - com forma humana, ou de animal selvagem, ou com múltiplas formas de outros seres vivos, plantas e animais; sim, ele também põe nas figuras joias femininas e armaduras bárbaras, atribuindo-lhes o ofício de oleiro e de fundição, tal como um artesão, dando a essas figuras carroças e tronos para se sentarem, preparando-lhes refeições com pratos de vários tipos e lhes apresentando o que comer, beber, onde dormir e com o que se embriagar. O que ainda se fala de cólera e de sofrimento, dos diferentes votos solenes, remorsos, pragas e ressentimentos, dos vários e sinuosos motivos aparentes para se fugir da promessa; da batalha de gigantes no Gênesis, onde se diz que Ele lutou com astúcia devido ao medo, contra aqueles homens violentos e que, a propósito, não construiu aquele edifício para danificar os outros, mas para sua própria salvação, e do conselho que foi engendrado nos céus, despistando Acabe e lhe enganando; e as múltiplas exaltações de amor sensível no Cântico dos Cânticos e o que mais é empurrado e acumulado em traços sagrados de ousadas apresentações de Deus, para indicar o oculto; de maneira dividida para o simples e indiviso; de modo figurado e multiforme para o desprovido de forma e de figura; quem quiser contemplar sua beleza oculta no interior, descobrirá que tudo é misterioso e na forma divina, e pleno de luz teológica. Portanto, nós não acreditamos que aquilo que se torna visível em desenhos é formado por conta própria, antes, substitui um conhecimento impronunciável e invisível para a maioria, com o que o Sacrossanto não está facilmente à mão, mas é desvelado apenas pelos verdadeiros amantes da santidade, que se tornaram livres de toda representação infantil referente aos símbolos sagrados e que são capazes, mediante a simplicidade do espírito e a aptidão do poder de contemplar, de atingir uma verdade simples, sobrenatural e elevada além dos símbolos. A respeito, deve-se também considerar que a tradição dos teólogos é dupla: uma indizível e oculta <= mística>, a outra manifesta e mais fácil de se apreender; uma simbólica e que diz respeito aos mistérios, a outra filosófico-demonstrativa, e que entrelaça o pronunciável com o impronunciável. Uma convence e determina a verdade do que é dito, a outra lida com Deus e se fixa nele mediante a iniciação não ensinável nos mistérios <*ἀδιδάκτοις μυσταγωγίαις*>. E, de fato, para a iniciação nos mais santos mistérios, tanto dos nossos santos líderes <*ἱερομύσται*> quanto dos da tradição escrita da lei, os símbolos convenientes a Deus não são evitados; de fato, nós vemos tanto os sacrossantos anjos pelas imagens enigmáticas recitando, misteriosamente, o Divino quanto o próprio Jesus falando sobre o divino <*θεολογοῦντα*> em parábolas, e os mistérios dos efeitos divinos transmitidos na imagem da Ceia. Afinal, foi adequado não apenas preservar o Sacrossanto intacto pela massa, mas também permitir que a vida humana, que é simultaneamente indivisa e dividida, receba a luz dos conhecimentos divinos de maneira correspondente a ela: de um lado, determinando a parte da alma que não sofre nenhuma impressão rumo à exibição simples e interior de imagens divinas; de outro lado, para curar e orientar para cima a parte da alma que está sujeita às impressões, de um modo correspondente à natureza dela, rumo ao divino mediante figuras simbólicas formadas artificialmente, pois tais invólucros são conforme à natureza dela. E todos os que também ouviram a palavra manifesta de Deus formam, ainda que publicamente, em si uma imagem <*τύπος*> que lhes conduz à compreensão da chamada Palavra de Deus.

V.IX § 2 – O mundo visível como símbolo do invisível. Dois pontos de vista sobre Teologia. Símbolo do fogo. Força da nutrição

De fato, também toda a criação visível do mundo é colocada diante da Invisibilidade de Deus, como diz Paulo[260], e também a verdadeira razão. Por esse motivo os teólogos também consideram, de um lado, as relações civis e legais, de outro lado, outro, o puro e intocado, um de maneira humana e intermediária, o outro sobrenaturalmente e efetuando a perfeição. E ora com base em leis manifestas, ora com base em regimentos ocultos, como aqueles a que as coisas sagradas estão submetidas (ou das Sagradas Escrituras – *γράμμασι ou πράγμασι*), apropriadamente a espíritos e a almas. Afinal, não é uma história desprovida de sentido, mas algo que se refere à perfeição que desperta a vida. Portanto, teremos que omitir preconceitos das pessoas e aprofundar, santamente, no sentido dos símbolos sagrados. Não devemos menosprezá-los, pois eles têm sua origem em realidades divinas e portam a marca destas. De fato, as realidades supraessenciais, puramente intelectuais, as luzes divinas em geral, adquirem colorido nítido através dos símbolos. Por exemplo, quando Deus supraexistente é chamado ["]Fogo["] e a palavra espiritual divina, ["]ígnea["], mas, além disso, também as ordens divinas dos anjos, simultaneamente espirituais e cognoscíveis espiritualmente, são apresentadas mediante formas e figuras de fogo múltiplas e multiformes. E a mesma imagem do fogo deve ser apreendida de outro modo, se é dito acerca de Deus que ele ultrapassa o conhecimento, como quando ela é usada para as ações da Providência ou para as <sagradas> Palavras e, novamente, sobre os anjos. Às vezes, essa imagem deve ser compreendida no sentido de Causa; outras, no sentido do Ser; ainda outras, no sentido de participação; e ainda em outros sentidos, à medida que é prescrita a exibição e ordem conforme ao conhecimento. E não se é autorizado a mesclar os símbolos sagrados à sorte, mas, antes, eles devem ser desenvolvidos de maneira correspondente às causas ou ao ser <*ὑπάρξεσιν*>, aos poderes, ou ordens, ou dignidades. Afinal, existem signos elucidativos para tudo isso. Para não estender em demasia esta carta, examinemos o tema que me propuseste. E nós dizemos: todo alimento tem o poder de conduzir à completude do

260. Rm 1,20.

que ele nutre, na medida em que ele preenche o que está incompleto e em falta; ele cuida da fraqueza e preserva sua vida, conduz ao florescer e renova, fornece o bem-estar do frescor da vida <bem-estar vital>, em suma: expulsa o mal-estar e a imperfeição, conduzindo à paz e à completude.

V.IX § 3 – O vaso grego como imagem da Providência Divina. Construção de casa, comida úmida e seca

Também é dito de maneira pertinente sobre a Sabedoria supersábia e benévola o seguinte, nas Sagradas Escrituras: que ela dispõe uma cratera [isto é, um vaso grego] misteriosamente e fornece sua bebida sagrada; antes disso, contudo, ela serve pratos secos e, com voz sublime, convida amigavelmente aqueles que precisam dela. Então, a sabedoria divina exibe dois pratos, um seco e duradouro; o outro com líquido que entorna; e, no vaso grego, ela doa sua bondade providencial. Ora, a cratera, que é redonda e aberta, é o símbolo da Providência que, ao mesmo tempo, sai de si própria e abrange todas as coisas (= dissemina-se ao redor de tudo). Porém, se ela procede a tudo, mas, ao mesmo tempo, permanece e se firma em si mesma, em ipseidade imóvel e plena, sem partir de si própria, persistindo em seu lugar, da mesma forma, o vaso grego é firmemente posicionado e perseverante. Porém, também é dito, acerca da sabedoria, que ela ergue para si uma casa e, lá dentro, serve tanto pratos secos quanto, também, bebidas e a cratera, com o que se torna claro para aqueles que estão em contato com as coisas divinas, de modo apropriado a eles, que, para todas as coisas, a Providência é Autora do ser delas, assim como de seu bem-estar, estendendo-se a todas as coisas e abrangendo todas as coisas. E como Ele, por sua vez, é em si mesmo em um sentido excelente e, por isso, de modo algum Ele está em coisa alguma, mas é separado de todas, Ele mesmo em si próprio, do mesmo modo, eterno, estável e soberano, sempre se relacionando da mesma forma considerando o mesmo, de maneira alguma saindo de si mesmo, mas operando em si mesmo, todos os bens completos de sua Providência, ao mesmo tempo em progresso rumo a tudo e permanecendo em si, sempre firme e, porém, nem repousando, tampouco se movendo, mas – por assim dizer - tendo seu Efetuar-Providenciando[261] <*sic*!> em persistência e, simultaneamente, tendo seu perseverar conforme a natureza e conforme a sobrenatureza[262].

V.IX § 4 – Significado de pratos secos e úmidos

Porém, o que é a refeição sólida e o que é a refeição líquida? É dito, sobre a sabedoria benévola, que ela doa e providencia as duas ao mesmo tempo.

Eu acredito, portanto, que a comida sólida significa a perfeição espiritual e duradoura, de acordo com os que, em conhecimento constante, vigoroso, unitário e indiviso acerca do divino, têm um quinhão do sentido espiritual daqueles a quem São Paulo, criando a partir da sabedoria, partilha o alimento verdadeiramente sólido. Os alimentos líquidos, porém, <eu acredito,> significam aquela <doutrina> proliferada e irradiada que aspira a sair para todos e que conduz seus pupilos através do múltiplo, variado e dividido a um bem, em si, adequado a eles rumo ao conhecimento simples e imutável de Deus. Por isso, também aquelas palavras espirituais e divinas serão comparadas tanto com orvalho e água quanto com leite, vinho e mel, uma vez que elas têm a força vivificadora, assim como a água, [a força] estimulante do crescimento como o leite, [a força] renovadora como o vinho, [a força] simultaneamente purificadora e conservadora como o mel. Isso, de fato, é o que a sabedoria divina presenteia a seus adeptos, outorgando a eles abundância de regalos afluentes e eternos (ceia) e, com isso, ela transborda <*ὑπερβλύζουσα*>. Isso, de fato, significa cear; e, por isso, a sabedoria é concomitantemente louvada como fonte de vida e de alimento aos homens (ou crianças); como renovadora proporcionando a perfeição.

V.IX § 5 – Embriaguez de Deus. A comida divina

Segundo essa explicação santa da comida, também é dito sobre Deus, o Autor acima de todos os bens, que ele é embriagado, devido ao excesso da refeição divina que ultrapassa o conhecimen-

261. Na tradução de Stein para o alemão, "*Vorsorgen-Wirken*".

262. Na tradução de Stein para o alemão, "*übernaturgemäß*".

to, totalmente completa e indizível ou, melhor dizendo, excesso do bem-estar. Certamente, em nós a embriaguez é tomada em um sentido negativo, de uma plenitude desmedida, um chegar ao intelecto e um estar fora de si[263]. Em Deus, todavia, a embriaguez deve ser entendida em um bom sentido, e não <se deve pensar> de outro modo que como a desmedida transborda todo o bem, que preexiste nele no sentido de Causa. Mas, também, o estar fora de si que acompanha a embriaguez deve ser compreendido como o sobressair de Deus, que é concebido acima de tudo, consequentemente, o conhecer a Ele é negado, uma vez que Ele está acima de todo conhecer e de todo vir a conhecer, de fato, além do próprio ser; e, simplesmente, acima de tudo o que sempre há de bom. Deus é embriagado e, ao mesmo tempo, ultrapassa tudo; e Deus está embriagado de tudo o que sempre existe de bom, ao mesmo tempo ultrapassando todas as coisas e, simultaneamente, habitando extraordinariamente e, por outro lado, externamente e além de todas as coisas; disso nós partimos a compreender, da mesma forma, também o banquete dos santos no Reino de Deus. Pois Ele diz: ["]O próprio rei passa e os convida a se deitar, e ele próprio serve a eles["]. Mas isso também aponta para um participar comum e unânime dos santos nos bens divinos e na comunidade dos primogênitos, que são inscritos no céu, e que os espíritos dos justos são aperfeiçoados por todos os bens, e também preenchidos com todos os bens. E, por "deitar-se", quer-se dizer descansar de todos os problemas, a vida intacta e a transformação divina <corpo político, *πολιτείαν*> na luz e na terra dos vivos, preenchido pelo bem-estar perfeito. Também se quer dizer a abundante doação de todos os bens abençoados, pelo que eles serão preenchidos com toda a alegria, uma vez que Jesus lhes deleita e auxilia-os na obtenção do descanso eterno, permitindo o fluxo de toda a beleza.

V.IX § 6 – Sono e despertar de Deus. Referência à "Teologia Simbólica"

Eu sei bem que tu exigirás que eu também te explique o louvado sono de Deus e o despertar de Deus, e, então, nós dizemos

263. Em alemão, no original: "*Von-Sinnen-Kommen*".

que o sono de Deus é aquilo que, em Deus, é posto de lado e em que não pode haver participação alguma da parte do que é submetido à Providência; seu despertar, todavia, é a atenção com a qual ele volta sua Providência àqueles que precisam da educação e da salvação - então, tu poderás passar aos outros símbolos das Sag[radas] Escrituras. Por essa razão, nós consideramos supérfluo repeti-los com as mesmas palavras e, ao mesmo tempo, causar uma impressão de que nós ensinamos outra coisa; simultaneamente, nós somos conscientes de que tu serás devidamente favorável; encerramos, porém, a carta com o que foi dito - eu acredito que nós explicamos mais do que tu solicitaste em sua carta. Porém, nós enviamos toda a nossa *Teologia simbólica*; nela, tu simultaneamente encontrarás, com a casa da sabedoria, também as sete colunas e seus pratos sólidos e pães partilhados nas oferendas; também [encontrarás] o que significa a mistura do vinho, a embriaguez que provém da bebida de Deus; e tu encontrarás o mesmo que foi dito agora com um tratamento mais detalhado. Certamente, eu creio, é um bom detector de tudo o que é simbólico e concordante com as sagradas fontes escritas e verdades das Sagradas Escrituras.

V.X. Carta (A João, o Teólogo, Apóstolo e Evangelista, durante seu ostracismo em Pátmos)

Eu saúdo a ti, como alma bem-aventurada, amado, e faço isso a ti de modo especial, mais do que em relação à maioria <dos outros>. Sê saudado, tu, que és, em verdade, o mais amado por aquele, que verdadeiramente amado e que deve ser altamente desejado e buscado. O que é de surpreender, se Xs <<Cristo>> fala a verdade e os injustos expulsam os jovens das cidades, recebendo, eles próprios, o que caberia aos jovens, retirando-se e se separando do sagrado, carregados com culpa. Na verdade, o visível é imagem clara do invisível; então, em eras futuras do mundo, Deus não será autor da justa separação em relação a ele, mas os malignos que se separarão inteiramente de Deus; de fato, vemos os bons, os unidos a Deus aqui na Terra, porque amam a verdade e renunciaram à paixão pelas coisas materiais. Amam a paz e a santidade. Estando nessa vida, já desejam a [vida] futura, na medida em que, livres de toda paixão, vivem como anjos entre os homens, em perfeita serenidade, louvor a Deus e bondade, e todos os outros bens. Portanto, eu não sou tão pouco sagaz para acreditar que tu sofres algo; antes, eu acredito que tu sentes os pesares do corpo apenas na medida em que sentes, na medida em que tu percebes. Porém, eu critico com razão os que te fazem sofrer e imaginam, equivocadamente, que poderiam apagar o Sol do Evangelho, mas, sobretudo, rogo por eles, esperando que renunciem ao mal que fazem a eles mesmos e que se voltem ao Bem, obtendo dele participação na Luz. E, ao contrário, nada roubará o raio claro e luminoso de João. Nesse momento, recordamo-nos da verdadeira Teologia dele e, um pouco mais tarde (nós nos atrevemos a dizer, ainda que seja algo ousado), nós estaremos unidos contigo. Afinal, eu sou plenamente autêntico quando eu experiencio e digo o que Deus te revelou, vale dizer, que serás liberto dessa prisão de Pátmos e retornarás à Ásia e, lá, viverás como retrato de Deus e teu exemplo será deixado aos que chegam a ti.

V.XI. Carta (a Apolófanes)

<Apócrifa, apenas preservada em latim. De acordo com [Pierre] Lansselius, Máximo[264] parece ter tido um exemplar grego que, então, se perdeu[.]

Felicitações pela conversão dele[265].

[Dionísio se] Lembra das discussões anteriores, da relutância de Apolófanes em relação a Moisés (ele não sabia se ele era branco ou negro); Cristo, Paulo; durante o eclipse solar, que ele vivenciou em Heliópolis, quando eles dois tinham cerca de 25 anos; ele havia estabelecido que não era a hora para acontecer um eclipse solar. Paulo lhe narrou, posteriormente, o que havia ocorrido ao mesmo tempo: ele o havia conduzido [Dionísio] ao conhecimento da Verdade.>

* * *

264. Máximo o Confessor (c. 580-662), também conhecido como "Máximo de Constantinopla", "São Máximo" e "Máximo, o Teólogo", foi um teólogo e monge cristão.

265. Pelo caráter apócrifo do texto, essa carta é a única que Stein não traduz na íntegra, oferecendo-nos um resumo dela.

REFERÊNCIAS

CABRAL, Michelle Silvestre. Crítica husserliana ao objetivismo evidenciada através da noção fenomenológica de atitude (*Einstellung*). *Kínesis*, vol. 3, n. 5, p. 309-325, julho 2011. Disponível em: https://doi.org/10.36311/1984-8900.2011.v3n05.4408. Acesso em: 20 ago. 2024.

HERDER VERLAG. *Edith Stein Gesamtausgabe*. Disponível em: <herder.de/theologie-pastoral/shop/k2/reihen/edith-stein-gesamtausgabe/>. Acesso em: 20 ago. 2024.

HÖSLE, Vittorio. Até que ponto o conceito de espírito (*Geist*) no idealismo alemão é um herdeiro legítimo do conceito de espírito (*pneuma*) no Novo Testamento? *In*: Hösle, Vittorio. *Deus enquanto razão* – Ensaios sobre Teologia filosófica. Trad. de G.A. Assumpção. São Paulo: Loyola, 2022. p. 201-217.

LIMA VAZ, Henrique Claudio de Lima. *Experiência mística e Filosofia na tradição ocidental*. 3. ed. São Paulo: Loyola, 2000.

NEVES, Tainah Moreira. *Espiritualidade e arquitetura:* Suger e a edificação do Gótico. Vitória: Edufes, 2020. Disponível em: <https://edufes.ufes.br/items/show/546>. Acesso em: 13 fev. 2024.

STEIN, E. *Knowledge and Faith*. Trad. de Walter Redmond. Washington, D. C.: Institute of Carmelite Studies, 2000.

STEIN, E. *Wege der Gotteserkenntnis. Studie zu Dionysius Areopagita und Übersetzung seiner Werke*. Freiburg im Breigsau: Herder, 2000. Disponível em: <be9007_919dac9a794a4a1ab8a0113612d73924.pdf (edith-stein-archiv.de)>. Acesso em: 20 ago. 2024.

WEBMASTER KARMEL MARIA VON FRIEDEN. Edith Stein – Gesamtausgabe Band 17: Wege der Gotteserkenntnis – die "Symbol-Theologie" der Areopagita. 2014. Disponível em: <Edith Stein - Gesamtausgabe Band 17: Wege der Gotteserkenntnis - die "Symbol-Theologie" der Areopagita | Karmel Maria vom Frieden Köln (karmelitinnen-koeln.de)>. Acesso em: 20 ago. 2024.

EDITORA VOZES LTDA.
Rua Frei Luís, 100 – Centro – Cep 25689-900 – Petrópolis, RJ
Tel.: (24) 2233-9000 – E-mail: vendas@vozes.com.br